フッサールにおける価値と実践

八重樫徹

フッサールにおける価値と実践

善さはいかにして構成されるのか

Yaegashi Toru

Wert und Praxis bei Edmund Husserl

Wie konstituiert sich das Gute?

水声社

フッサールにおける価値と実践　◉目次◉

序章　フッサールと「よく生きること」への問い　15
1　よく生きることへの問い　16
2　道徳の問題　20
3　フッサール倫理学概観　26
3-1　主な一次文献について　26
3-2　フッサール倫理学の研究史　31
4　本書の構成　33

第一部　フッサールの価値論

第一章　価値にかかわる経験――『論理学研究』とそこからの離反　39
1　非客観化作用としての評価――『論研』における評価作用　42
1-1　作用間の基づけ関係　42
1-2　評価作用の充実化　47
1-3　価値判断の意味　50

2　評価作用のジレンマ　58
2-1　評価的理性の批判という課題　59
2-2　ジレンマの内実　63
3　『論研』のどこが問題なのか　65
3-1　論理的ギャップの問題　66
3-2　評価の規範性の問題　67
まとめと展望　70
第二章　経験の正しさと存在の意味——超越論的観念論と構成分析　73
1　超越論的観念論とは何か　75
2　実在論、観念論、超越論的観念論　78
3　超越論的観念論と構成の問題　88
3-1　構成の概念　88
3-2　理性の現象学　95
3-3　超越論的観念論と絶対的意識　98
4　批判と応答　100

まとめと展望　105

第三章　ブレンターノにおける情動と価値……107

1　ブレンターノ価値論がフッサールに及ぼした影響　108

2　ブレンターノによる情動の特徴づけ　112

2-1　心的現象の分類　112

2-2　情動の正しさ　116

3　ブレンターノの理論に対する批判と応答　118

3-1　情動の志向性について　119

3-2　情動と価値の関係について　121

3-3　情動の二値原理について　121

3-4　情動というクラスの独立性について　123

4　正しい情動と価値　124

4-1　明証的情動による価値の説明　124

4-2　ブレンターノの戦略の難点（1）――認識論的ギャップ　127

4-3　ブレンターノの戦略の難点（2）――循環の問題　129

4-4　ブレンターノの戦略の難点（3）――不当な理由の問題　129

5　情動の真正な理由？　131
まとめと展望　136

第四章　価値はいかにして構成されるのか　139

1　価値の客観性　140
2　価値の構成分析の可能性　144
2-1　フッサールの態度変更　145
2-2　『イデーンI』での評価作用の位置づけ　147
3　価値の知覚？　151
3-1　『イデーンII』での価値覚の特徴づけ　151
3-2　『意識構造の研究』での価値覚の分析　154
4　価値を知ることと感情　159
4-1　把握説と反応説　159
4-2　把握説の擁護　162
5　価値はいかにして構成されるのか　171
5-1　価値の構成分析とはどのような取り組みなのか　171

5-2　ブレンターノ価値論に対するフッサール価値論の利点　180
まとめと展望　183

第二部　フッサールの道徳哲学

第五章　道徳的判断と絶対的当為……187
1　道徳的判断についての予備考察　188
1-1　規範性と実践性　188
1-2　客観性　190
1-3　行為の道徳性に対する説明役割　194
2　絶対的当為と最高善――形式的実践論　195
3　倫理的生と真の自我　207
まとめと展望　215

第六章　有限性、愛、人生の意味——生の事実性をめぐって　217
1　人間の有限性の問題　219
2　人生の無意味さと理性信仰　222
2-1　無意味さを克服する力としての信仰？　223
2-2　人生の無意味さはなぜ問題になるのか　225
3　当為の個別性——愛と触発　235
4　愛の価値と絶対的当為　240
4-1　理性と愛の緊張　240
4-2　愛の価値と客観的価値の区別は妥当なのか　246
まとめ　254
終章　フッサール倫理学の到達点と展望　257
1　フッサール価値論の全体像　258
2　フッサール道徳論の全体像　261

註　267
参考文献　285
人名索引　297
事項索引　299
あとがき　303

序章　フッサールと「よく生きること」への問い

「よく生きることとは何か」。これが倫理学の最も大きな主題であることに異を唱える人は少ないだろう。本書があつかうエトムント・フッサール（一八五九－一九三八）の倫理学も、この問いから出発し、この問いに答えることを目指している。フッサールの答えを一言で要約するなら、「よく生きるとは理性的に生きることだ」というものになる。この答えはそれだけで見れば空虚なものに思えるかもしれない。これがより詳しくみるとどのような内実をもっており、またどのような考察によって導き出されたのかを明らかにすることが、本書の目的である。

本書は、一方では倫理学に関心をもつ人に対して、フッサールの価値論と道徳哲学がどのようなものであるかを示し、他方ではフッサールの哲学に関心をもつ人に対して、価値と道徳にかんする考察が彼の哲学全体の中でどのように位置づけられているのかを明らかにする。

そのための作業に本格的に着手する前に、この序章では、そのための足場を固める作業をしたいと思う。まず、「よく生きること」について、またその要素である「生きること」と「よさ」について、フッサールがもっていた基本的な考えを提示する（第1節）。実のところ、「よく生きること」という主題は、フッサール哲学の全体と一致するほど大きなものである。しかし、本書はフッサール哲学の全体をあつかうのではなく、道徳的な善さについてフッサールがどのように考えたのかを主題とするものである。そこで、そのような主題の限定がなぜ適切と考えられるのかを述べる（第2節）。次に、本書で主に取り上げるフッサールの倫理学にかんするテキスト群と先行研究を概観する（第3節）。最後に、本書の構成について述べる（第4節）。

1　よく生きることへの問い

私はどう生きるべきか。どのように生きるのが私にとってよい生き方なのか。こうしたことを一度も考えたことがない人はいないだろう。人がよい生き方について考えるときは、多くの場合、具体的な身の処し方を問題にしている。そこで問題になるのは、どの学校に進学するか、どのような職に就くか、といった比較的長期間にわたる生き方である場合もあれば、週末に誰と会うか、今日の昼食に何を食べるか、といった比較的短いスパンの生き方（振る舞い方）である場合もある。

だが、哲学者がよい生き方について問うときには、こうした個人的で具体的な生き方の問いを立てるわけではなく、「よく生きるとはそもそもどういうことか」という原理的な問いを立てる。そして、この問いにどのように取り組むかは、「生きること」と「よさ」についてどのような描像をもつのかによって変わってくる。

フッサールの場合はどうだろうか。まず、フッサールにとって生きることとはどのようなことなのか。彼は生きることを徹頭徹尾、世界へとかかわることとしてとらえる。彼にとって生とは、志向的な生にほかならないのである。「あらゆる学問は、またそれに先立って、行為する生がすでに、世界にかかわっている」[1] (I, 6. Cf. I, 57; VI, 468)。「生きること」とは、人のあらゆる振る舞いを包括する名称である。そして、見ることであれ、食べることであれ、考えることであれ、書くことであれ、歌うことであれ、人のあらゆる振る舞いは、世界とそこにあるさまざまなものごとにかかわっている。

フッサールは生きることを「意識の働き」として特徴づける。ただし、彼が意識の働きとして考えるものは、目に見えない心の動きだけでなく、体を動かしたり、声を出して発話したりといったことも含む[2]。そして、意識の働きは本質的に志向的である。この考えは、フッサールを哲学の道へと導いたフランツ・ブレンターノから受け継がれたものである。

個々の意識の働きを、フッサールは「作用 (Akt)」もしくは「志向的体験」と呼ぶ。これに対して、意識に含まれるあらゆる契機を総称して、彼はたんに「体験」と呼ぶ。体験には、作用でないものも含まれる。「必ずしもすべての体験が志向的体験ではないということは、感覚や感覚複合が証明している」(XIX/1, 382-3)。だが、こうした作用以外の意識の要素は、生きることの条件ではあっても、生きることそのものではない。フッサールにとって、生きることとは少なくとも第一義的には、作用を遂行

することであり、それによって世界にかかわることである。(3)

よさについてのフッサールの見解も、生を「作用の生（Aktleben）」としてとらえる彼の立場と強く結びついている。一言でいえば、フッサールにとってよいこととは理性的であることに他ならない（このことが何を意味しているのかは本書の議論が進むにつれて明らかになるだろう）。理性は作用という場面においてのみ問題になる。「理性が問題になる」というときにフッサールが考えているのは、「なぜ」の問いが立てられるということである。なぜの問いといっても、原因についての問いではない。「なぜの問い、もしくは根拠の問い、つまり『なぜあなたはそのように判断するのか、それを評価するのか、それに向かって努力するのか』という問いが、ここで特有の、新たな意味を受け取る。すなわち、『どのような権利でそうするのか、何が根拠なのか、何が理性的根拠なのか』』」（XXXVII, 108）。このような問いが意味をもつのは、判断や評価や意志など、要するに人が能動的に遂行する志向的体験についてだけである。それ以外の体験については、なぜの問いを向けられても答えようがないだろう。

なぜの問いが立てられるのは、作用の妥当性が問題になっているときである。たとえば、あなたは学生であり、明日大学でオリエンテーションがおこなわれると信じているが、本当にオリエンテーションがあるのかどうか不安になったとする。あなたは、大学のホームページを見たり友人に電話をかけたりして、自分の判断を裏づけようとするかもしれない。あるいは、あなたが「明日大学でオリエンテーションがおこなわれる」と判断するきっかけになった教授の発言や学内の掲示を克明に思い出そうとするかもしれない。いずれにせよ、このとき問題になっているのは、「明日オリエンテーションがおこなわれる」という判断の妥当性であり、当の判断の根拠を問いただすことによって、妥当性は確証されたり破棄されたりする。あなたの判断は大学のオリエンテーションという（未来の）事象にかかわっており、問題になっているのは、判断という作用がこの事象にかかわるその「かかわり方」の妥当性である。理性の問いとは、作用の対象へのかかわり方の妥当性についての問いなのである（III/1, 297; XXVIII, 333）。

ここでもう一つ重要なのは、作用の妥当性と「現実」との関係である。作用の妥当性の問題は、たんにある人の意識の働きがその人の意識の内部でよく根拠づけられているかどうかというだけの問題ではない。大学でオリエンテーションがおこなわれるというあなたの判断の妥当性が問題になっているときには、本当にオリエンテーションがあるのかどうかが問題になっている。あなたの判断は、学内の掲示にたしかにそう書いてあったのを思い出すことによって根拠づけられるかもしれない。しかし、そうした根拠づけもやはり、学内の掲示が本当はどうだったのかという現実のあり方へのかかわりにおいて、妥当性を問われうる。このように、理性の問いは現実についての問いでもあるのだ。

とりわけ『純粋現象学と現象学的哲学のための諸構想』第一巻（以下『イデーンI』）以降のフッサールは、理性と現実の問題を、「構成の問題」という表題のもとに、一つの問題としてあつかっている。「判断が正しい判断であるのはいかにしてか」という問いは、「現実の世界はどのようなあり方をしているのか」という問いと分かちがたく結びついている。これら二つの問いはただ一つの大きな問題の両面だというのがフッサールの見解である。そして、フッサールはこの構成の問題が、いわば現象学の本丸をなすと考えている。「何よりも大きな問題は、機能にかんする問題、いいかえれば『意識の対象性の構成』の問題である」(III/1, 196)。

フッサールが構成の問題にどのように取り組んだのかは、フッサールの倫理学を論じる本書の中心的な主題ではないが、これを避けて通ることはできない。第二章では、構成の問題について詳しく論じる。

さて、「フッサールにとって『よく生きること』とはどのようなことか」という問いに戻ろう。生きることとは、作用を遂行しつつ対象にかかわることである。よく生きることは理性的に生きることである。では、理性的に生きることとはどのように生きることなのか。先に述べたことからいえるのは、「理性的に生きることとは、根拠づけられた妥当な仕方で対象にかかわることだ」ということである。対象へのかかわりは私たちの生の全体を特徴づけているのだから、たとえばオリエンテーションの日程について考えることや数学の問題を解くことも、「よく生きること」の問いの射程に含まれることになる。だが、フッサールの倫理学はこうした最も広い意味での「よく生きること」だけを主題とするわけではない。このことを次に見てみたい。

2 道徳の問題

フッサールにとっての「よく生きること」をいま述べたような意味でとらえるなら、よく生きることについての考察は彼の現象学全体と一致する。「構成問題の全面的な解決は理性の完全な現象学と明らかに等価」であり、「理性の完全な現象学は現象学一般と一致する」と彼が述べるゆえんである(III/1,

359)。ところで、よく生きることについての哲学的考察は、最も一般的な意味での倫理学にほかならない。では、フッサールの倫理学は現象学そのものだということになるのだろうか。フッサールは、実際にそのように語るときもある。たとえば、一九二二／一九二三年冬学期の『哲学入門』講義では、次のように述べられる。「われわれは普遍的で哲学的な理性論を、理性的な生や真に善き生についての学問として、あるいはフィヒテ的な表現を用いるならば、浄福なる生についての学問としても理解することができる。〔……〕ここで求められている学問は、ある意味でははるか昔から、前期古代から存在している。すなわち、倫理学という名において」(XXXV, 46)。

だが、倫理学をこのような意味でとらえるなら、それは私たちが普通、倫理学という名のもとに考えるものを大幅に超え出ることになる。現象学的な理性批判には、「判断が真であるとはどのようなことか」といった問いも含まれ、こうした問いへの取り組みは、判断の内容をなす命題の構造についての分析なども必要とする。こうしたことがらを倫理学に属することがらと考える人はまずいないだろう。それらはむしろ論理学に属する。本書では、フッサールにおける最も広い意味での「倫理学」を全面的に主題とするのではなく、主題をより狭い範囲に限定したいと思う。では、どのように限定すべきだろうか。

アリストテレスは、倫理学の第一の主題は幸福だと考えた。しかし、実際に彼が倫理学にかんする著作で主に論じているのは、人間の卓越性すなわち徳である。またカントは、倫理学の第一の主題を意志、特にその形式だと考え、善い意志は彼のいう道徳法則の表象にもとづくものだけだと考えた（Kant

1911, 402)。両者に共通するのは、「なすべきことをおこなう」とはどのようなことなのか、という問題意識である。

私たちがする行為は、まったくの偶然によって善いものになったり悪いものになったりするのではなく、しかるべき仕方で、つまりなんらかの規範にしたがってなされたときに善いものになり、そうでないときには悪いものになる。こうした意味での善い行為を、「道徳的」な行為と呼ぶことができよう[4]。最も一般的な意味での倫理学は、よく生きること一般についての哲学的考察を指すが、倫理学という表題のもとで主に問題にされてきたのは、「道徳的に生きること」であったといえる。私たちがフッサールの倫理学を論じるうえでも、道徳的に生きることを第一の主題とすることで、普通の意味での倫理学から離れることなく、議論の範囲を限定することができるだろう。

道徳的と呼ばれるのは、人間の個々の意志や行為だけではない。ある人の生き方、つまり長期に渡るその人の人生全体のあり方が、道徳的評価の対象になることもある。さらに、その人自身が道徳的に善いとか悪いとかいわれることもある。本書では、道徳的な善さが問題になるこうしたさまざまな場面を考慮に入れつつ、道徳的な善さについてフッサールがどのように考えているのかを明らかにしていく。

フッサールの思考を追う前に、まず一般的に考えるなら、道徳的な善さはどのような場面で問題になるだろうか。私たちはある行為を見たり、それについて聞いたりして、その行為が善いとか悪いとかいった判断をすることがある。親が子を虐待の末に死なせたというニュースを聞いて、「なんてひどいことをするんだろう」と思ったり、電車の中でお年寄りに席を譲る人を見て、「あの人は善いことをしたなあ」と思ったりする場面を考えてみよう。

これらの場面で、あなたは他人の行為を悪いものとみなしたり、善いものとみなしたりしている（同時に他人の人格についても判断しているかもしれないが、さしあたり行為についての判断だけを考えることにしよう）。このときにあなたが下している判断は、一種の価値判断である。しかし、この種の判断には、美術館に展示されている絵画を見て「これは良い絵だ」とか「つまらない絵だ」と思うときに下している価値判断とは、重要な点で異なるように思われる。最初の二つの例では、あなたの判断は、あなた自身がどのように行為すべきかについてのあなたの考えをも表しているのに対して、絵の良し悪しについての判断は、それだけでは、あなたがどう行為すべきかについてのいかなる態度も表していない。

「子供を虐待することは悪いことだ」のような判断は、道徳的判断と呼ばれる。道徳的判断とそれ以外の価値判断の違いについては第五章で詳しく論じるが、そこでの議論を先取りしていえば、道徳的判断は本質的に、ある行為をしたりしなかったりするための理由をなす。別のいい方をすれば、道徳が問題になる場面とは、行為の正当化が問題になる場面だということができる。あるタイプの行為が道徳的に善いと判断する人は、そのタイプの行為をすることが正当化できると考えており、あるタイプの行為が道徳的に悪いと判断する人は、そのタイプの行為をすることが正当化できないと考えている。

ところで、行為を正当化する理由とは、どのようなものだろうか。ある人が、酒を買う金を得るために人を殺したとする。このとき、酒が飲みたいというその人の欲求は、ある意味では人を殺す理由になっている。だがそれは、殺人の動機を理解し説明するのに役立つという意味であって、酒を飲みたいという欲求が人を殺すという行為を正当化するわけではない。このように、行為の理由と呼ばれるものには、行為を説明するものと、行為を正当化するものがある。

行為は、その行為をする人の欲求や信念だけでは正当化されない。欲求や信念は、それだけで行為を説明するのに役立つが、正当化はしない。いいかえれば、人間の行為は欲求や信念との関係のみによって善い行為になったり悪い行為になったりするわけではない。

では何が行為を正当化し、善いものにするのだろうか。道徳的な行為の場面を離れて、正当化ということそれ自体について一般的に考えてみたい。科学者の理論的な主張は、経験的なデータを挙げたり、他の理論的主張との整合性を示したりすることで正当化される。データが信頼できることや、理論が整合的であることは、当の科学者が何を考えているのか、何を示したいのかといったこととは無関係に、客観的に決まると（少なくとも素朴には）考えられる。データが間違っていたり、理論が整合的でないことが判明したりした場合には、科学者の主張は正当化されない。主張を正当化する理由は客観的なものである。

これと同様に、行為を正当化する理由も客観的なものだと考えることができる。この考えをとるなら、酒を買う金を得るために人を殺す行為が正当化されないのは、その行為そのものが正当化を不可能にするような特徴をもっているからであって、その行為をする人やそれについて判断する私たちがどう思うかによって正当化可能性が決まるのではない。

さて、行為を正当化する理由が客観的なものだとすれば、道徳的判断は客観的なものにかかわっているということになる。それは行為そのもののあり方にかかわっているのであって、ある行為について人がもつ考えや欲求にかかわっているのではない。また、ある人がある行為を道徳的に許されるとみなし、別の人がそれを道徳的に許されないとみなすといった対立が生じたときには、二人は問題になっている行為の客観的なあり方について争っていることになる。だとすれば、二人のうちの一方が正しく、他方は間違っているということになるだろう。道徳的判断には正しいものと間違ったものがあり、何が正しく、何が間違っているのかは客観的に決まると、ひとまず考えることができる。

道徳的判断がその対象となる行為のあり方にかかわるものであり、正しかったり間違ったりするという考えは、しかし実のところそれほど自明なものではない。この考えに反対する哲学者もいる。さしあたりここでいえるのは、フッサールは道徳的判断について、いま述べたような客観的な見方を支持しているということである。さらに彼は、道徳的判断だけでなく価値判断一般について同様の立場をとっている。そうした考えが、フッサールの哲学的枠組みの中で、どのように根拠づけられるのかは、第四章と第五章で明らかにする。

フッサールは、行為や生き方や人格の道徳的な善さについて論じる際に、そうした善さがどのように構成されるのかを探究するというアプローチをとっている。善さがいかにして構成されるのかについての探究は、道徳的判断の本性を明らかにし、またそれが正しかったり誤っていたりするということがどのようなことなのかを明らかにすることによってなされる、と彼は考えている。こうした彼の考えがどのような根拠と意義をもつのかについても、本書の議論が進む中で徐々に明らかになっていくだろう。

本書が以上で述べたような仕方で議論を限定するのは、道徳の問題が倫理学の中心問題だからというだけでなく、それがフッサール現象学の中心を占める構成の問題にかかわっているからでもある。道徳的判断の客観性をめぐる議論は、一般に価値というものが、そしてとりわけ行為の道徳性が、どのような意味をもち、どのように「構成」されるのかという問題にかかわっている。道徳をめぐるフッサールの考察は、構成の問題と無関係ではなく、それとの関係においてはじめて十分に理解される。

なお、本章第4節で概観するように、本書第一部は道徳への問いに取り組む前段階として価値一般の問題に取り組む。第一部の考察を通じて、一般に何かが価値をもつとはどのようなことか、価値と私たちの経験はどのように結びついているのかといった問いに対して、フッサール現象学の立場から回答を与えることになる。そこでの成果は、道徳の問題と切り離しても一定の意義をもつだろう。さらにいえば、第一部（特に第一章と第二章）の考察は、フッサール現象学が全体としてどのような哲学的企てだったのかについても一定の見通しを与えるものである。

3 フッサール倫理学概観

3-1 主な一次文献について

次に、フッサールの倫理学関連の文献にかんする事情を述べておきたい。本書の読者の多くはフッサール現象学について一定の知識をもっていると想定される——とはいえ、そうした知識をもたない読者にも理解できるよう配慮したつもりである――が、フッサールの倫理学関連の文献に精通している人はそれほど多くないと思われるからだ。

生前に公刊されたフッサールの著作には、倫理学への言及は少ない。『論理学研究』（以下『論研』）第一巻『純粋論理学序説』（一九〇〇年）と『形式的論理学と超越論的論理学』（一九二九年）には、「倫理学」「倫理的」という語がそれぞれ数カ所現れるが、いずれも論理学と並行する規範的な学科として、通りすがりに言及されているだけである（XVIII, §§14-5; XVII, 36, 270）。『イデーンⅠ』（一九一三年）ではもう少し踏み込んだ仕方で彼自身の倫理学について述べられているが（III/1, §§117, 121）、その内実が詳しく論じられているわけではない。

生前に公刊されたテキストの中で最も主題的に倫理学的主題をあつかっているのは、日本の雑誌『改造』に一九二三年から一九二四年にかけて日本語訳が掲載された一連の論文である。だが、これらのいわゆる『改造』論文は、当時の多くのドイツ国民と同様に経済的に困窮していたフッサールが、金銭のために書いたともいわれており[5]、また、一九八〇年代までオリジナルのドイツ語版が公刊されていなかったこともあり、それほど注目されてこなかった。

こうした事情により、一九八〇年代まで、フッサールの倫理学はフッサール研究者のあいだでさえほとんど話題にのぼらなかった。A・ロートが一九六〇年に、フッサールの遺稿に含まれていた倫理学の講義草稿にもとづく研究書（Roth 1960）を出したのが、この分野におけるほぼ唯一の研究成果だった。だが、一九八八年に著作集第二八巻として、一九〇八年から一九一四年にかけてフッサールがゲッティンゲン大学でおこなった倫理学にかんする講義とそれに関連する草稿がU・メレの編集によって公刊され、一九八九年に『改造』論文のドイツ語版を含む著作集第二七巻が公刊されると、フッサール倫理学にかんする研究も盛んになった。二〇〇四年には、H・ポイカーの編集により、一九二〇年および一九二四年にフライブルク大学でおこなわれた倫理学講義と関連草稿が著作集第三七巻として公刊され、以後ますますフッサール倫理学にかんする研究書・論文はその数を増した。さらに、倫理学にかんする後期の草稿を含む著作集第四二巻『現象学の限界問題』が二〇一三年に公刊されたことで、ますます研究が加速しつつある。[6] フッサールの後期倫理学の中心的なテーマは第六章で取り上げる。

フッサールが倫理学やそれに関連するテーマをあつかっているテキストは、いま挙げたもの以外にもいくつかあり、本書はそれらも活用する（それに加えて、直接には倫理学に関係しない多くの一次文献も活用する）。だが、中心的な役割を果たすのは、二つの講義録と『改造』論文である。以下では、これらのテキストがどのような主題をあつかっているのかを、ごく簡単に見ておくことにする。

まず、一九〇八年から一九一四年の講義草稿を中心とする著作集第二八巻『倫理学・価値論講義』の主要な関心は、倫理学と論理学の並行性と、形式的倫理学の理念の展開に向けられている。こうしたテーマは『イデーンI』でごく簡潔に触れられているが、それ以前からフッサールが講義などで取り組んでいたものである。フッサールの構想する形式的倫理学は、評価の正しさの形式的条件をあつかう形式的価値論と、意志の正しさの形式的条件をあつかう形式的実践論という二つの下位学科からなる。これらはいずれも、判断の真理の形式的条件をあつかう形式的論理学を模範として構築されるものであり、形式的論理学と並行する学科とされている。だが、同講義録でのフッサールの関心は、形式的論理学を体系化することそのものにあるというよりは、その基礎をなす評価作用と意志作用の分析にあるといえる。このことは、『論研』が、形式的論理学そのものについての研究というよりは、真理や認識といった概念を、作用の分析を通して解明することを目指していたのと同様である。実際、『論研』第一巻の大半が、論理学にかんする心理主義の批判に充てられていたように、『倫理学・価値論講義』も倫理学にかんする懐疑主義的自然主義の批判から始まる。しかし、同講義の最も興味深い考察は、評価と意志、およびそれらの対象性がいかなる本質的特徴をもっているのか、評価と意志の正しさとは何を意味するのか、といった問いに向けられている。

『倫理学入門』と題された著作集第三七巻は、一九二〇年におこなわれ、一九二四年にも繰り返された講義を本体としている[7]。『第一哲学』講義の第一部（著作集第七巻）が、第一哲学という理念の歴史を、古代ギリシャにおける哲学の始まりからカントまで跡づけながら、フッサール自身の超越論的現象学のアイディアを展開していったように、『倫理学入門』でも、倫理学の始まりからカントに至る歴史的な叙述をおこないながら、フッサール自身の倫理学上の見解を述べるというスタイルをとっている。そこで提示されている彼自身の見解は、『倫理学・価値論講義』にはなかったものを多く含んでいるが、両者が断絶しているというわけではない。『倫理学・価値論講義』でなされた評価と意志の正しさについての分析は、『倫理学入門』と『改造』論文で展開される合理主義的倫理学の基礎として役立っている。ただし、それに加えて『イデーンII』で展開された理性的動機づけの理論や、『受動的綜合の分析』などで展開された発生的現象学のアイディアも、同時に生かされている。また、『倫理学入門』の最終章では、人間の生を「浄福（Seligkeit）」という倫理的理念に向かう目的論的なものとしてとらえる発想が簡潔に述べられている。この発想がより詳しく展開されるのは、『改造』論文においてである。

一九二二年の秋から一九二三年の初めにかけて書かれ、一九二三年から一九二四年にかけて日本の『改造』誌に掲載された三つの論文は、「革新（Erneuerung）」という共通の主題をもっている。この主題は雑誌の名称に合わせて選ばれたとされているが、たんなるその場の思いつきではなく、それ以前から書簡などでフッサールがたびたび言及していたものである(8)（Dok. III/3, 12; Dok. III/7, 253）。「革新」という語は、厳密な学としての哲学によってヨーロッパの人間性を変革するという、「厳密な学としての哲学」（一九一一年）ではじめて表明され、第一次大戦後にますます切迫したかたちで語られるようになり、晩年の『ヨーロッパ諸科学の危機と超越論的現象学』（一九三六年）に結実することになる、フッサールの遠大な理想を一言で表すものだといえる。『改造』論文での考察は、人間性の理念をあつかう本質学を打ち立てることを目指している。第一論文では、そうした本質学が何を問題とし、どのような方法をとるのかがプログラム的に語られ、第二論文では本質探究の方法がより立ち入って論じられる。倫理学という文脈で最も重要なのは、「個人倫理の問題としての革新」と題された第三論文である。同論文は、ドイツ語原文で二十頁あまりの短いものだが、一九二〇年代のフッサールの倫理学を理解するうえで最も有益なテキストだといえる。そこでは、人間の生一般の形式としての「自己規制（Selbstregelung）」が、「真の人間」あるいは「真の自我」という理想によって導かれていることが論じられる。真の自我という理念に導かれた生こそが倫理的な生であるというフッサールの主張がどのような意味をもち、彼がどのようにしてそこに至ったのかについては、第五章で詳しく論じることになるだろう。

3-2　フッサール倫理学の研究史

フッサール倫理学に対して本書がどのような方針でアプローチするのかについては、第2節ですでに述べた。だがもちろん、本書とは異なる角度からフッサール倫理学にアプローチした研究はすでに数多く存在する。そこで、それらのうちの代表的なものを紹介したうえで、本書がとるアプローチにどのようなメリットがあるのかについて、述べておく必要があるだろう（研究史に関心のない読者は飛ばしていただいてかまわない）。

フッサール倫理学にかかわる先行研究には、フッサール現象学そのものの倫理的な意義をあつかったもの（Donohoe 2004; Siles i Borras 2010）や、価値や意志や行為といった個別のトピックについてフッサールの議論を追ったもの（Mertens 1998; Nenon 1990; Schuhmann 1991; Spahn 1996 ほか）が多い。こうした研究は、フッサールの倫理学が全体としてどのような倫理学であるのかを明らかにするものではない。つまり、彼がどのような倫理学上の立場をとっているのかを問うてはいないである。これを問う先行研究もないわけではない。たとえばニーノン（2011）はフッサールの規範倫理学上の立場を明らかにしようとするものである。また、現代のメタ倫理学の議論に引き付けてフッサールを解釈する試みもなされている（D. W. Smith 2007, ch. 9; Pietrek 2011）。これらはたしかにフッサール倫理学のある側面をとらえてはいる。しかし、フッサール現象学の中心問題と彼の倫理学とのつながりを示すことに成功しているとはいい難い。本書は、一方ではフッサール倫理学がどのような倫理学なのかを明らかにし、他方ではフッサール哲学の全体とその倫理学との関連を明らかにする点で、ここに挙げた先行研究にはない長所をそなえている。

フッサール倫理学にかんする国内の研究として最も包括的なものは、吉川孝『フッサールの倫理学――生き方の探究』である。同書は、「フッサール現象学の発展のゆるやかな年代記的追跡」(吉川 2011, 11) というかたちで、ほぼ時系列にそって (途中にミュンヘン・ゲッティンゲン学派、ハイデガー、レヴィナスといったフッサール以外の論者による倫理学的考察についての論評をはさみながら) フッサール倫理学のさまざまなトピックを論じ、その核心を明らかにしていくという構成をとっている。倫理学の最大の主題である「よく生きること」に焦点を当て、フッサール現象学の中に「生き方の探究」を見いだそうとする点で、同書は本書とおおまかな方向性を同じくする。そのため、ここで両者の違いを明らかにしておくことには意義があるだろう[9]。

第一に、吉川が一九二〇年代のフッサール現象学に「倫理学的転回」が起こったと考え、その前後に特に注目しながら、発展史的にフッサールの倫理思想を追跡していくのに対して、本書はフッサール倫理学を価値と道徳にかんする一つの体系的理論として、合理的に再構成しようと試みる。本書も発展史的な考察をいくらか含んでいるが、あくまで一つの全体像のピースを埋めていくような仕方で、各時期のフッサールの考えを取り上げる。つまり、フッサールの立場の変化それ自体は本書の主題とするところろではない。

第二に、吉川は「生き方の探究」ということで、個々人の自己にかかわり、生の全体性を視野に入れ、また個別的な状況への拘束性を考慮するような探究を考えており、その観点から、フッサールがある時期まで展開していた客観主義的な価値論を批判している。[10] これに対して本書は、生き方の個別性に注目するフッサールの（とりわけ後期の）倫理学的考察も、合理主義的倫理学の延長線上にあるものとして解釈する（この点について、詳しくは本書第六章を参照）。フッサール倫理学の進展の中に断絶よりは一貫性を最大限に見て取ろうとする点で、本書は吉川とは異なるアプローチをとっている。どちらがフッサール倫理学についてより説得的な解釈を与えているのかは、読者の判断を仰ぐことにしたい。

4 本書の構成

序章を閉じる前に、本書の構成を概観する。

本書は、よく生きることについて、とりわけ道徳的な善さについてフッサールがどのように考えたのかを明らかにすることを目指す。この主題に直接取り組む前に、フッサールの道徳哲学の背景と前提について多くのことを述べる必要がある。特に、善さがいかに構成されるのかについて探究するというフッサールのアプローチの意義と正当性を明らかにするためには、彼が価値というもの一般について、また構成という概念について、何を考えていたのかを論じなければならない。したがって本書は二部からなる。道徳的な善さがいかにして構成されるのかを直接に論じるのは第二部である。第一部ではその前段階として、価値一般にかんするフッサールの理論を検討する。

第一章では、あるものに価値があるとみなす作用、すなわち評価作用について、『論研』のフッサールがどのように考えていたのかを論じる。評価作用を非客観化作用の一種とみなす『論研』の立場は、大きな問題を抱えており、評価作用の正当性にかんする探究の障害となる。こうした『論研』の問題点が、後にフッサールに評価作用の志向性について再考するよう迫り、また彼を価値の構成分析という課題に向かわせる一因となったのである。

第二章では、一九〇七年頃からフッサールがとりはじめた超越論的観念論という立場と、その核心をなしている構成概念について論じる。超越論的観念論とは、対象が（現実に）存在するということの意味をめぐる独特の立場である。作用の分析を通して対象がいかに構成されるのかを探究するという超越論的現象学の基本的なアプローチは、この超越論的観念論によって可能になっている。価値の構成分析についても同じことがいえる。つまり、超越論的観念論は、フッサールの倫理学をも決定的な仕方で方向づけているのである。この超越論的観念論がどのような立場であり、どのような根拠と帰結をもつのかを明らかにすることが、第二章の課題である。

第三章では、フッサールの価値論に大きな影響を与えたブレンターノの価値論を取り上げる。何かが価値をもつということを、それに対する情動の正しさによって分析するというブレンターノのアプローチは、フッサールの価値の構成分析と近い。両者のあいだにどのような違いがあるのかを明らかにすることは、フッサールの価値論を理解するうえで重要である。またこの章では、ブレンターノの価値論が情動の正しさを説明する際に直面する困難な問題についても論じる。結局のところ、ブレンターノの価値論は失敗に終わっているとみなさざるをえない。その失敗をいかに乗り越えるかが、フッサール価値論にとって一つの課題となる。それがどのように乗り越えられうるのかについては、第四章で論じられる。なお、第三章はフッサール倫理学を主題とする本書の中では補論に近い位置づけをもつ。そのため、先を急ぐ読者や、ブレンターノには興味がないという読者は、ひとまず飛ばして第四章に進んでいただいてもそれほど問題ない。

第四章では、以上で論じた前提と背景を踏まえたうえで、フッサールによる価値の構成分析そのものの内実を検討する。価値がいかにして構成されるのかについての探究は、価値を与える作用の分析を通してなされる。価値を本来的に与える作用を、フッサールは「価値覚」と呼ぶ。それがどのような意識の働きとして理解されるべきなのかを考察したうえで、価値の構成分析が結局のところ何をどのように分析するものであるのかを明らかにする。結論を一言でいうなら、価値覚は感情にほかならず、価値の構成分析とは感情の正当性条件の解明にほかならない。以上が第一部である。

第二部に入って、第五章では、第一部で検討した価値一般にかんする理論にもとづいて、道徳的当為とそれについての判断（つまり道徳的判断）についてフッサールが展開した理論を検討する。道徳的判断にかんする一般的な予備考察に続いて、まずはゲッティンゲン時代の倫理学における道徳的判断の理論を取り上げる。そこで未解決のままに残された「なぜ理性的に行為することが道徳的に善いのか」という問いに対して、フッサールは『改造』論文で別の角度からふたたびアプローチしている。そこで次に、同論文を主に解釈しながら、彼の合理主義的な道徳哲学の内実を取り出す。

第六章では、自ら展開した合理主義的倫理学に対するフッサールの自己批判を取り上げる。後期の倫理学的考察の中で、彼は人間の生につきまとう不合理性・事実性に目を向け、それが合理主義的倫理学にとって脅威になると考えた。この章では、そうした自己批判がどこまで適切なのか、そして道徳哲学におけるフッサール的合理主義がどこまで維持できるのかを論じる。結論を先取りするなら、生の事実性にまつわる問題は、フッサールが考えたほど大きな脅威にはならない。むしろ、生の事実性を考慮に入れることによってフッサール倫理学は、合理主義的な立場を維持したまま、より現実に即した豊かなものになる。以上が第二部である。

第一部

フッサールの価値論

第一章　価値にかかわる経験——『論理学研究』とそこからの離反

私たちは、価値をもった事物とかかわりながら生きている。散歩中に目に留まった一輪の花は美しく、不正に立ち向かう人の生きざまは立派であり、使い古して小さくなった消しゴムは不便であり、電車で二人分の座席を占領している人の振る舞いは不道徳である。少なくとも私にとっては、それらのものごとはいま述べたような価値をもっている。

何かが価値をもつというのはどういうことだろうか。価値は対象がもっていたりもたなかったりする性質の一種だと考えられるが、物理的性質とは一見してだいぶ異なる種類の性質である。物理的性質とは、ある物体がしかじかのサイズと質量をもっているとか、ある出来事が別の出来事の原因であるとか、そのような性質である。対象がどのような物理的性質をもっているかは、さしあたり素朴に考えるなら、その対象にどのような物理的性質があると私たちが思っているかということからは独立していると考えられる。もし私が、東京スカイツリーの高さは三三三メートルだと勘違いしていたとしても、実際の高さが六三四メートルであることに変わりはない。私だけでなく、世界中の人が同じ勘違いをしていたとしても、スカイツリーの実際の高さが影響をこうむることはない。対象が物理的性質をもつことがどういうことなのかを説明するために、人々の考えや態度をもちだす必要はない。少なくとも日常的にはそう考えられる。

これに対して、対象が価値をもつということは、私たちが対象に価値を見いだすことと無関係だとは考えにくい。心地よさや不快さのような価値は、対象について人がどう感じるかという反応から完全に切り離して考えることはできないように思われる。芸術作品の美しさや行為の道徳的な善さにしても、それらの対象に対する人々の態度からまったく独立に成り立つものだというのは、日常的な考え方ではない。たとえば、ある芸術作品が素晴らしいといわれるのは、それを鑑賞する人が――全員ではないにせよ――心地よさを感じたり、人生の奥深さを感じたりといった肯定的な反応をするからではないだろうか。誰も肯定的な反応を示さない絵画が、それでも積極的な美的価値をもつなどということがありうるだろうか。

対象が価値をもつことと、私たちが対象に価値を見いだす体験とのあいだには、なんらかの関係が成り立っており、それは物理的性質と私たちの体験とのあいだには見られないような関係である。では、この「なんらかの関係」とはどのような関係なのだろうか。この問いは、価値について哲学的に考えるときの一つの出発点になるだろう。価値をめぐるフッサールの思考も、この問いにかかわっている。

本章の目的は、価値を志向する体験、すなわちフッサールが「評価作用（Werten）」と呼んでいる体験について、彼がどのように考えているのかを明らかにすることである。とりわけ焦点になるのは、評価作用と価値の関係である。この点を論じるにあたって、フッサールの立場の変化に注目したいと思う。『論研』のフッサールは、評価作用を一種の非客観化作用、つまり固有の対象をもたない作用とみなしていた。しかし、後に彼は、評価作用を客観化作用、つまり価値という固有の対象に関係する作用とみなすという、『論研』とは正反対の立場をとることになる。こうした立場の変化はなぜ起こったのか。これはたんにフッサールの思想の発展にのみかかわる問いではなく、評価作用という私たちの体験と価値とのあいだの関係をどのようにとらえるべきなのかにもかかわる問いである。

以下ではまず、客観化作用と非客観化作用という『論研』の区別と、評価作用が非客観化作用であると考えるべき理由、そしてそのような考えから生じる帰結について論じる（第1節）。次に、フッサールが一九〇八／一九〇九年の「倫理学の根本問題」講義で評価作用と価値の関係を取り上げなおすことによって直面したジレンマと、それに対する彼の対応を検討する（第2節）。最後に、評価作用を客観化作用とみなす立場が、結局のところフッサールの価値論をどのような問題に直面させることになるのかを明らかにする（第3節）。

1　非客観化作用としての評価――『論研』における評価作用

1-1　作用間の基づけ関係

フッサールは、対象にかかわる体験を、志向的体験ないし作用と呼ぶ。この用語法は、『論研』第五研究で導入される（XIX/1, 391-2）。私たちが何かを見たり、思い浮かべたり、何かについて考えたり、何かを愛したり、悲しんだり、欲したりすることはすべて、何ものかにかかわっているかぎりで、志向的体験つまり作用である。

あらゆる作用は定義からして対象にかかわっている。しかし、すべての作用が同じ仕方で対象にかかわるわけではない。

われわれにとって重要なこととして、ただ一つ次のことに注目しよう。志向的関係、あるいは略して（「作用」という類の記述的特徴をなすものである）志向には、本質的な種別がある。ある事態のたんなる表象がこの事態を自らの「対象」として思念する仕方は、事態を真もしくは偽とみなす判断が対象を思念する仕方とは異なっている。（XIX/1, 381）[1]

「対象にかかわる」という特徴そのもの（これをフッサールは「志向」と呼んでいる）は、あらゆる作用にそなわっているが、対象にどのような仕方でかかわるかは作用の種類によって異なる。というよりも、作用の種類が区別されるのは、対象へのかかわり方の違いによってである。

だが、「作用が対象にかかわる仕方」といういい方は多義的である。フッサールは、そのような「仕方」を表す概念として、作用質料と作用性質という二つの概念を区別している（XIX/1, 425-31）。イェナの勝者について考える作用と、ワーテルローの敗者について考える作用は、どちらもナポレオンという同じ人物に関係しているが、異なる仕方でそれにかかわっている。これらの二つの作用は「質料」を異にするといわれる。質料は、「作用がそのつどの対象性をどのようなものとして統握するかを規定する属性」（XIX/1, 429-30）として定義される。「イェナの勝者についてのものである」という属性をもつことで、ある作用はナポレオンという特定の対象への関係を獲得する。「ワーテルローの敗者についてのものである」という属性も作用を同じ対象に関係させるが、これら二つの作用は、対象をどのようなものとしてピックアップするかという点で異なっている。

他方で、「火星に知的生命体が存在する」と判断する作用と、「火星に知的生命体は存在するだろうか」と問う作用は、同じ対象（火星に知的生命体が存在するという事態）に関係しているだけでなく、同じ質料をもってもいるが、やはりそれらが対象にかかわる仕方は異なっている。これらは、「性質」を異にするといわれる。すなわち、一方は判断という性質をもち、他方は問いという性質をもつ。性質の違いとは、「対象性がその時どきに応じて、表象の対象性、判断の対象性、問いの対象性等々の仕方で志向される、そうした違いのことである」（XIX/1, 428）。

どんな作用も、質料と性質をもっている。質料は作用が対象をどのようなものとして把握するのかを規定し、性質は表象、判断、問い、願望といった作用の種類を規定する。

物や人や事態を、美しいとみなしたり、有用だとみなしたり、不道徳だとみなしたりする作用は、いずれも評価的な種類の作用だといえる。つまり、それらの作用は共通する性質をもつ。こうした評価的な性質をもつ作用は、評価作用と呼ばれる。評価作用という類の中で、美的評価、道徳的評価、道具的評価といった種をさらに区別することも可能だが、さしあたりこうした区別には立ち入らない。本章の残りの部分では評価作用一般を問題にする。

評価作用は、他の作用と同様に質料をもち、いわばその質料を通じて対象にかかわっている。たとえば、目の前の小さな赤い花を美しいものとみなす評価作用は、〈目の前の小さな赤い花〉という質料をもっており、対象をそのようなものとして美しいと評価している。

しかし、花をそのように評価している私は、評価しているだけでなく、花を眼前に知覚してもいる。このとき、私の知覚作用も、やはり〈目の前の小さな赤い花〉という質料をもっている。評価作用と知覚作用という二つの作用が、同じ質料をもち、同じ対象にかかわっているのである。

このとき、性質の異なる二つの作用はどのような関係にあるのだろうか。私の知覚作用は、対象と質料を同じくする私の評価作用にとって、いわば土台として働いているように思われる。というのも、目の前の花が私の目に入らなかったとしたら、それを美しいとみなすことはなかっただろうからである。

もちろん、花を見ることなしに、たんに思い浮かべながら、あるいは思い出しながら、美しいものとみなすこともできる。しかし、そのような場合には、知覚作用の代わりに想像作用や想起作用が、評価作用と同じ対象と質料をもっており、評価作用の土台として働くことになる。たとえば、特定の花を思い出しつつ美しいものとみなすとき、私はそれをたとえば〈あの日見た小さな赤い花〉として思い出しており、それを美しいものとみなす作用もこれと同じ質料をもっている。思い出すことなしに、あの日見た花を美しいとみなすことはできない。このように、評価作用は、質料を得て対象にかかわるために、別の作用を土台として必要とするのである。評価作用の志向性はこの意味で依存的である。

依存的な志向性をもつという特徴は、あらゆる作用に共通のものではない。たとえば、知覚はこのような特徴をもたない。何かを見るために、同じ質料をもった別の作用が土台として必要になるということはない。

評価作用が、知覚や想像や想起といった別の作用を土台として必要とするという関係を、フッサールは前者が後者に「基づけられている」と表現する（XIX/1, 418）。基づけとは、存在にかんする依存関係のことである。あるものが他のあるものなしには存在しえないとき、前者が後者に基づけられているといわれる（XIX/1, 267-8）（当然ながらこの関係は、作用のあいだだけに成り立つものではない。たとえば、色は空間的延長なしには存在しえない。このとき、色が空間的延長に基づけられているといえる）。

作用間の基づけ関係は、一種の全体と部分のあいだの依存関係である。フッサールは、評価作用がたとえば判断作用を土台として成り立っているとき、後者が前者の部分になっていると考える。評価作用という全体は、それに部分として含まれる判断などの作用なしには存在しえない。なぜなら、後者なしには前者は対象への関係をもちえず、したがって作用として成立しないからである。こうした作用間の基づけ関係において、基づける側の作用、すなわち知覚や判断や想像などの作用は、「客観化作用」と呼ばれる。そして、客観化作用に基づけられる側の作用は、「非客観化作用」と呼ばれる。[2] 非客観化作用というクラスに属するのは、評価作用だけではない。疑問作用、願望作用、意志作用なども同様である。しかし、ここでは評価作用だけを取り上げる。[3]

評価作用が基づけられた作用であるという主張は、それが固有の質料をもたないということを意味する。評価作用は質料をもつが、それは基づける作用（たとえば知覚）の質料と同一であり、それ以上の何ものでもない。花を美しいとみなす作用の質料を取り出そうとした場合、たとえば〈目の前の赤い花〉といった内容を手にすることになるが、これは評価作用に部分として含まれている客観化作用（この場合は知覚作用）の質料にほかならない。評価作用は知覚作用などとは異なる仕方で対象にかかわるが、その「かかわり方」の違いは、性質の違いでしかないのである。

ここで、評価作用という概念を限定するうえで一つ注意しておかなければならない点がある。それは評価作用と価値判断の関係である。「この絵は美しい」と述べるときに人が体験している作用は、判断作用の一種なのではないかと思われるかもしれない。たしかに、そのように述べる人は、絵という対象を「美しい」という述語によって規定する作用を遂行しており、この作用は、「このテーブルは四角い」と述べるときの判断作用と同類である。つまり、二つの作用のあいだに性質の違いはない。「この絵は美しい」という価値判断は、明らかに判断の一種である。しかし、この判断は、それ自身とは区別される別の作用を表現している。そして、「この絵は美しい」という判断によって表現されている作用は、「このテーブルは四角い」という判断によって表現されている作用とは種類が異なる。表現する作用と表現される作用の関係については、1-3-1で詳しく論じることにする。ここで確認しておきたいのは、価値判断において、表現する作用は判断作用であり、評価作用と呼ばれるのは表現される側の作用だということである。したがって、評価作用そのものは述定的な価値判断ではなく、対象を（美的、道徳的、道具的などなんらかの観点において）気に入ったり、好ましく思ったりする作用である。

評価作用を非客観化作用とみなす『論研』の基本的な発想は、以上で明らかになった。対象を価値あるものとみなす作用である評価作用は、固有の質料をもつ客観化作用を土台とすることによってはじめて対象にかかわることができる。この意味で、評価作用は非客観化作用と呼ばれる。以下では、この『論研』の立場がどのような帰結をもつのかを論じる。

1-2 評価作用の充実化

作用の対象へのかかわり、すなわち志向性という概念は、たんに個別の作用が質料をもち、対象への関係をもっているという事実を意味するだけではなく、「充実化（Erfüllung）」という文脈でも語られる。「隣の部屋に教授がいる」と友人から聞いたあとで、あなたが実際に隣の部屋に入ると、たしかに教授がいたとしよう。部屋に入る前も入った後も、あなたは教授にかかわる作用を遂行している。二つの作用のあいだの違いは、一方はたんに友人の話を理解したことのみによってあなたがもつようになった作用であり、他方は実際に教授を見る作用だという点にある。

これら二つの作用は、たんに教授という同じ対象にかかわっているだけでなく、後者が前者を確証するという関係にある。部屋に入って教授の姿を目にしたことで、入る前にあなたが「隣の部屋に教授がいる」という友人の発話を聞いて得た理解が確証されたのである。こうしたケースにおいて、『論研』のフッサールは、確証される方の作用を「意味付与作用（bedeutungsverleihender Akt）」ないし「表意作用（signitiver / signifikativer Akt）」と呼び[4]、確証する方の作用を「意味充実作用（bedeutungserfüllender Akt）」ないし「直観作用（intuitiver Akt）」と呼ぶ（XIX/1, 44; XIX/2, 567n.）。そして、両者のかかわる対象が一致し、作用同士が確証の関係に立つことを、「充実化」と呼ぶ[5]。充実化が起こってはじめて、対象が――「空虚に思念される」だけでなく――「与えられ」、対象への関係が「実現される（sich realisieren）」といわれる[6]（XIX/1, 44）。充実化とは、ある作用の対象へのかかわりの正当性が、別の作用によって確立されることを意味する。

充実化の関係に立つ二つの作用はどちらも同じ対象にかかわるのでなければならず、作用の対象への関係は作用に含まれる質料によって決まるのだから、厳密な意味で充実化の関係に立つことができるのは、客観化作用だけだということになる。というのも、評価作用のような非客観化作用は固有の質料をもたないとされていたからである。評価作用はその質料を客観化作用に負っているのだから、全体としての評価作用の充実化は、結局のところそれを基づけている客観化作用の充実化以上の何ものでもないということになる。フッサールは、評価作用と同様に非客観化作用として特徴づけられる願望作用を例にとって、このことを説明している。

たとえば願望は、同一化を必要不可欠な構成要素として含む作用の中で充実される。なぜなら、「願望性質は表象すなわち客観化作用によって〔……〕基づけられている」という法則性が成り立っているうえに、さらにこれを補足して、「願望の充実化もまた、基づける表象を同一化することによって固定する（einspannen）作用〔＝直観作用〕に基づけられている」という法則性も成り立つからである。（XIX/2, 583）

願望作用は、客観化作用と、それに付け加わった願望性質からなっており、その質料は直接には客観化作用に属している。これと同じ質料をもった直観作用によって、対象への関係が確立されて、充実化が起こる。このとき、全体としての願望作用が充実化されているという語り方は可能だが、そこで役割を果たしているのは基づける客観化作用だけであって、願望性質は充実化においてなんら役割を果たしていない。

こうしたフッサールの見解に対して、次のような反論が考えられる。「願望が充実／充足される」といういい方がなされるのは、望んでいたことが実際に起こって満足するといった場合である。そうした場面においては、基づける客観化作用が充実される以上の何かが起こっていると考えるべきではないのか。

フッサールは、満足するという意味での願望の「充実／充足」が、基づける作用における充実化以上の出来事であることは認める。しかし、この意味での願望の充実／充足は、対象の同一化を必要条件とする特殊な意味での（フッサールの術語としての）充実化とは異なる概念である。「願望の充実／充足が、たとえ同一化に、また場合によっては直観的な認識作用に基づけられているとしても、この認識作用だけで願望の充実／充足をまっとうできるわけではなく、たんにそれを基づけているだけにすぎないことは明らかである。特殊な意味での願望性質の満足（sich Befriedigen）は、〔同一化ないし認識作用とは〕別種の、独特な作用性格である」（XIX/2, 583）。充実化という語を先に述べた定義（「表意作用と直観作用のかかわる対象が一致し、二つの作用が確証の関係に立つこと」）に忠実に用いるなら、願望の「充実化」は、願望を基づける客観化的志向の充実化につきるのであって、それに加えて願望に固有の充実化があるわけではない。同じことは評価作用についてもいえる。評価作用に固有の充実化といったものはないのである。

1-3 価値判断の意味

1-3-1 作用の表現

ところで、「表意作用はいかにして充実化されるのか」という問いは、言語表現の意味と真理をめぐる問いと密接に結びついている。「隣の部屋に教授がいる」という文をただ聞いて理解しただけでは、それが真であるかどうかはわからない。隣の部屋に入って教授の姿を見ることによって、問題の文が真であることが確証される。(7) 文の意味の理解（表意作用）が成立しており、それが直観作用によって充実化されることによってはじめて、文が真であることが確証されるというわけである。充実化の理論は、言語表現のたんなる理解から確証への移行を説明するものである。それは同時に、真理がいかにして獲得されるのかを説明するものであるのだ。

「隣の部屋に教授がいる」のような平叙文の意味理解から確証への移行は、客観化作用の充実化によって説明される。では、評価作用のような非客観化作用はどうだろうか。すでに述べたように、非客観化作用に固有の充実化というものは存在しない。なぜなら、非客観化作用は固有の質料をもたないからである。だが、「この花は美しい」(価値判断)、「火星に知的生命体がいたらなあ」(願望文)、「オリエンテーションは明日おこなわれるのだろうか」(疑問文)といった非客観化作用の表現も、意味をもっていることは疑いようがない――それらが真であったり偽であったりするのかは議論の余地があるにしても。では、これらの表現の意味は、『論研』の枠組みの中でどのように説明されるのだろうか。

この問いに答えるためには、まず作用が表現されるということの意味を明確にする必要がある。フッサールは、作用が表現されるといういい方の多義性を指摘し、三つの意味を区別している(XIX/2, 546-9. Cf. XIX/2, 749-50)。まず、「私は火星に知的生命体が存在することを望む」という文を考えてみよう。この文を誠実に発話している場合、私は火星に知的生命体が存在することについての願望作用を遂行している。さらに、私はこの自分自身の願望を、しかじかの内容をもった願望として名指してもいる。そのうえで、この願望を私という主体に述定しているのである。「私は火星に知的生命体が存在することを望む」という文の意味を担っているのは、この述定、つまり判断作用であって、願望作用そのものではない。願望作用は、それをしかじかの願望として把握する客観化作用の対象になっているのである。このとき、「私は火星に知的生命体が存在することを望む」という文は、願望作用に向かっている判断作用を表現しているということもできるし、願望作用そのものを表現しているということもできる。こうして、作用が表現されるといういい方は、第一に「作用が表現の意味の担い手として働くこと」を意味し、第二に「作用が名指されたり述定されたりすること、つまり意味付与作用の対象として働くこと」を意味する。目下のケースにおいて、第一の意味で表現されているのは判断作用であり、第二の意味で表現されているのは願望作用である。

だが、これら二つの意味に収まらないケースもある。目の前で鳥が飛び立つのを見て、「一羽のクロウタドリが飛び立つ」と発話する場面を考えてみよう。このとき、私の知覚は名指されたり述定されたりしているわけではない。もしそうだとしたら、私が発話する文は「私は一羽のクロウタドリが飛び立つのを見る」というものになっただろう。他方で、私の知覚は意味の担い手として働いているわけでもない。なぜなら、「一羽のクロウタドリが飛び立つ」という文の意味は、クロウタドリが私の視界から消えても、あるいは私が何も知覚しなくなっても、意味を失うわけではないし、またこの文の意味は、実際にクロウタドリが飛び立つのを見ていない人にも理解できるからである。この場合は、知覚作用が対象化され、それについての判断が下されているのではなく、知覚作用にもとづいた判断が下されているのだとされる（XIX/2, 548）。判断の内容をなしているのは知覚ではなく、あくまで知覚されたもの（飛び立つクロウタドリ）だからである。こうしたケースにおいて、文に意味を与えているのはやはり判断作用だが、この判断作用は知覚に「方向づけられている（sich richten nach ...）」（XIX/2, 551）。つまり、判断作用がもつ対象への関係は、知覚作用のそれによって決定されており、その結果、二つの作用は同じものにかかわっている。この点が、「私は一羽のクロウタドリを見ている」と発話するときのように作用について判断する場合との違いである。

クロウタドリが飛び立つのを見て「一羽のクロウタドリが飛び立つ」と発話する場合のように、表意作用と知覚作用が同じ対象への関係を共有しているケースを、フッサールは表意作用と直観作用の「静的合致」と呼んでいる（XIX/2, 566）。こうしたケースにおいては、有意味な文の発話とその内容の確証が同時に起こっているからである。[8] 静的合致のケースにおいて、表現されている知覚は、表現に意味を与えている表意作用を充実化する役割を担っている。

まとめよう。作用が表現されるというときの意味は、表現される作用の役割によって三通りに区別される。第一に、表現される作用が表意作用として働く場合。第二に、表現される作用が名指しや判断といった客観化作用の対象になる場合。第三に、表現される作用が直観作用として働く場合、つまり表意作用を充実化する場合である。知覚のように、同じ種類の作用が、あるときは第二の意味で表現され、またあるときは第三の意味において表現されるということもありうる。「一羽のクロウタドリが飛び立つ」という文と、「私は一羽のクロウタドリが飛び立つのを見る」という文は、同じ知覚を別の仕方で表現していると理解できる。作用を表現する仕方の違いに対応して、これら二つの文は、その意味をも異にしている。このことは、二つの文の真理条件の違いを考えてみれば明らかだろう。クロウタドリが飛び立つのを私が見ていない場合でも、「一羽のクロウタドリが飛び立つ」という文は発話された時点において真でありうる。これに対して、「私は一羽のクロウタドリが飛び立つのを見る」という文は、発話された時点においてクロウタドリが飛び立つのを私が見ていないなら、偽である。

1-3-2 非客観化作用の表現

作用の表現についての一般的な区別を踏まえたうえで、非客観化作用に戻ることにしよう。非客観化作用も知覚作用と同じく、それ自体で表意作用として働くことはできない。したがって、第一の意味で表現されることはできない。第二の意味で表現されることは、非客観化作用にも可能である。すでに述べたように、「私は火星に知的生命体が存在することを望む」と発話されるときには、願望についての判断が下されている。では、非客観化作用は第三の意味で表現されることはできるだろうか。つまり、表意作用を静的に充実化するという仕方で表現されることはできるだろうか。繰り返し述べているように、非客観化作用は固有の質料をもたない。そして、本来の意味で充実化の項になりうるのは固有の質料をもつ作用だけである。したがって、非客観化作用が第三の意味で表現されるということは、これまで見てきた『論研』の枠組みにしたがうかぎり、ありそうにない。

実際、非客観化作用は第二の意味でしか表現されえないとフッサールは考えている。

表現された作用は、たとえいかにそれが意味を付与するように思える場合でも、われわれにとって対象化されている。しかし、すでにわれわれが知っているとおり、それらの作用が対象化されるのは、一方では〈それらの作用に反省的に向けられる内的直観〉と、そしてまたたいていは〈それらの直観にもとづいて〔作用とその主体を〕関係づける作用〉とによってであり、他方においては〈場合によってはごく一部だけが言明される一定の表意〉によってである。すなわちこれらの表意が内的直観および関係づける作用と結びついて認識作用となることによって、後者の対象が、すなわち疑問、願望、命令などの作用が、名辞などによって表現される対象となり、場合によっては述定される事態の構成要素となるのである。ところで、われわれが問題にしてきた諸々の表現〔＝非客観化作用の表現〕の真の意味は、実はこれらの客観化作用に伏在しているのである。（XIX/2, 748）

非客観化作用は、客観化作用の対象となることによってのみ、表現されうる。願望文や疑問文や価値判断といった表現の意味は、そうした非客観化作用を対象とする客観化作用によって担われている。これが『論研』におけるフッサールの見解である。

だが、本当にそのようにしか考えられないのだろうか。フッサールは、知覚が二通りの仕方で表現されうるということを認めていた。先に述べたように、「一羽のクロウタドリが飛び立つ」という文と、「私は一羽のクロウタドリが飛び立つのを見る」という文の意味の違いは、知覚作用の二通りの表現のされ方に対応している。これと類比的に、少なくとも一部の非客観化作用は、二種類の文によって表現されうる。たとえば、火星における知的生命体の存在についての私の願望は、「私は火星に知的生命体が存在することを望む」という文によってだけでなく、「火星に知的生命体がいたらいいなあ」という文によっても表現できる。また、目の前の花についての私の美的評価は、「私はこの花を美しいとみなしている」という文によってだけでなく、「この花は美しい」という文によっても表現されうる。そして、これら二種類の文は異なる意味をもっているように思われる。知覚の表現にあっては、意味の異なる二つの文が、作用の二通りの表現のされ方に対応していた。それならば、願望作用や評価作用についても、二通りの表現のされ方を認めるべきではないのか。

『論研』のフッサールはこの問いに否定的に答える。願望作用や評価作用が非客観化作用であり、固有の質料をもたないということを認めた以上、これらの作用にとって可能な表現のされ方は一つしかない。すなわち、客観化作用の対象となることである。したがって、願望作用や評価作用の正規の表現は、「私は……を望む」や「私は……を美しいとみなす」といったかたちのものだけである。ただし、「私は……する」という部分は、コミュニケーションにおいてはしばしば明示する必要がないため省略される。こうした省略によって、「火星に知的生命体がいたらいいなあ」や「この花は美しい」のような表現が生み出されるのである。これらの文と、「私は火星に知的生命体が存在することを望む」や「私はこの花を美しいとみなす」のような文は、同じ意味をもち、同じ作用を同じ仕方で表現している。これは、非客観化作用の表現についての『論研』での説明の帰結である。

この帰結は、特に評価作用の表現にかんしては、かなり疑わしいといわざるをえない。道徳的な評価を例にとってみよう。たとえば、「あの男性の行為は英雄的である」と「私はあの男性の行為を英雄的だとみなしている」が同じことを意味するというのは、不自然に思える。駅のホームから転落した女性を助けた男性についての新聞記事を読んで、その行為を英雄的だと思ったとしよう。しかし、実際には男性は自ら女性をホームから突き落としたのだということがあとで判明したとする。この場合、男性の行為は実際には英雄的なものではなかったのである。このとき、「男性の行為を私は英雄的だと思ったが、実際にはそうではなかった」というのが適切であって、「男性の行為はあのときは英雄的だったが、今はそうではなくなった」などというのは明らかにおかしい。したがって、「私は……を価値があるとみなす」というかたちの文と、「……は価値がある」というかたちの文とは、一般に意味を異にするように思われる。そして、「……は価値がある」というタイプの文は、判断者の体験についてのものではなく、対象のあり方についてのものであるように思われる。

以上の反論は、価値判断についての客観主義的な直観、つまりそれが真理条件をもつという考えにもとづいている。この考えはある程度自然なものではあるが、自明ではない。それどころか、これと対立するもう一つの考えもまた、ある程度自然であるように思われる。それは、「価値判断は事実についての判断とは異なり、判断者の是認や推奨といったなんらかの態度の表明である」という考えである。これら二つの対立する直観のどちらに足場を置くかによって、現代のメタ倫理学でいうところの認知主義と非認知主義の対立が生じる。すなわち、価値判断が真理条件をもつと主張するのが認知主義であり、もたないと主張するのが非認知主義である。(9) しかし、ここではこの対立そのものには立ち入らない。確認しておくべきなのは、『論研』のフッサールは、二つの対立する直観のうち、少なくとも客観主義的な直観を救えていないということである。[10]

以上で明らかになったのは、評価作用を非客観化作用とみなす立場からの帰結として、フッサールは価値判断を評価作用についての判断とみなしているということである。価値判断が下されるとき、評価作用は客観化作用の対象になっている。だが、こうした主張は、価値判断についての客観主義的な直観(「価値判断は(判断者の体験についてのものではなく)対象のあり方についてのものである」)と衝突する。

この点を確認したうえで、ここでいったん『論研』を離れ、もう少し後のフッサールの見解に目を向けることにしたい。『論研』以降のある時期から、フッサールは評価作用を非客観化作用とみなす立場を捨て、その反対の立場をとっている。この変化がいかにして起こったのかを明らかにするために、次節では、一九〇八/一九〇九年の「倫理学の根本問題」講義に目を向けることにする。というのも、この講義ではじめて、評価作用を非客観化作用として特徴づける『論研』の立場に対する疑いが表明されることになるからである。

2 評価作用のジレンマ

一九〇八/一九〇九年の講義でフッサールは、評価作用を客観化作用とみなすべきか非客観化作用とみなすべきかという問いをあらためて取り上げる中で、あるジレンマに突き当たる。それは、評価作用を客観化作用とみなす見解と非客観化作用とみなす見解がどちらも、「評価に固有の正当性を解明する」という課題を実行不可能にしてしまう、というジレンマである。このジレンマについて論じるために、まずは評価に固有の正当性を解明するという課題がどのようなものであり、どのような重要性をもつのかを明らかにしたい。

2-1 評価的理性の批判という課題

評価の正当性の解明を、フッサールは「評価的理性の批判」と呼ぶ。そして評価的理性の批判は、一九〇六年ごろからフッサールが自らの最重要課題として引き受け始めた理性批判というプロジェクトの一部をなしている。このことは一九〇六年に書かれた「個人的覚え書き」ではっきりと述べられている。

> 第一に、私が哲学者を名乗ることができるためには自分自身で解決しなければならないであろう一般的な課題を挙げよう。それは理性の批判である。論理的理性と実践理性、そして評価的理性一般の批判。（XXIV, 445. Cf. II, 52）

ここでフッサールは、理性を三つに区分し、それぞれに対応する「批判」が合わさって理性批判という全体をなすと考えている。

しかし、理性批判とはそもそも何をすることなのだろうか。この問いに答えるためには、まず「理性」という語をフッサールがどのような意味で使っているのかを確認する必要がある。彼は理性を、ある種の存在者にそなわっている能力というよりも、作用について語るときの一つの観点として考えている。たとえば「覚え書き」と同時期の講義では次のようにいわれる。

> 学問的な作用は、正当性の意識によって担われており、たえず「理性」という観点のもとで、すなわち正しさ、あるいは正当な動機づけという観点のもとで、秩序づけられたり、変様されたりする。
> （XXIV, 119. 強調、八重樫）

理性という観点のもとで作用について語ることは、作用の正当性を問題にすることにほかならない。「しかじかの条件のもとではかくかくの作用を遂行すべきである」といったことを語るとき、私たちは理性の観点に立つことになる。このように考えるなら、理性批判が何をすることなのかも見えてくる。すなわち、作用が正しく遂行されているということの意味を明らかにすることが、理性批判の課題にほかならない。

『論研』第二巻は、認識という概念の解明を目的としていた。認識とは、「的中した」志向のことであり（XIX/1, 12）、表意作用と直観作用の合致によって説明される。こうした『論研』の現象学は、客観化作用の正当性の解明とみなすことができる。したがってフッサールは、『論研』においてすでに理性批判に取り組んでいたのだと回顧することもできたはずである。ましてや『論研』のフッサールは、非客観化作用は固有の質料をもたず、非客観化作用の表現の意味は結局のところ客観化作用のうちにあると主張していたのだから、『論研』の認識批判は包括的な理性批判だったとさえいえそうである。

にもかかわらず、なぜ一九〇六年のフッサールは、あらためて理性批判を自らの課題として掲げたのだろうか。それは、この時期のフッサールが、認識の解明によってあらゆる作用の正当性が解明されるわけではないと考えていたからである。とりわけ、先ほどの引用で「評価的理性」が批判の主題として立てられていることは、評価作用の正当性が独立した解明を必要とすると考えられている証拠になる。

評価的理性の批判、つまり評価作用の正当性の解明という課題は、『論研』の認識批判の枠には収まらない課題として考えられている。したがって、そこで問題になるのは、基づける客観化作用の正当性とは独立に問うことができるような、評価作用に固有の正当性なのである。

だが、評価作用に固有の正当性を問題にすることができるという考えは、何にもとづいているのだろうか。そこには、1-3-2で触れた、価値判断についての客観主義的な直観が働いているように思われる。すなわち、「価値判断は、判断者の体験についてのものではなく、対象のあり方についてのものである」という直観である。この直観は、『論研』における価値判断の意味についての見解と衝突する。しかし、一九〇八／一九〇九年の講義では、フッサールはこの直観を受け入れているか、あるいは少なくとも受け入れる方向に傾きつつある。

このことはたとえば次の一節から読み取れる。

客観的思念が思念であるのは、根拠づけの可能性のゆえである。より正確にいえば、根拠づけられる（あるいは根拠を失う）ことの可能性のゆえである。これと同じことが評価作用にも当てはまるのではないだろうか。評価作用もまた価値についての思念なのではないか。評価作用についても、正しいか正しくないか、理性的か非理性的かを語ることが、またそれと類比的に、〔価値が〕たんに思念されているのかそれとも与えられているのかについて語ることが、十分な意味をもつのではないか。

（XXVIII, 342）

非評価的な判断作用にかんしては、思念されている事態がたんにそう思念されているだけの場合と、実際にそのとおりに与えられている場合が区別できる。判断が正しいか正しくないかの違いは、それに対応する事態が与えられているのか、それともたんに思念されているにすぎないのかの違いにほかならない。判断がかかわっている事態が実際に与えられている場合に、その判断は根拠をもっているとか、正当だといわれるのである。これと同じことが評価についてもいえるということは、価値判断の正しさもまた、それがかかわっているものがたんに思念されているのか、それとも与えられているのかによって決まるということを意味している。これは、価値判断についての客観主義的な考えを受け入れることにほかならない。

評価的理性の批判という課題を受け入れることが、こうした価値判断についての客観主義を背景にしているとすれば、この課題が『論研』の枠組みと相性が悪いことは容易に予想がつく。実際、以下で論じるように、一九〇八／一九〇九年の講義でフッサールが突き当たったジレンマは、まさにこの課題が

『論研』の枠組みの中では実行不可能だということを示すものなのである。

2-2 ジレンマの内実

以上でおおまかに特徴づけた評価的理性の批判という課題にとって、評価作用を客観化作用とみなすか、それとも非客観化作用とみなすかという選択は、重要な意義をもつことがすでに予想される。というのも、評価的理性の批判という課題は、評価作用が固有の正当性をもつことを前提としており、客観化作用と非客観化作用の区別は、作用が固有の対象への関係をもつかどうかという点にかかわっているからである。以下では、評価作用を客観化作用とみなすか非客観化作用とみなすかという選択が、評価的理性の批判という課題にとって、実際のところどのような帰結をもつのかを検討してみたい。

まず、評価作用が客観化作用だとしよう。『論研』での客観化作用の定義からして、評価作用は固有の対象への関係をもち、充実化関係の項になる。それゆえ、評価作用というクラスの中にも、表意作用と直観作用に対応する区別が成り立つ。そして、評価作用の正当性は、〈評価的な表意作用が評価的な直観作用によって充実化されること〉によって説明させることになるだろう。しかし、このように考えることは、価値にかかわる作用の正当性が、非価値的なものにかかわる作用の正当性と本質的には同じ仕方で説明されるということを意味している。いいかえれば、評価の正当化が一種の認識としてあつかわれるということを意味する。これは、認識批判とは異なる仕方で評価作用に固有の正当性を解明するという、もともとの課題を放棄することにつながる。[11]

他方で、評価作用を非客観化作用とみなす選択肢をとると、どうなるだろうか。この場合、評価作用は固有の対象への関係を欠いていることになる。だがその場合でも、評価作用の正当性についての問いは、それを基づけている作用の正当性についての問いとは別に立てられるように思われる。私が花の知覚にもとづいて、その花を美しいとみなしているとしよう。このとき、素朴に考えるなら、「この花は本当に私が見ているとおりにあるのだろうか」と問うことなしに、「この花は本当に美しいのだろうか」と問うことができるように思われる。[12] 知覚の正当性に関してまったく問題がない場合でも、評価の正当性が疑われることは十分にありうるからである。

だが、『論研』の枠組みでは、このような場合に評価作用の正当性を独立に問うことはできない。評価作用が非客観化作用であるということは、対象への関係を客観化作用に負っているということを意味している。評価作用は、たんにそれを基づける客観化作用と同じ対象にかかわっているだけでなく、それと同じ質料をもっている。つまり、評価作用とそれを基づける客観化作用は、完全に同じ内容をもっており、両者が別の作用であるのは性質が異なるからにすぎない。ところで、ある作用の正当性を問題にするときに、当の作用の内容の正当性を調べる以外に、どのようなやり方があるというのだろうか。まったく同じ内容をもった二つの作用のうち、一方は正しく、他方は間違っているというようなことが考えられるだろうか。そのようなことは考えられない。

これに対して、もし評価作用がそれを基づける客観化作用とは別の内容をもつと考えるなら、それは評価作用を客観化作用の一種とみなすことに等しい。その場合、先に述べたように、評価作用の正当性の問題は認識という問題系に回収されてしまう。

以上が、一九〇八／一九〇九年の講義でフッサールが突き当たったジレンマである。評価作用を客観化作用とみなす選択肢と、非客観化作用とみなす選択肢は、どちらをとっても、評価作用に固有の正当性を解明するという課題を実行不可能にしてしまう。

こうした袋小路を抜け出すための一つの方法は、客観化作用と非客観化作用という二分法を捨てることである。実際、フッサールは同講義で、「客観化作用と非客観化的な評価作用との区別を放棄する」(XXVIII, 324. Cf. XXVIII, 333) という選択肢を考慮に入れている。そして、同講義以降のフッサールは、評価作用を固有の内容をもった作用とみなし、そうした評価作用と価値との関係を、対象性の構成という文脈の中で考察していく方向に進むことになる。そうした一九〇九年以降のフッサールの価値論については、第四章で論じる。本章の残りの部分では、『論研』における評価作用のあつかわれ方のどこに問題があったのかを検討する。

3　『論研』のどこが問題なのか

以上の議論から、評価作用を非客観化作用とみなす『論研』の立場は、価値判断にかんする客観主義的直観と相容れないものであり、評価に固有の理性性格を解明するという課題を実行不可能にしてしまうことが明らかになった。しかし、このような仕方で『論研』を批判することは、客観主義を前提として主観主義を非難しているだけのように思えるかもしれない。こうした疑念を払拭するために、以下では、『論研』での評価作用のあつかいがそれ自体として大きな問題をはらんでいることを明らかにしたい。

3-1 論理的ギャップの問題

まず、『論研』で評価作用について主張されていることがすべて間違っているわけではないということは、述べておかなければならないだろう。1-1で論じたように、評価作用が基づけられた作用であるという見解は、正しい洞察にもとづいている。私たちがある対象に評価的にかかわるためには、同じ対象に非評価的な仕方でもかかわっていなければならない。ある花を見ることも想像することも思い出すこともなく、それについて判断することもなしに、その花を美しいものとみなすことはできない。つまり、評価作用がある対象にかかわるためには、同じ対象にかかわる別の作用が存在しなければならない。フッサールはこのことを正しく見抜いていた。

彼が誤っていたのは、この正しい洞察（およびその他のいくつかの前提）から、「評価作用は固有の対象への関係をまったく欠いている」という結論を導いた点であった。評価作用がかかわるのと同じ対象にかかわる非評価的な作用が存在することは、評価作用が存在することの必要条件ではある。しかし、この条件によって、評価作用が対象にかかわるという事実のすべてがつくされると考える必要はない。いいかえれば、評価作用が対象への関係を、それを基づけている非評価的な作用に完全に負っていると考える必要はない。たんに部分的に負っているだけだと考えることもできるはずである。ここに横たわっている論理的なギャップを妥当な仕方で埋める議論は、『論研』には見いだせない。

以上のことは、非客観化作用一般にかかわる論点である。願望や疑問のような、評価以外の非客観化作用についても、その志向的関係が客観化作用のそれによってつくされると考える必然性はなかったといえる。しかし、『論研』における評価作用のあつかわれ方の問題点は、このように他の非客観化作用にも当てはまるものだけではない。むしろ最大の問題点は、『論研』が評価作用の固有性をとらえそこなっている点にある。次にこの点について見てみよう。

3-2 評価の規範性の問題

本章1-1のはじめに述べたように、『論研』で評価作用について論じられている箇所はごくわずかである。だが、評価作用が願望と本質的に同種の体験だと考えられていることは明らかである。しかし、まさにこの点に、『論研』における評価作用のあつかわれ方の最大の問題点がある。評価を願望と同種のものとしてあつかうことによって、フッサールは評価の固有性を見失っている。

では、フッサールがとらえそこなっている評価の固有性とは、どのような点にあるのか。それは、評価が、フッサールがそれと同種のものとみなしている他の種類の作用とは異なる規範的文脈に属するという事実に求められる。このことを以下で明らかにしたい。

評価と願望は、ともに規範的な文脈に置かれうる。つまり、それらの体験には、正しいとか間違っているとか、適切だとか不適切だとかいった規範的な述語が適用されうる。問題は、それらの体験がそれぞれどのような場合にどのような規範的述語を適用されるのかという点である。願望とは、しかじかの事物があったらいいのにと望んだり、自分がしかじかの状態にあったらいいのにと望んだりすることである。何かを望んでいるとき、人は必ずしもその対象を望ましいものとみなしているとはかぎらない。医者から酒を止められていて、酒を飲むのは望ましくないと思っている場合でも、人は酒を望むことがある。これに対して評価とは、ある対象を美しいとみなしたり、よいとみなしたり、とにかくなんらかの（正ないし負の）価値があるとみなすことである。何かを望ましいものとみなすことも、評価の一種だと考えてよいだろう。あるものを望ましいとみなしながら、同時に同じ対象を望ましいとみなさないことは不可能である。（ただし、評価は観点による相対化を許容する。ある美術品について、芸術的価値という観点からは肯定的に評価しながら、商品価値という観点からは否定的に評価するといったことは可能である。しかし、同じものを同じ観点から、肯定的に評価すると同時に否定的に評価するということは、ありえない。）

「望ましい」という語は、「望むに値する」ということを意味する。したがって、あることを望ましいものとみなすことは、それを願望するに値するものとみなすことである。同様に、あるものを美しいとみなすことは、それを美的賞賛ないし是認に値するものとみなすことだといえよう。一般的にいって、評価とは、対象をなんらかの肯定的ないし否定的な態度に「値する」ものとみなすことである。

さて、ここで、願望が不適切だといわれる場合と、評価が不適切だといわれる場合とを比較してみよう。医者から酒を止められていて酒を飲むのが望ましくないとわかっていながら酒を望む人は、不適切な、つまり本当はもつべきでない願望をもっているということができる。一般に、ある対象（状態や行為も含む）を望ましくないものとみなしていながら、それを望むのは、不適切な願望である。このとき、願望が不適切であるのは、それが当人の評価と食い違っているからである。だが、不適切な評価については事情が異なる。あるものをある観点において望ましくないものとみなしながら、それを同じ観点において望ましいとみなすことは、端的に不可能である。しかし、本当は望ましくないものを、望ましいとみなすことはありうる。そのような場合に、人は不適切な、あるいは誤った評価をしているといわれる。たとえば、高い芸術的な価値をもった彫刻を、ガラクタとみなしている人は、誤った評価をしているといわれるだろう。また、肝臓を患っていて一滴たりとも酒を飲むべきでない人が、そのことを知らず、適度な飲酒なら健康上望ましいと思っている場合、彼は自分が酒を飲むことについて誤った評価を下しているといえる。不適切な評価とは、本当は肯定的な態度に値しないものを正の価値があるとみなしたり、本当は否定的な態度に値しないものを負の価値があるとみなしたりすることである。あるいは同じことだが、実際には正の価値をもたないものを肯定的に評価したり、実際には負の価値をもたないものを否定的に評価したりすることが、不適切な評価と呼ばれる。

まとめると以下のようになる。評価は、対象の実際の価値に適合しない場合に、不適切なものになる。これに対して願望は、実際の価値への不適合とは別の仕方で、つまり同じ主体が同時にもっている評価との不整合によって、不適切なものになる。評価が願望とは異なる規範的な文脈に属しているということの意味は、すでに明らかだろう。評価と願望の違いをなしている最も大きな特徴は、「対象の実際の価値」との規範的な関係なのである。

こうした評価の重要な特徴を、『論研』のフッサールは、評価を願望と同種のものとみなすことによってとらえそこなった。もちろん、そうした特徴を的確にとらえたとしても、評価を適切なものにしたり不適切なものにしたりする「実際の価値」というものをどのように考えるべきなのかは、大きな問題として残る。それは対象が意識とは無関係にもったりもたなかったりするものなのか、それとも、意識とのかかわりを抜きにしては語れないようなものなのかが問われなければならない。しかし、『論研』のフッサールには、こうした問いを問いとして引き受ける可能性が閉ざされていたのである。

フッサールが一九〇六年までに課題として自覚し、一九〇七年以降に実際に取り組むことになる評価的理性の批判は、同時に、この「対象が現実にもつ価値をどのようなものとして考えるべきか」という問題に取り組むことでもある。しかし、このことを明らかにするためには、一九〇七年以降のフッサールの思考を貫いている「超越論的観念論」というプログラムについて論じる必要がある。これが次章の主題となる。

まとめと展望

本章では、『論研』から「倫理学の根本問題」講義にかけての、評価作用にかんするフッサールの理論の変遷を追った。『論研』では、客観化作用と非客観化作用の区別が立てられ、評価作用は非客観化作用とみなされた。この見解は、価値判断の意味についての客観主義的な直観に合わないという困難を抱えていた。これに対して、「倫理学の根本問題」講義のフッサールは、客観主義的直観を受け入れ、評価作用を非客観化作用とみなす『論研』の立場が維持しがたいと考えている。

しかし、単純に評価作用を客観化作用とみなせばことが済むわけではない。フッサールが取り組もうとしている評価的理性の批判という課題は、認識の領分とは異なる正当性を評価作用がもつことについての説明を要求するからである。そこで彼は、客観化作用と非客観化作用の区別そのものを放棄する方向に傾いている。フッサールの新たな評価作用の理論は、「倫理学の根本問題」講義には見いだされない。しかし、どのようなかたちをとるにせよ、それは『論研』の理論が説明し損ねた評価作用の独特の規範性と、そこに含まれる「対象が現実にもつ価値」へのかかわりを説明しうるものでなければならない。

次章では、評価と価値にかんするフッサールの新たな理論への足がかりとして、一九〇七年から『イデーンI』公刊前後の時期にかけて彼が練り上げた、何かが現実に存在するということそのものの意味にかんする独自の立場、すなわち超越論的観念論に目を向ける。この超越論的観念論を基礎として打ち立てられる新たな価値の理論については、第四章で論じることになる。

第二章　経験の正しさと存在の意味——超越論的観念論と構成分析

私たちの評価的態度と価値とは、どのような関係にあるのか。これが目下の主導的な問いだった。そして、評価作用にかんする初期フッサールの理論は、この問いに満足のいく答えを与えることができないということが、前章で明らかになった。

ところで、評価的態度と価値の関係を問うことは、人が対象をしかじかの価値をもつとみなしているという事実と、対象が実際にもっている価値との関係を問うことにほかならない。では、対象の実際の価値といわれるものは、どのような仕方で成り立っているのだろうか。対象がもつ価値を、私たちから独立に、つまり私たちがそれに対してどのような態度をとろうが関係なく、それ自体で成立しているものと考えるか、それとも、なんらかの仕方で私たちの態度に依存しているものと考えるかによって、価値にかんする実在論と反実在論という二つの立場が分かれる。価値にかんするフッサールの立場は、結局のところ、実在論と反実在論のどちらに属するのだろうか。

この問いに答えるためには、彼の価値論を検討するだけでは不十分である。なぜなら、『論研』以降、修正を重ねて成立するフッサール価値論の最終形態は、存在一般にかんする彼の立場が練り上げられてはじめて到達されるものだからである。そこで、本章では存在の意味にかんする彼の立場、すなわち超越論的観念論を検討することにしたい。

「超越論的観念論」という語をフッサールが自身の立場をあらわすものとして使い始めたのは一九一八年頃からである（XXXVI, ix）。にもかかわらず、後の研究者の多くは、一九〇七年頃にすでに彼は「超越論的転回」を果たしたと考え、その後の彼の立場を超越論的観念論と呼んでいる。あとで詳しく述べるように、そうした解釈には十分な根拠がある。超越論的観念論は対象の「構成」という概念と密接な関係にあり、フッサールが彼独自の構成概念について語りはじめる一九〇七年には、超越論的観念論の基本的なアイディアはすでに出来上がっていたと考えられるのである。それゆえ、本章ではこの構成という概念自体も主題となる。フッサールが構成ということで何を考えていたのかを明らかにしておくことは、第四章で価値の構成を論じるための足がかりにもなる。

以下ではまず、超越論的観念論についてのフッサールの明示的な特徴づけから、その立場の内実をめぐる二つの問いを取り出す。それは第一に、超越論的観念論が通常の意味の観念論とは異なり、実在論の否定を意味しないといわれるのはなぜか、そして第二に、超越論的観念論が存在の意味についての探究であると同時に自我の自己解明でもあるといわれるのはなぜか、という問いである（第1節）。続いて、これらの問いに答えるかたちで、超越論的観念論の意義と内実について明らかにしていく（第2節、第3

節)。最後に、超越論的観念論が魅力的でない、あるいは誤っているとする見解に応答することを通じて、この立場のもっともらしさを示す(第4節)。

1 超越論的観念論とは何か

まず、フッサールの超越論的観念論をめぐる二つの問いを提起したい。

「観念論」という語は、普通は実在論と対立する哲学上の立場を意味する。実在論と観念論の対立はさまざまな局面で語られるが、最も一般的な仕方で特徴づけるなら、世界の存在の仕方をめぐる対立だといってよいだろう。ごく大雑把にいえば、世界は心あるいは意識なしには存在しないと主張するのが観念論であり、世界は心ないし意識から独立に存在すると主張するのが実在論である。

だが、フッサールによれば、彼の立場である超越論的観念論は、実在論と対比されるような哲学的主張ではないという。

現象学はそれ自身、「超越論的観念論」となる。ただし、それは根本的かつ本質的に新しい意味においてである。それゆえ、心理学的な観念論の意味においてでもなければ、意味のない感覚与件から意味に満ちた世界を導き出そうとする観念論の意味においてでもない。さらにまた、少なくとも限界概念として物自体の世界の可能性を残しておくことができると信じるカント的な観念論でも

> ない。〔……〕この観念論は、「実在論」との弁論術的な戦いにおいて戦利品として得られるような、遊び半分の議論の産物などではない。
>
> (I, 118-9)

フッサールの超越論的観念論は、彼以前に「観念論」と呼ばれてきた哲学上の立場のいずれとも異なるものであり、また、実在論と対立する立場でもない。それが観念論であるのは、「観念論」という語の「根本的かつ本質的に新しい意味において」だという。

このようにいわれると、ではなぜ「観念論」という使い古された言葉をわざわざ使うのか、という疑問が当然出てくるだろう。その理由をフッサールは明言していないが、以下の議論を先取りするなら、それは、少なくとも彼が超越論的観念論という語を自らの立場をあらわすものとして使いはじめた当初は、「世界は意識なしには存在しない」という主張を含むという点で超越論的観念論が従来の観念論に（表面上は）似ていると考えていたからである。それにもかかわらず、『デカルト的省察』のフッサールによれば、超越論的観念論は実在論と対立するものではない。それはなぜなのか。これが一つめの問いである。

続いて、『デカルト的省察』の同じ節から別の箇所を引用しよう。

> この観念論は、体系的な自我論的学問というかたちで首尾一貫して遂行される、あらゆる可能な認識の主体としての私の自我の自己解明にほかならない。しかも、およそ存在者が自我である私にと

って意味をもちうるかぎり、あらゆるそうした意味にかんして遂行される自己解明である。〔……〕それは、自我である私にとって考えられる存在者のすべてのタイプにかんして、とりわけ自然、文化、あるいは一般に世界といった（経験によって実際にあらかじめ与えられた）超越にかんして、実際の作業の中で遂行される、意味の解明なのである。このことはしかし同時に、構成する志向性そのものを体系的に露呈することを意味している。それゆえ、この観念論の正しさを証明するのは、現象学そのものなのである。

（I, 118-9. 強調、八重樫）[1]

超越論的観念論は、あらゆる可能な認識の主体としての自我がおこなう「自己解明」であり、それはまた、およそ自我にとって存在しうるものがもつすべての意味を明らかにすることでもある、といわれている。どんな存在者も、私にとってなんらかの意味をもっている。存在者がもつ意味の解明とは、たとえば山があるとはどういうことか、机があるとはどういうことか、数があるとはどういうことか、等々を明らかにすることである。超越論的観念論とは、あらゆるタイプの存在者について、それがあるというときの意味を明らかにする営みである。しかし、そのような意味の解明が、同時に自我の自己解明でもあるというのは、どういうことだろうか。

私たちは超越論的観念論をめぐる二つの謎に直面した。第一に、超越論的観念論はどのような意味で観念論なのか。また、それが実在論と対立しないのはなぜなのか。第二に、超越論的観念論の二つの特徴づけ、つまり「存在者の意味の解明」という特徴づけと、「自我の自己解明」という特徴づけは、どのように関係し両立するのだろうか。本章の目標は、これら二つの謎を解決することである。

そのための手がかりとして、公刊著作だけを用いるのには限界がある。実のところ、フッサールは草稿の中では、かなり早い時期から超越論的観念論について論じている。超越論的観念論にかんする彼の草稿は、著作集第三六巻にまとめられている。[2] 以下ではこの巻に収められた草稿を主に読み解きながら、超越論的観念論とはいったい何なのかを明らかにしていきたい。

2 実在論、観念論、超越論的観念論

そもそもある対象の存在の意味を問うとはどのようなことなのだろうか。いったんフッサールを離れて、日常的な場面から考えてみよう。

私は住み慣れた街を歩いており、目の前には白い家がある。この家が「ある」というのはどういうことだろうか。家は物理的対象であり、主に木材からできている。木材やその他の、家をかたちづくっている物質の物理的組成を調べれば、分子からなっていることがわかる。それゆえ、家全体も分子からできているといえる。では、しかじかの分子がしかじかの仕方で並んでいるということが、家があるということなのだろうか。たしかにこれも、家があるということの一つの説明である。しかし、家があるということの意味を尋ねるとき、人は家が何からできているのかを尋ねているとはかぎらないし、普通はそうではない。

問いを少し変えてみよう。なぜ家はあるといえるのか。この問いに、「しかじかの分子がしかじかの仕方で並んでいるからだ」と答えることはできない。なぜなら、物理的組成を持ち出すだけでは、目の前に見えているのが家であることの説明にはならないからである。別の答えとして、「私が家を見ているからだ」というものが考えられる。「なぜ家はあるといえるのか」という問いが、「なぜあなたは『家がある』と発話できるのか」という意味で問われているとしたら、「家を見ているからだ」というのは、唯一ではないにせよ一つの正しい答えではある。だが、目下の問いには別の解釈もありうる。つまり、「なぜ家はあるといえるのか」という問いは、「家がある」という発話を可能にする条件を聞いているのではなく、当の発話が真であるための条件を聞いているのだとも解釈できる。ここでは後者の解釈をとることにしよう。

どのようなときに、家があるという私の発話は正しいといえるのか。ここでも、先に述べたのと同じ理由で、分子を持ち出すことはできない。また、「私が家を見ているからだ」というのも、いまは満足のいく答えにはならない。なぜなら、私が家を見ているだけでは、その家が本当にあるかどうかはたしかではないからである。私が見ているのは夢の中の家かもしれないし、蜃気楼かもしれないし、ハリボテかもしれない。他の人も同じ家を見ていたとしたらどうだろうか。しかし、その他の人もやはり見間違いをしているのかもしれないし、私の夢の中の登場人物にすぎないのかもしれない。映画『マトリックス』や「培養槽の中の脳」を持ち出すまでもなく、私が家を見ているとき、それが夢でも蜃気楼でも幻覚でも見間違いでもないといいきることはできない。では、「どのようなときに、家があるという私の発話は正しいといえるのか」という問いに答えはないのだろうか。

必ずしもそうとはかぎらない。いま述べた懐疑は、外界の存在にかんするものである。しかし、家があるということの意味にかんする問いは、外界の存在を証明しなくとも有意味に立てることができる。少なくともフッサールはそう考えている。この論点はきわめて重要であり、超越論的観念論がなぜ伝統的な意味での実在論と対立するような観念論ではないのかという問題にかかわっている。ここでようやくフッサールのテキストに目を向けることができる。

現象学が外界の存在の問題にかかわらないということは、フッサールがすでに『論研』で主張していたことである。


われわれに固有の自我とは区別される「心的」・「物的」な実在を想定する権利についての問い、また、この実在の本質とは何か、この実在はどのような法則に従うのか、物理学者がかかわる原子や分子はそれに属するのかどうか、等々の問いは、認識論から徹頭徹尾区別されている。「外界」の存在と本性にかかわる問いは、形而上学的な問いである。(XIX/1, 26)

ここでいう「認識論」とは、(『論研』の)現象学のことだと理解してよい。外界の存在にかんする問いは形而上学的な問いであって、現象学はそれにかかわらないという。このフッサールの主張は、「形而上学的中立性テーゼ」と呼ばれている。この引用では、心的実在についての問いも現象学から排除されているが、ここでは議論をややこしくしないために、家を含む物的実在に話を限定することにしたい。物的実在の全体、つまり外界が存在するかどうか、それが存在すると述べる権利が何に存するのかという問いは、現象学の主題ではないと、『論研』のフッサールは考えていた。

フッサールが形而上学的中立性テーゼを『論研』以後も守り続けたのかどうかは、研究者のあいだで論争の的になっている。[3] 筆者は、超越論的観念論をとることによってフッサールは形而上学的中立性を事実上捨てていると考えている。しかし、超越論的観念論が含む形而上学へのコミットメントはきわめて微妙なものである。超越論的観念論者としてのフッサールは、それを経験する意識から独立に外界の存在について語ることは無意味だと主張することで、形而上学的実在論を拒否する。しかし、常識的実在論をも拒否して、「あらゆる事物の存在は意識に依存している」という立場をとるわけでもない。この点については本節の残りの部分と第４節で詳しく論じる。

さて、外界の存在にかんする懐疑論は、常識的実在論に異を唱えるものである。特別な状況に置かれていることを自覚していないかぎり、私たちは目の前にあるものが現実に存在すると思っている。そこへ懐疑論者がやってきて、「あなたは夢を見ているのかもしれない。そうではないと証明できるのか」といってきたとする。これに対して、取りうる対応はいくつかある。一つは、自ら懐疑論者になること。もう一つは、懐疑論を真摯に受け止めて、外界の存在証明を試みること。さらに、懐疑論者の挑戦をさしあたり考察の外に置くという選択肢もある。つまり、「外界が本当に存在するかどうかはとりあえず問題にしない」という対応の仕方である。『論研』のフッサールは最後の対応をとる。[4]『論研』の現象学ないし認識論は、さしあたり常識的実在論を肯定も否定もせず、私たちが使っている「真理」や「認識」という概念を解明する企てとして理解することができる[5]。

しかし、懐疑論者に対する超越論的観念論者としてのフッサールの対応は、これとは少し異なる。彼は外界の存在証明を試みているわけではない。だが同時に、常識的実在論を肯定も否定もしないまま、世界の存在とは無関係な話をしているわけでもない。彼はまさに世界の存在について語っているのである。もっとも、彼が問題にしているのは「何かが現実に存在するとはどういうことか」であって、「何が現実に存在するのか」ではない。たとえば、知覚される事物が現実に存在するとはどういうことなのかを明らかにすることは、個々の知覚対象（あるいは一般に事物）が現実に存在することにコミットしなくとも可能である。いいかえれば、任意の事物について、それが現実に存在するという言明がどのような条件のもとで真であるのかを探究するために、そのような言明の真理にコミットする必要はない。そのような言明がひとつ残らず偽である可能性を残しておいてもかまわないのである。

フッサールがこのように考えていたことは、次の一節がよく物語っている。

私たちは現実の事物の存在を疑わない。私たちはただ、現実の事物の存在が、そしてあらゆる存在が、もし現実の存在として意識にとって妥当しうるとするなら、意識のうちでどのようにして正しいと証明されなければならないのかを、知ろうとする。そして、そうした証明がどのようなものなのかを問う。私たちは事物の存在を疑わない。かといって、それを前提するわけではないし、また

前提することはできない。(XXXVI, 8)

超越論的観念論者は、事物の存在を疑うことも素朴に受け入れることもなく、「事物が存在するといえるならば、それはどのような条件のもとでか」と問うのである。

このように、超越論的観念論は世界の存在に対する哲学的アプローチではあるが、外界の現実存在の問題に直接向き合うわけではない。では、それは具体的にはどのように世界の存在について語るのだろうか。一九〇八年九月に書かれたとされる超越論的観念論に関連する最初のまとまったテキストの前半(XXXVI, 3-10)で、フッサールは事物の存在について、以下のように議論している。

事物は存在するものとして私たちの意識に与えられている。「意識に与えられるのは現象だけであって、事物が存在すると主張するときには現象から事物を、推論などなんらかの仕方で構築しているのだ」という主張は、直観に反している。「家がある」などというとき、私たちは推論をしているようには思えない。他方で、事物の存在は絶対的な確実性をもたない。夢や幻覚や見間違いの可能性がつねに開けているからである。絶対的な確実性をもって意識に与えられるのは、コギタチオ、つまり知覚や判断等々の作用だけである。家が見えているときに、「本当は家などないのではないか」と疑うことは意味をなすが、「本当は家など見えていないのではないか」と疑うことは意味をなさない。複数のコギタチオがなんらかの仕方でなしている統一を意識と呼ぶなら、意識は絶対的な確実性の領域である。

では、意識は事物の現実存在とどのような関係にあるのか。事物が現実に存在すると正当にいいうる場合があるとするなら、その言明の正当性が何に存するのかを、事物の現実存在を前提せずに明らかにしなければならない。「事物が存在する」という判断は一つのコギタチオである。そして、判断の正当性は、コギタチオがもったりもたなかったりするような特徴である。判断が知覚にもとづいており、知覚が対象を「本当に与える」ものであるとき、判断は正当性をもつ。では、知覚が対象を本当に与えるものであるという特徴（これを「明証」と呼ぶ）は、どのように説明されるのだろうか。フッサールはこのように議論を進める。

ここでは、事物の存在の問題が、事物についての判断の正当性の問題に、そして最終的には知覚における明証の問題へとパラフレーズされている。こうしたパラフレーズは、事物の存在と知覚経験との関係についての次のような考えにもとづいている。事物の存在について、知覚経験とまったく無関係に論じることはできない。事物が存在するといえるためには、知覚可能であるか、知覚可能なものを理論的に説明するために必要だと認められなければならない。「次のような事物についてしか知ることができないのは自明である。すなわち、見られる事物か、あるいは知覚されるものから推論によって導かれる事物である」（XXXVI, 12）。これ自体は受け入れやすい考えである。観察することができず、しかもいかなる現象の説明にも役立たないような事物の存在を認めるのは困難である。

しかし、この考え自体は、実在論を排除するものではない。なぜなら、それは事物が存在すると認められるための必要条件を述べているだけであって、実際に事物が意識とどのような関係にあるのかを述べてはいないからである。「ある事物が存在するといえるためには、それは知覚となんらかの関係になければならない」ということを認めたとしても、「事物はそれについての知覚経験が存在しなくとも存在しうる」、つまり「事物は知覚から独立に存在する」と主張することは少なくとも論理的には可能である。

「事物は知覚から独立に存在する」という主張を、事物にかんする形而上学的実在論と呼ぶことにしよう。「ある事物が存在するといえるためには、それは知覚となんらかの関係になければならない」という主張を受け入れ、しかも形而上学的実在論をとるためには、事物の現実存在と事物経験における正当性を切り離して考えなければならない。

超越論的観念論者としてのフッサールは、このような分離を一般に禁じる。彼によれば、事物の現実存在の問題は、事物経験（典型的には知覚）における正当性の問題から切り離すことができない。ここでフッサールは一つの理論的決定を下している。それは、知覚経験から独立した事物、より一般的には意識から独立した存在について語ることを無意味とみなすという理論的決定である（III/1, 96; XXXVI, 119）。超越論的観念論を受け入れられるかどうかは、この理論的決定を受け入れられるかどうかにかかっているといってよい。

この理論的決定の正当性を問う前に、まずその意味を明確にしておく必要があるだろう。フッサールの下した理論的決定は、形而上学的実在論の拒否を意味する。[6]「ある事物が存在するといえるためには、それは知覚となんらかの関係になければならない」というもっともらしい前提を受け入れたうえで、なおも形而上学的実在論をとるという選択肢はブロックされる。

さて、それでは問題の理論的決定はどのように正当化されるのだろうか。フッサールがそれを明示的に述べている一九一五年夏学期の講義では、次のようにいわれる。

もし人が、「世界はそれを経験する自我が存在しなくとも存在しうる」というなら、それは無意味である。というのも、「世界が存在しうる」という真理は、原理的な根拠づけ可能性なしには無だからである。しかるにこの根拠づけ可能性は、世界に主題的にかかわる顕在的な自我を前提する。

(XXXVI, 119)

ここでは真理と根拠づけ可能性の関係が重要な役割を果たしている。すでに『論研』第一巻にあらわれているフッサールの基本的なアイディアによれば、真理という概念の分析において、根拠づけ可能性ないし正当化可能性という概念をなしで済ますことはできない(7)。原理的な正当化可能性を欠いた真理というものは意味をもたない。ところで、あらゆる正当化は意識のうちでなされる。それゆえ、あらゆる真理は意識に関係づけられている(この引用中の「自我」は「意識」と読みかえても問題ない)。したがって、任意の対象について、それが存在するという命題が真であるなら、その真理は意識に関係づけられている。このことは、あらゆる存在が意識に関係づけられているということと同値である。これが、先の理論的決定を支持するためにフッサールが与えている議論である。

明らかなように、この議論がもつ説得力は、真理にかんするフッサールの立場に依存している。存在と真理と正当化可能性の密接な結びつきについては、あとで理性の現象学について論じる際にあらためて言及する。

さて、以上の考察を踏まえるなら、「超越論的観念論はどのような意味で観念論であり、なぜ実在論と対立しないのか」という本節の問いに答えることができる。意識と無関係な存在について語ることを無意味とする理論的決定は、「知覚となんらかの関係にある事物についてしか、それが存在するとは主張できない」という前提と結びついて、事物にかんする形而上学的実在論の拒否を帰結する。形而上学的実在論の拒否を帰結するという点で、超越論的観念論はミニマルな意味で観念論的だとはいえるだろう。しかし、この時点では、まだそれは「あらゆる存在は意識に依存する」と主張する形而上学的観念論（つまり普通の意味での観念論）ではない。

また、それは形而上学的実在論と対立するものではあっても、常識的実在論を否定するものではない。このことは、先に引用した一九〇八年のテキストでフッサールが、「事物の現実存在を疑わない」と述べていたことからも明らかである[8]。超越論的観念論はむしろ、見えるものが現実に存在するという常識的実在論の真の意味を解明しようとする企てなのである[9]。そうした企ては、知覚における明証という概念を分析することによってなされる。

こうして、超越論的観念論と、実在論および（普通の意味での）観念論との関係が明らかになった。また、超越論的観念論を実際に展開することが、真理や正当性という概念の分析を含むことも明らかになった。次節では、そうした展開の内実に踏み込みながら、超越論的観念論にまつわるもう一つの謎、つまり「存在の意味の解明であるはずの超越論的観念論が、なぜ同時に自我の自己解明でもあるのか」という謎に答えたい。

3　超越論的観念論と構成の問題

3-1　構成の概念

目下の課題は、超越論的観念論が「自我の自己解明」だということの意味を明らかにすることだが、そのための前段階としてまず、本章第1節で引用した『デカルト的省察』の一節の最後の文に注目してみたい。存在者のあらゆるタイプにかんする意味の解明は「同時に、構成する志向性そのものを体系的に露呈することを意味している」(I, 119) とそこではいわれていた。志向性とは対象に向かう意識の働きである。だが、それが「構成する」ものだというのはどういうことなのだろうか。構成の概念を理解することは、超越論的観念論が実際にはどのような取り組みなのかを理解するうえで不可欠である。

フッサールにおいて、構成という術語は、作用のタイプと対象のタイプのあいだの特定の関係をあらわすのに使われる。あるタイプの対象、たとえば事物は、見られたり、思い浮かべられたり、思い出されたり、記号を用いて指し示されたり、といったさまざまな仕方で意識されうる。しかし、このような意識のされ方は、すべてが同等の資格をもっているわけではない。特定のタイプの意識のされ方、事物の場合なら知覚が、他の意識のされ方に対して規範的な役割を果たしており、その意味で事物の本来的な与えられ方（フッサールのいう「自体所与性（Selbstgegebenheit）」）をなしている。

この規範性を説明することこそ、『論研』以来フッサールの最も重要な関心事だったとさえいえる。日常的な場面で考えてみよう。「冷蔵庫の中にバウムクーヘンがある」といわれて、あなたがその発話の意味を理解したとする。このとき、あなたの意識はすでにバウムクーヘンに向かっているのだが、バウムクーヘンそのものが意識に与えられているといえるだろうか。

「バウムクーヘンそのものが意識に与えられる」という表現がそもそも意味不明だという答えが返ってくるかもしれない。事物であるバウムクーヘンが意識の中にすっぽり入るなどということはありえない（そもそも意識は空間的なものではない）。だが、ここで問題になっているのは、対象が直接に意識されているか、それとも間接的にしか意識されていないかということである。「冷蔵庫の中にバウムクーヘンがある」という発話を理解するとき、あなたが直接に意識しているのは当の発話の内容であって、バウムクーヘンそのものではない。しかじかの形や色をしたバウムクーヘンを思い浮かべている場合でも、直接に意識されているのはバウムクーヘンのイメージであって、バウムクーヘンそのものではない。こうした間接的な意識のされ方に対して、知覚は直接的である。バウムクーヘンを見ているときには、何か別のものを介して間接的にバウムクーヘンに向かっているわけではない[10]。

知覚は、事物についての意識の中で、直接性という点でのみ特別な位置をしめているのではない。「冷蔵庫の中にバウムクーヘンがある」と聞いて、その発言の真偽を確かめたくなった場合、最も良い方法は冷蔵庫を開けて中を覗いてみることである。そうすることが不可能な場合、たとえばあなたが外出中だったり、冷蔵庫が鎖でグルグル巻きにされていたりしたら、別の方法で発言の真偽を確かめようとするかもしれないが、実際に見てみることが可能ならそれに越したことはない。事物についての知覚以外の意識のされ方が実際の事物のありようと一致しているのかどうかは、知覚によって確かめられうる。もちろん、知覚が誤っていたことが明らかになるケースもあるが、その場合でも、何が正しいのかは別の知覚によって確かめるしかない。事物についてのさまざまな意識の中で、知覚が規範的な役割を果たしているというのはこういうことである。

構成の話に戻ろう。こうした規範的な役割のゆえに、知覚は事物を「それ自体として与える」意識だといわれる。このことのいいかえとして、ある時期以降のフッサールは、「事物が知覚において構成される」といういい方をする。フッサールは事物にかぎらず一般に、ある種の対象がある種の作用のうちで本来的に与えられることと、その種の対象がその種の作用において構成されることを同一視している(III/2, 509)。図式的に述べるなら、次のようになる。

タイプOの対象はタイプAの作用によって構成される ⇔ タイプAの作用は、タイプOの対象を本来的に与える作用である(=タイプOの対象に関係しうるタイプA'、A''……の作用に対して規範的な関係に立つ[11])

しかし、現実に存在する対象の構成を問題にするなら、話はこれほど単純には済まない。知覚は一般に、事物を本来的に与える作用として特徴づけられるが、すべての知覚が現実に存在する事物に対応するわけではない。知覚は誤りうる。正当な（現代の知覚の哲学の用語でいえば、真正（veridical）な）知覚は現実に存在する事物に対応するが、錯覚や幻覚はそうではない。したがって、現実に存在する事物は正当な知覚によってのみ構成されるといわなければならない。それゆえ、現実に存在する事物がどのように構成されるのかを明らかにすることは、知覚の正当性条件を明らかにすることを意味する。[12] フッサールのいう構成分析とは、あるタイプの対象を本来的に与える作用のタイプについて、その正当性条件を明らかにすることである。

以上のことを、フッサールは一九〇八年の草稿で次のようにいい表している。

あらゆるタイプの対象性にかんして、「構成」の問題がある。どんな対象性も、さまざまなタイプの「意識作用」あるいは「現象」（コギタチオ）のうちで意識される。いいかえれば、最も広い意味で与えられうる。どんな対象性も、「直観的」に与えられたり非直観的に与えられたり、いいかえれば端的に与えられたり「悟性的」に与えられたりする。タイプGに属するあらゆる対象性の本質に、しかじかの「作用」によって思念されたり与えられたりすることが属しており、またしかじかの根拠づけ連関のうちで、たんに思念されている状態からしかじかの所与性（知覚）を通って、その存在が証示されるにいたるということが属しているとするなら、それはどのような仕方で属しているのだろうか。

(XXXVI, 10-11)

構成分析という企ては、あるタイプの対象がどのようなタイプの作用のうちで本来的に与えられるのか、そしてその作用がどのような根拠づけないし正当化の連関のうちにあるのかという問いに答えようとするものである。

したがって、構成分析が直接の対象とするのは、事物のような対象性ではなく、作用であり、しかも作用のタイプである。あるタイプの作用がどのような正当性条件をもつのかを明らかにしようとする場合、個々の意識が現に遂行している作用だけを対象とするわけにはいかない。あるタイプに属する可能な作用すべてについて、もしこれを満たすならその作用は正当だといえるような条件が求められているのである。『現象学の理念』（一九〇七年）で次のようにいわれるときにも、問題になっているのは、可能なすべての作用と所与性の「形式」である。「〔認識と認識客観との〕相関関係について語るのは簡単だが、認識客観が認識のうちでどのように構成されるのかを明らかにするのは非常に難しい。そこで課題となるのは、純粋な明証もしくは自体所与性の枠内で、あらゆる所与性の形式とあらゆる相関関係を追究し、それらすべてを分析によって解明することである」（II, 12-3. 強調、八重樫）。

また、正当な作用に対応する対象は、たとえそれが意識に現に与えられていないとしても、現実に存在するといわなければならない。現実に存在する木は、誰もそれを見ていないときでも現実に存在する。あるタイプの作用の正当性条件が明らかになれば、それに対応するタイプの現実の対象すべてに対して、可能な正当な作用のクラスを割り当てることができる。このとき、どのような作用が現実に遂行されているのかはひとまず問題にならない。「ここでは可能性が主要概念である」（XXXVI, 12）。

さて、構成という概念のもとでフッサールが何を考えているのかが以上でおおまかには明らかになった。しかし、現実に存在する対象が、可能な正当な作用のうちで本来的に与えられるということを、なぜ「構成される」といわなければならないのだろうか。構成という表現にはそれ自体、観念論的な響きがある。「作用のうちで対象が構成される」というい方を文字通りに理解するなら、「作用によって対象がはじめて生み出される」というような意味合いにとれる。しかし、なんらかの現実の作用がその対象をはじめて存在させるというようなことをフッサールが考えていないのは、明らかである。彼が考えているのは、「対象の存在は、対応する正当な作用の可能性との関係をぬきにしては語れない」ということである。(13)

ここでも、彼を超越論的観念論に導いた理論的決定が働いている。

いかなる意識もなく、それでも何かがあるということは可能だろうか。〔……〕人はいまやこういうだろう。意識がなければ、そのような何かを想定するいかなる権利もない。〔……〕正当化する意識が、それゆえ知覚したり表象したり思考したりする意識があってはじめて、何かの定立に対する根拠づけが遂行されうるのである。（XXXVI, 16）

あらゆる存在は、本質的に、意識における可能な根拠づけ連関に関係づけられている。

ここからさらにフッサールは、やはり一九〇八年に書かれた別の草稿で、対象の存在とは、それに対応する作用の根拠づけ連関の可能性にほかならないという主張にいたる。

「〔家が〕存在する」ということが意味するのは、意識が存在し、次のような意識の合法則的な可能性が成り立っている、ということである。そのような意識とはすなわち、家がそのうちで構成される意識、家がそのうちで知覚可能であり、規定可能であり、認識可能であるような意識である。いわば、家の存在は、意識および〈しかじかのように現実に進行する可能な意識連関〉をあらわす別の「表現」にほかならない。

(XXXVI, 29)

対象の存在を、意識の可能な連関以上の何ものでもないとみなす発想は、超越論的観念論の一部をなしている。この意味で、フッサールの構成概念は明確に観念論的な概念である。ただし、それが形而上学的観念論へのコミットメントを意味しないことは、第1節で述べたことから明らかだろう。

フッサールが構成の問題について語りはじめるのは、超越論的観念論という立場を表明するよりも前である。しかし、超越論的観念論の重要な発想は、彼が構成の問題を自覚した一九〇七年にはすでに生まれていたといえるのだ。(14)

以上をまとめると、超越論的観念論と構成の問題との関係について、次のようにいうことができる。超越論的観念論を具体的に展開することとは、あらゆるタイプの対象性について構成分析をおこなってみせることにほかならない。そして構成分析とは、あるタイプの対象がどのようなタイプの作用によって本来的に与えられるのかを示し、そのような作用の可能な根拠づけ連関がどのようなものなのかを、つまりその正当性条件を解明することである。

3-2 理性の現象学

ところで、私たちは第一章で、フッサールが一九〇六年から理性批判という課題に本格的に取り組んでいたことを見た。そこでは、理性批判とは作用が正しく遂行されているということの意味を明らかにすることだと述べた。いまや、超越論的観念論の具体的な展開としての構成分析は、この理性批判、あるいは『イデーンⅠ』でいうところの「理性の現象学」と密接に関連する企て、あるいはそれどころか、実質的にはほとんど同じ企てだということがわかる。

構成分析は対象が現実に存在することの意味を明らかにすることを目指しており、理性批判は作用の正当性の解明そのものを目指している。しかし、両者が実際に取り組む作業は同じである。この事情は、「対象と意識。理性の現象学への移行」と題された『イデーンⅠ』第一三五節で述べられている。

問われるべきは次のことである。ある対象それ自体（これは普通の言葉遣いではつねに現実の対象を意味するのだが）を、まさにその現実性において必然的なものにするような意識連関は、どのようにして現象学的な学問性においてノエシス的あるいはノエマ的に記述されるべきなのだろうか。

〔……〕こうして、われわれの新たな考察は、現実性の問題に、そしてまたそれと相関的な、現実性を自らのうちで証示する理性意識の問題に捧げられなければならない。

(III/1, 313)

対象の現実存在の問題は、「理性意識」の問題と相関関係にある。この関係は、すぐあとの第四篇第二章「理性の現象学」冒頭でより明示的に述べられている。

端的に「対象」という言い方をするときには、普通は、どのような存在カテゴリーに属するものであれ、現実の、真に存在する対象のことが考えられている。その際、対象について何を言明するにせよ――理性的に語っているかぎりは――、そこで意味されていることがらも言明内容も、「根拠づけられ」、「証示され」、直接的に「見られ」たりあるいは間接的に「洞察され」たりすることが可能でなければならない。論理的領分つまり言明の領分では、原理的にいって、「真に存在すること」ないし「現実に存在すること」と、「理性的に証示されうること」が相関関係にある。〔……〕当然のことながら、ここでいう理性的証示の可能性は、経験的可能性ではなく、「理念的」可能性、つまり本質にかかわる可能性(Wesensmöglichkeit)として理解されている。

(III/1, 314)

対象のあり方について何ごとかを誠実に主張するときには、私たちはその対象の現実存在にコミットしている。対象が思念されているとおりに現実に存在するのは、その対象についてなされた主張を、その対象を本来的に与える作用にまでさかのぼって正当化できるときであり、またそのときにかぎられる。このことは、主張されているとおりに対象が現実にあることと、その主張を根拠づける意識連関が可能であることが、同値の関係にあるということである。[15] 後者の意識連関が「理性意識」と呼ばれる。現実性と理性意識が相関関係にあるというのはこういうことである。対象の構成分析と理性の現象学はこのような意味で相互に対応しており、実質的には同じ作業によって遂行される。

さて、そうした作業を遂行する際に問題になるのは、対象を与える作用の「本質にかかわる可能性」である。構成の問題に取り組むことは、あらゆるタイプの作用ないしコギタチオの本質を明らかにすることを要求する。このようにいうと、フッサール現象学をある程度知る人なら、それはまさに現象学そのものではないかという感想をもつだろう。実際そのとおりである。フッサールは『イデーンⅠ』で、構成の問題は現象学の中心的な問題だと述べている。「最も大きな問題は、機能にかんする問題、いいかえれば『意識対象性の構成』の問題である」(III/1, 196)。「機能の観点は現象学の中心的な観点である。そこから出発する研究は、現象学の全範囲を包摂し、最終的にはあらゆる現象学的分析がなんらかの仕方で、構成要素ないし基礎段階として、そうした研究に奉仕することになる」(III/1, 197)。

理性の現象学については、よりはっきりと、それが現象学全体と一致すると述べられている。

構成の問題の全面的な〔……〕解決は、明らかに、完全な理性の現象学と同値になるだろう。〔……〕さらに次のことも認めざるをえない。そのような完全な理性の現象学は、現象学一般とぴったり重なるだろう。というのも、対象の構成という包括的な題目のもとで要求される、あらゆる意識記述の体系的な完遂は、あらゆる意識記述一般をそのうちに含むことになるだろうからである。

(III/1, 359)

『イデーンI』でのこうした発言は、本章第1節で引用した『デカルト的省察』の一節を思い起こさせる。「現象学はそれ自身、『超越論的観念論』となる」のであって、「この観念論の正しさを証明するのは、現象学そのものなのである」(I, 118-9) とそこでは述べられていた。あらゆるタイプの対象について構成分析を全面的に展開することが何を必要とするのかを考えるなら、こうした発言をする際にフッサールが何を考えていたのかは明らかだろう。あらゆるタイプの対象について、それを本来的に与える作用の正当性条件を明らかにするためには、そうした作用の本質だけでなく、その正当化に寄与しうる他の作用の本質についても明らかにしなければならず、そのためにはそれらの作用が対象を与えることを可能にしている地平構造や、場合によっては時間的構造についても明らかにしなければならない[16]。あらゆる作用についてのあらゆる現象学的分析が、構成分析ないし理性の現象学のために動員されるのである。

3-3 超越論的観念論と絶対的意識

さて、超越論的観念論の主要テーゼによれば、ある対象が世界の中に存在することは、それを与える作用の可能な根拠づけ連関が成り立っていることにほかならない。この意味で、世界は意識に対して相対的だとフッサールはいう。「世界が世界であるのは、意識との関係においてでしかない」(XXXVI, 29)。「あらゆる経験的存在は相対的である」(XXXVI, 33. Cf. III/1, 105)。

ただしこの場合の意識とは、個々の人間の意識ではもちろんなく、可能なすべての作用の総体である。この意味での意識を、フッサールは「純粋意識」あるいは「絶対的意識」と呼ぶ。それが純粋といわれるのは、経験的探究の対象ではないからであり、それが絶対的と呼ばれるのは、世界がそれに相対的なのであって、それ自体は他の何ものにも相対的でないからである。「意識とそれに本質的に属する法則性との関係においてのみ存在する相対的存在と対比して、本性上それに『先行』し、その根本をなす意識を絶対的存在と呼ぶことは、ことがらによって正当化される」(XXXVI, 70. Cf. III/1, 105)。

超越論的観念論を具体的に展開するときに私たちがおこなうのは、絶対的意識の中でどのような根拠づけ連関が成り立っているのかを、いいかえればどのようなときに作用が正当化されているといえるのかを明らかにすることである。ところで、そのような探究をするとき、私たちが遂行している思考もまた一種の作用であり、絶対的意識の中に含まれている(もちろん、私たち自身が絶対的意識だというわけではない)。また逆に、そのとき私たちが考察対象にしている可能な作用はどれも、私自身の意識のうちで現実に遂行されうるような作用である。この意味で、超越論的観念論的な現象学の作業は、個々の意識が自ら現実に遂行している(した)作用についての反省ではないにせよ、ある意味で自己関係的な性格をもっている。それは、可能性を介した自己関係性とでもいうべきものである。

超越論的観念論は「自我の自己解明にほかならない」という、冒頭で引用した『デカルト的省察』の文言も、このように理解できる。そこでは、可能な作用の総体としての純粋意識よりも可能な作用の主体としての自我が強調されているため、「自我の自己解明」といういい方になっているが、基本的にいわれていることは先に述べたことと変わらない。重要なのは、存在の意味の探究としての超越論的観念論が主題とするのは意識であって、それ以外の何ものでもないということである。意識についての探究がなぜ存在の意味の探究になるのかという問いには、フッサールの構成概念そのものによってすでに答えが与えられている。フッサールにとって、あらゆる対象は意識のうちで構成されるものなのだから、存在の意味の探究は構成分析として、したがって意識の本質の探究としてなされる以外にないのである。

4　批判と応答

以上で、フッサールの超越論的観念論がどのような立場であり、それを具体的に展開することがどのような営みなのかが明らかになった。しかし、それがどれだけ見込みがあって魅力的なプログラムなのかはまだ明らかになってはいない。本節では、超越論的観念論が魅力的な立場ではない、あるいは誤っているとする批判に応答することを通じて、超越論的観念論のもっともらしさを示したい。

超越論的観念論の主張のうちで、最も問題含みに思われ、また批判の的になってきたのは、3-3で言及した、世界の意識に対する相対性と意識の絶対性にかんする主張である。すでに述べたように、フッサールがこの主張をする際に「意識」という語で意味しているのは、個別の主観の意識ではなく、可能な作用の総体としての純粋意識である。だが、このことを認めたとしてもなお、意識が絶対者であり、世界がそれに相対的にのみ存在するというのは、簡単に受け入れられる主張ではない。いわゆるミュンヘン・ゲッティンゲン学派の哲学者たちが受け入れることを拒んだのは、まさにこの意識の絶対性の主張だった。たとえばダウベルトは、フッサールの『イデーンI』について論じた遺稿の中で次のように述べ、意識の絶対性をはっきりと否定している。「意識はそれ自体で存在するものではなく、他のものに対して機能し、またそれに対して他のものが機能するところのものである。意識の機能的存在は、特別な自立的存在ではなく、また実在的なものではない」(Daubert 1930-31, 11v. Schuhmann & B. Smith 1985 からの引用)。

またインガルデンは、実在的なものは「ただ純粋な超越論的自我にとってのみ存在する」のであって、「知覚されるものの存在は『それ自体での』存在ではない」という主張を超越論的観念論の基本テーゼとみなしたうえで (Ingarden 1998, 296)、フッサールがとっている主要な前提を受け入れてもなお、このテーゼを支持しなければならない理由はないと論じている。「フッサールの観念論的決定に影響を及ぼした問題系全体を見渡しても、それは、フッサールが下したようなかたちでの観念論的決定によってそれを解決しようとしたり回避しようとしたりすることをわれわれが試みる動機としては、いまだ不十分であるように思われる。フッサールにあってはこれらの問題が実際に超越論的観念論を主張することに寄与したとするなら、それは性急な解決だったといえよう」(Ingarden 1998, 350)。

意識の絶対性と世界の相対性にかんするフッサールの主張が疑わしく思えるのは、それが意識に対する世界の存在論的依存性を主張しているように見え、したがって形而上学的観念論にコミットしているように見えるからだろう。『イデーンI』の悪名高い「世界無化」の議論に目を向けるなら、この疑念はいっそう説得力を増す。というのも、そこでフッサールは、世界が存在しなくても意識は存在しうるかという思考実験をおこない、その場合でも、意識は（変様をこうむりはするが）存在しなくなることはないと主張しているからである（III/1, 104）。

世界無化の議論も含め、フッサールはしばしば、「意識はそれ自体で完結した存在領域であり、その外部にある世界が意識に依存している」と考えているようにとれなくもない語り方をすることがある。だが、彼が実際にそのようなことを主張していると解釈するのは困難である。なぜなら、そうした考えは、私たちが見てきた超越論的観念論の基本的な考えと矛盾するからである。

先に示したように、超越論的観念論は、「世界内に対象が存在することは、その対象についての作用が可能な根拠づけ連関のうちにあることから切り離しては考えられない」という見解を含んでいる。この見解をとるなら、意識から独立した世界について語ることが意味をなさないだけでなく、意識をそれ自体で完結したものとして考えることもできない。実際フッサールは、世界内の事物が意識の可能性の連関と別個の存在ではないことを繰り返し強調している。「事物はそれ〔＝諸作用の可能性〕と並ぶ第二のものではない。つまり、諸作用の可能性が成り立っているにもかかわらず事物が存在しないとか、事物が存在するにもかかわらず諸作用の可能性が成り立っていなくてもよいなどということはない」

(XXXVI, 30. Cf. XXXV, 276)。

こうした考えを一貫させるなら、「世界が存在しないなら意識も存在しない」とはいわないまでも、「世界が存在しないなら、純粋意識のうちにはいかなる根拠づけ連関も成り立っていない」と主張しなければならない。これと矛盾する見解、つまり「世界が存在しないとしても意識はそのまま存在しうる」という見解を、フッサールはとることができない。後者の見解をとっているかのような誤解を招きかねない点で、世界無化の議論にはたしかにミスリーディングなところがある[17]。

フッサールによる意識の絶対性の主張は、存在論的依存についての主張として理解する必要はないし、そのような理解は彼の他の主張と齟齬をきたす。だとすると、意識の絶対性の主張はどのように理解すべきなのだろうか。それは結局のところ、超越論的観念論の核心をなす主張、すなわち「いかなる存在も作用の原理的な根拠づけ可能性を離れては意味をもたない」という主張の別の表現として理解すべきである。意識が絶対的で世界が相対的だという主張は、実のところ、これ以上の意味をもたない。この主張は形而上学的観念論を含意しない。本来は含意されていない形而上学的主張をそこに読み込むときにはじめて、超越論的観念論は疑わしい立場に見えてくるのである。

以上のように超越論的観念論を理解するなら、フッサール現象学は超越論的観念論をとってもなお、外界の存在にかんするある種の形而上学的中立性を保っていることになる。なぜなら、超越論的観念論それ自体は、世界が現実に存在するともしないともいわず、また世界が意識に（存在論的に）依存しているともいないともいわない——少なくとも、いう必要はない——からである（ただし、本章第2節で述べたように、超越論的観念論は形而上学的実在論の拒否を含意するため、まったく——つまり『論研』のような意味で——形而上学的に中立であるわけではない)。

以上で、超越論的観念論の一見したところの疑わしさは払拭されたといってよいだろう。最後に、フッサール現象学と形而上学のかかわりについて、これまで触れてこなかった側面について補足的に述べておきたい。フッサールは形而上学に無関心だったわけではない。一九二〇年代以降の彼は、超越論的現象学は「あらゆる誤った形而上学を排除する」(VII, 382) が、「形而上学一般を排除するわけではない」(I, 38, 182) と述べている。そこで彼が取り組むべき真正な形而上学として考えているのは、「事実性」についての哲学的考察である。

しかし、現象学的地盤の上でその〔＝超越論的現象学にもとづく世界全体の解釈の〕背後に開かれるのは、それ以上はもはや解釈されえない問題系、すなわち事実的世界と事実的な精神的生の構成において姿を現す超越論的事実の不合理性という問題系、したがって新たな意味での形而上学である。

(VII, 188 n.)

具体的には、「死や運命などといった偶然的事実性の問題」(I, 182) がここでいう形而上学の問題に含まれる。

こうした事実性にかんする学問としての形而上学は、超越論的観念論の具体的展開としての超越論的現象学そのものとは別のプログラムとして考えられている。『イデーンⅠ』で理性の現象学が現象学全体と一致するとされていたように、超越論的現象学は可能な作用の総体を対象とし、そのなかで作用が正当であるということ、根拠づけられているということが、どのようなことなのかを探究する。これに対して、「事実学」としての形而上学があつかうのは、意識の本質のうちに根拠を求めることができないような事実性、不合理性としての事実性だからである。たとえば、私たち人間が誕生して死ぬということを含めて、現実に生きているがままの生を生きざるをえないということが、そうした事実性にあたる。

こうした事実性に目を向けることは、超越論的観念論およびそれにもとづく価値論とは無関係のように思われるかもしれないが、実はそうともいいきれない。むしろ事実性の問題はフッサール倫理学にとって重要な意義をもつ。私たちは第六章で、生の事実性を考慮に入れた後期フッサールの倫理学的考察を取り上げる際に、フッサールが考える真正の形而上学の問題に戻ってくることになるだろう。

まとめと展望

本章では、第1節で立てた問いに答えることを通じて、超越論的観念論の意義と内実を明らかにしてきた。その過程で、超越論的観念論という立場が、フッサールの構成概念と切り離し難く結びついていることと、超越論的観念論を具体的に展開することが、理性の現象学を展開すること、つまりあらゆるタイプの作用の正当性条件を明らかにすることと等価であることが示された。最後に、超越論的観念論をとることは結局のところ形而上学的観念論へのコミットメントを余儀なくするのではないかという批判に応答した。

以上で明らかになった超越論的観念論というプログラムは、『論研』の立場を乗り越えて展開される中期フッサールの価値論の背景をなしている。この背景のもとで、価値の構成分析が実際にどのようにおこなわれるのかについては、第四章で論じる。その前に次章では、フッサールの価値論と近い方向性をもち、それに影響を与えたブレンターノの価値論を検討する。

第三章　ブレンターノにおける情動と価値

第一章で私たちは、評価作用の志向性にかんするフッサールの分析を取り上げ、それが現実の価値をどのように特徴づけるかという問題に直面することを明らかにした。彼のアプローチは、評価作用の本質の分析によって現実の価値というものの意味を明らかにするというものであり、これは彼が構成分析と呼んだものの一例である。前章では、この構成分析というアイディアの内実について、その背景にある超越論的観念論という枠組みとともに検討した。次章では、フッサールによる価値の構成分析そのものに踏み込むことになる。

その前に本章では、フッサールの価値論に大きな影響を与えたブレンターノの価値論に目を向けてみたい。ブレンターノのアプローチは、心的現象の一つのクラスである情動を、価値の相関者とみなし、正しい情動によって現実の価値を特徴づけるというものである。こうしたアプローチは、フッサールによる価値の構成分析の先駆けといえる。また、フッサールによる価値の構成分析は、ブレンターノの価値論が抱えていた問題点に対する解決の試みとみなすことができる。フッサールの価値論は、いわばブレンターノの到達点から出発するのである。

以下ではまず、フッサールがどのような点でブレンターノの価値論から影響を受けたのかを必要な範囲で明らかにする。最も重要なのは、明証的な情動という概念と、それによって価値を説明するという発想である（第1節）。したがって、ブレンターノにおける明証的な情動の理論の内実を明らかにすることが本章の主な課題となる。そのためにまず、ブレンターノが心的現象の一種である情動をどのように特徴づけているのかを明らかにし（第2節）、さらに、可能な批判に対して彼の立場から応答する（第3節）。次に、価値を正しい情動の相関者として位置づける彼の理論の概略を示し、その問題点について論じる（第4節、第5節）。

1　ブレンターノ価値論がフッサールに及ぼした影響

フッサールがブレンターノの『道徳的認識の源泉について』（一八八九年。以下『源泉』）を「天才的著作」と評し、それに影響を受けたことを明言しているのはよく知られている（III/1, 323; XXVIII, 90）。それだけでなく、フッサールはウィーン時代の一八八四／一八八五年冬学期と一八八五／一八八六年冬学期に、ブレンターノの実践哲学講義を聴講している（Dok. I, 13, 15; XXV, 304）。この講義の内容は、後にマイヤー＝ヒレブラントが編集した『倫理学の基礎づけと構築』（Brentano 1952）からうかがい知ることができる。[1] 倫理学の問題について自ら考える際に、フッサールがブレンターノの実践哲学講義に強く影響されていたことは、フッサールの倫理学講義を見るとよくわかる。両者に共通する論点は、実践学（技術論）としての倫理学と理論学としての倫理学の区別から、カント倫理学に対する批判にいたるまで多岐にわたるが、ここではそれらの個々の論点に立ち入ることはせず、目下の主題である価値の構成にかかわる論点に限定して、フッサールがブレンターノの倫理学・価値論から受けた影響を明らかにしたい。

ブレンターノの倫理学を導いている問いは、「道徳的原理は認識によって得られるのか、それとも感情から得られるのか」というものである。この問いは、一七世紀から一八世紀の英国の道徳哲学で盛んに論じられた問いであり、間接的には現代のメタ倫理学における道徳的認知主義と非認知主義の論争にまでつながっている。一方では、何かを善いとみなしたり悪いとみなしたり、あるいは何かを欲したり避けたりといったことは、感情の働きなしにはありえないように思える。しかし他方で、基礎的な道徳的原理は、人が何を善いとみなし何を欲するかに関係なく、あらゆる理性的存在者に妥当する普遍的なものだと考えられている。そのような普遍妥当性をもつ原理が、人によって著しく異なり、また同じ人においても時と場合によって揺れ動く感情の働きに、その源泉をもつとは考えにくい。こうしたジレンマを解決し、道徳的原理の普遍妥当性と、道徳が感情に基礎をもつことを両立させるのが、ブレンターノにとって倫理学の最大の課題だった。

フッサールの倫理学もまた、同じところから出発する。ハレ時代の一八九七年夏学期の倫理学講義の断片（XXVIII, 381-4）では、倫理学は第一義的には「正しい行為にかんする技術論」として規定されているが、「技術論」と「学問性」は両立するとされ、倫理的懐疑主義から倫理学の学問性をいかにして守るかという問いが立てられている。また一九〇二年夏学期の倫理学講義では、道徳的概念および道徳的法則は知性と感情のどちらに起源をもつのかという、ブレンターノと同様の問題設定がなされている（XXVIII, 393）。同講義ではさらに、「感情の正しさはそれがもとづいている存在判断の真偽に完全に依存しており、感情は独自の正しさの基準をもたない」という通俗ヒューム的見解が批判され、感情と価値の領分に特有の合理性と、それにかんするアプリオリな法則の存在を認め、そうした法則がどのようなものなのかを探究しなければならないと述べられる。(2)

こうした感情に特有の正しさとそのアプリオリな基準こそ、まさにブレンターノが主題としていたものだった。『源泉』では、判断の正しさから区別される情動の正しさにかんして、アプリオリな法則がいくつか挙げられている。こうしたブレンターノの洞察を引き継ぎつつ、ゲッティンゲン時代のフッサールは、価値にかんするアプリオリな法則の体系として形式的価値論を作り上げようとした。この形式的価値論と、当為にかんするアプリオリな法則体系である形式的実践論を合わせて、フッサールは形式的倫理学と呼ぶ。彼の構想した形式的倫理学は、今日でいう義務論理および価値にかんするメレオロジーの体系である。(3) もっとも、その公理の多くは、ブレンターノがすでに定式化していたものだった。また、価値と義務の論理の体系化は、フッサールにかぎらず、マイノング、エーレンフェルス、マリーといった（広義の）ブレンターノ学派の多くのメンバーの関心事でもあった。

ブレンターノにとって、情動の正しさにかんしてアプリオリな法則が成り立つことは、正しい情動と正しい判断とのあいだに類比が成り立つことの帰結だった。彼は、判断と推論が論理法則に支配されているように、情動と実践的推論も特有の法則にしたがうと考え、そのような法則のいくつかを実際に取り出してみせたのである。しかし、あとで詳しく述べるように、情動の正しさという概念そのものは、そのような法則から得られるのではなく、それ自体で正しいものとして特徴づけられる情動から得られるものである。正しい情動がどのような法則にしたがうかということよりも重要なのは、その正しさが洞察的に明らかであるような情動が存在するという見解そのものである。そのような情動をブレンターノは、「判断の領分における明証の類比体」として特徴づけた（Brentano 1921, 22; 1952, 146）。

これもあとで詳しく述べるが、ブレンターノは対応説的な真理観を拒否し、真理は明証的な判断から説明されるべきだと考えた。同様に、情動の正しさも価値との一致によって説明されるのではなく、むしろ価値が洞察的に正しい情動の方から説明されるべきだというのが、彼の価値論の核をなす主張である。そしてこの主張こそ、フッサールが最も重要視したものだった。彼が価値の構成分析に取り組む際にも、最大の手引きになったのはブレンターノによる正しい情動の理論だったのである。『源泉』に「最大の感謝を捧げなければならない」と述べている有名な脚註は、『イデーンⅠ』の次の箇所に付けられている。

〔明証の理論は、〕心情定立および意志定立の領分におけるきわめて困難で広範にわたる理性の問題群にかかわるとともに、それらの領分における理性と「理論的」すなわち信念論的理性とのからみ合いにもかかわる。「理論的」ないし「信念論的な真理」もしくは明証は、それと並行するものを「価値論的および実践的な真理もしくは明証」のうちにもつ。(III/1, 323)

このようにその基本的発想を共有するとはいえ、ブレンターノの正しい情動の理論と、フッサールの価値の構成分析は、重要な点で異なる。その違いは、明証性のとらえ方の違いからくるものである。この違いについては、本章の最後で簡単に触れ、次章でより詳しく論じる。

以上が、ブレンターノの倫理学・価値論からフッサールが受けた影響についてのごく簡単なまとめである。フッサールに最も大きな影響を与えたのは、洞察的に正しい情動の発見である。以下では、ブレンターノによる正しい情動の理論に焦点を当て、その内実と問題点を明らかにしたい。まずは、彼による情動一般の特徴づけから見ることにしよう。

2　ブレンターノによる情動の特徴づけ

2-1　心的現象の分類

よく知られているように、ブレンターノは『経験的立場からの心理学』(以下『心理学』)において、心理学の対象となる心的現象の概念を以下のように特徴づけている。

あらゆる心的現象は、中世のスコラ哲学者が対象の志向的内在もしくは心的内在と呼んだものによって特徴づけられる。それは〔……〕内容への関係、あるいは客観（これを実在として理解してはならない）ないし内在的対象性への方向づけと呼ぶことができるようなものである。

(Brentano 1924, 124-5)

心的現象とは、私たちの意識に現れてくるものごとのうちで、対象への志向的関係をもつもののことである。「表象においては何かが表象され、判断においては何かが承認あるいは否認され、愛においては何かが愛され、憎しみにおいては何かが憎まれ、欲求においては何かが欲される、等々」(Brentano 1924, 125)。これらはすべて心的現象である。ブレンターノはしばしば心的現象を「作用」ともいいかえる。心的現象と対をなすのは物的現象である。物的現象とは、色、音、匂いなどの、感覚される内容を指す。これらは志向的関係をもたない。いいかえれば、それらの感覚は他の何かについてのものではない。心的現象と物的現象の区別は排他的で網羅的なものである。つまり、意識に現れてくるすべてのものは、心的現象であるか物的現象であるかのどちらかである。(4)

このように特徴づけられた心的現象を、ブレンターノは表象、判断、情動という三つのクラスに区分する。この分類を導入するに先立って、彼は心的現象の分類の基準としてどのようなものが適切であるのかについて長々と考察している。歴史上の哲学者や心理学者による分類がいずれも十分な正当化を欠いていることを論じたあとで、彼は、対象への関係の仕方の違いに、分類の基準を求める（Brentano 1925, 33）。この基準が正当だと彼が考えるのは、それが、問題となる事象の最も本質的な特徴に根差しているという意味で、「本性に適った」ものだからである（Brentano 1925, 29）。心的現象は、対象への関係を最も中心的な本質的特徴としている。だが、心的現象が対象にかかわる仕方は一様ではない。したがって、心的現象の分類は、それが対象にかかわる仕方の違いによってなされるのが最も適切である。このようにブレンターノは考える。

では、心的現象の三つのクラスがもつ対象への関係は、どのように異なるのか。表象は最も基礎的なクラスであり、何かが意識に現れているときには、私たちはかならずそれについての表象をもっている。「われわれが『表象』という語を使うとき、『表象されている』は『現れている』と同義である」(Brentano 1924, 114)。心的現象のうちではかならず、現実のものにせよ想像上のものにせよ、何かが現れている。したがって、あらゆる心的現象について、「それらは表象であるか、表象を基礎にもつかのいずれかである」(Brentano 1924, 120）といえる。

判断と情動という残りの二つのクラスが、表象にもとづいているにもかかわらず固有のクラスをなすのは、それらが異なる仕方で表象の対象にかかわるからである。判断は、対象の存在を承認もしくは否認するという仕方で対象にかかわる。「テーブルの上に猫がいる」という判断においては、テーブルの上の猫という対象の存在が承認されており、「これまでのすべてのアメリカ大統領は男性だった」という信念においては、歴史上の女性のアメリカ大統領の存在が否認されている。ところで、何かの存在を承認したり否認したりするという特徴は、通常私たちが判断とか信念とか呼んでいる心的体験にのみ見いだされるものではない。猫を知覚しているとき、私は目の前の猫の存在を承認している。また、過去に動物園でパンダを見たことを思い出しているとき、私は過去のある時点における特定のパンダの存在を承認している。したがって、ブレンターノによれば、知覚や想起も判断というクラスに含まれることになる。またそこには、物的現象の知覚だけでなく、心的現象の知覚（「内的知覚」と呼ばれる）も含まれる（Bretano 1925, 34）。ブレンターノがいう意味での判断は、通常の意味でのそれよりもはるかに広い概念なのである。(5)

第三のクラスである情動もまた、通常私たちが感情と呼ぶものよりも多くのものを含んでいる。心的現象の三つのクラスの区別は網羅的なものである。したがって、表象でも判断でもない心的現象はすべて第三のクラスに含まれる。つまりそこには、喜びや怒りや悲しみのような感情だけでなく、願望や欲求や意志までもが含まれる（Brentano 1925, 35）。

情動のクラスについてのブレンターノのこうした主張は、ただちに以下のような疑問を招くだろう。それほど多様なものを含む情動のクラスは、はたして統一性をもつのか。感情、願望、欲求、意志、これらすべてに共通する対象へのかかわり方とはどのようなものなのか。これに対するブレンターノの答えは次のようなものである。すなわち、判断のクラスに含まれる心的現象がすべて、何かを真とみなすことあるいは偽とみなすこととして特徴づけられるように、情動のクラスに属する心的現象はすべて、何かを正の価値をもつとみなすこと、あるいは負の価値をもつとみなすこととして特徴づけられる、と(6)

(Brentano 1925, 88-9)。喜びにおいては対象が喜ばしいものとみなされ、義憤においては対象が不正なものとみなされ、悲嘆においては対象が痛ましいものとみなされる。さらに、ブレンターノにしたがうなら、欲求においては対象が望ましいものとみなされ、意志においては対象が実現すべきものとみなされる。「喜ばしい」、「望ましい」、「実現すべきである」は正の価値をあらわす述語であり、「不正である」、「痛ましい」は負の価値をあらわす述語である。もちろん、感情と欲求と意志のあいだには重要な違いがあるだろうし、そうした違いの中には、対象へのかかわり方にかんするものも含まれるかもしれない。しかし、対象を正もしくは負の価値をもつものとみなすという最も一般的な特徴にかんしては、それらのあいだに違いはないとブレンターノは考えている。

ブレンターノが情動に与えているこうした広い特徴づけ、特に欲求や意志が感情と同じクラスに属するという主張に対しては、考慮に値する批判が複数の論者によってなされている[7]。ブレンターノ自身、欲求や意志が感情とは別のクラスをなすとする見解に批判的に応答しているが (Brentano 1925, 155-8)、そこでの議論の説得力にはやや疑問が残る。しかし、この論点はここでの議論にとって重要ではない。以下では欲求と意志が情動のクラスに含まれるかどうかについてはオープンにしたままで、喜びや怒りや悲しみのような、通常私たちが感情と呼ぶものと価値のあいだの関係に焦点を合わせることにしたい。

2-2 情動の正しさ

ブレンターノが情動について述べているもう一つの重要な論点は、あらゆる情動は正しいか正しくないかのいずれかだということである。感情について正しいとか正しくないというのは、奇妙な語り方に思えるかもしれない。だが、こうした語り方が一定の妥当性をもつことは、次のような例を考えてみればわかる。ある人物Aが、友人Bの誕生日にプレゼントを渡したとする。BはAの行為が友情のあらわれであることを正しく理解する。にもかかわらず、BはAに対して怒りをあらわにしたとする。このような場合、他にどんな事情があろうとも、Bの怒りの感情は「不適切な」、あるいは「間違った」感情だということができる。反対に、BがAに対して感謝の気持ちを抱くとすれば、それは「適切な」感情だといえる。こうした感情の適切さ／不適切さを、ブレンターノは「正しさ／正しくなさ」と呼んでいるのである。怒り以外の感情についても、正しいか正しくないかが問題になる文脈があるといえそうである。しかし、「あらゆる情動について、正しいか間違っているかが問題になる文脈がある」ということが真だとしても、「あらゆる情動は正しいか正しくないかのいずれかである」ということはそこから帰結しない。後者の主張は、どのような根拠にもとづいてなされているのだろうか。

「あらゆる情動は正しいか正しくないかのいずれかである」と主張する際、ブレンターノは判断との類比に訴えている。判断にかんして、彼は二値原理を微塵も疑っていない。あらゆる判断は正しいか正しくないかのいずれかである。二つの互いに矛盾する判断が存在する場合、つねにどちらか一方が正しく、他方は誤っている。これと同様に、対立する二つの情動（xを愛する作用とxを憎む作用）が存在する場合、どちらか一方が正しく、他方は正しくない（Brentano 1921, 19）。ただし、ブレンターノはこの主張にすぐさま限定を加えている。情動には、対象をそれ自体として愛したり憎んだりする作用と、対象をたんなる手段やたんに貢献的なものとして愛したり憎んだりする作用がある。すぐにわかるように、問題の主張が成り立つのは、対象をそれ自体で愛したり憎んだりする作用にかぎってのことである。対象を手段として愛する作用は、おなじ対象についてのものであっても、それを何のための手段として愛するのかに応じて、正しかったり正しくなかったりする。『源泉』のブレンターノと同様（Brentano 1921, 19）、私たちも、以下で愛や憎しみの作用に言及する際には、特に断らないかぎり、対象をそれ自体で愛したり憎んだりする作用を意味する。このように限定を加えたうえでなら、「あらゆる情動は正しいか正しくないかのいずれかである」という主張は、それなりのもっともらしさをもつ。この主張に対するさらなる可能な反論は、次節であつかう。

本節の内容をまとめると、ブレンターノは情動について以下の三つのことを主張している。第一に、（a）あらゆる情動は表象を基礎にもつ心的現象である。つまり、現実のものであるにせよ想像上のものであるにせよ、なんらかの対象にかかわる。第二に、（b）あらゆる情動は対象を正ないし負の価値をもったものとみなす。第三に、（c）あらゆる情動は正しいか正しくないかのいずれかである。

3　ブレンターノの理論に対する批判と応答

以上の三点は、いずれも議論の余地のある主張である。以下ではそれぞれについての可能な批判を取り上げながら、ブレンターノの情動の理論を練り上げてみたい。

3-1　情動の志向性について

第一の論点、つまり（a）「あらゆる情動は表象を基礎とし、なんらかの対象にかかわる」という主張に対しては、どのような反論が考えられるだろうか。すでに見たように、ブレンターノの枠組みでは、ある現象が対象にかかわるものであるためには、表象であるか、表象を基礎にもたなければならない。したがって、情動が対象にかかわるにもかかわらず表象を基礎にもたないということは考えられない。それゆえ、（a）を否定するためには、あらゆる情動が対象にかかわるということを否定しなければならない。だが、情動は心的現象の一クラスであり、心的現象の定義からして、対象にかかわることは自明である。こうして、（a）には何の問題もないように思われる。

議論の余地があるのは、（a）そのものではなく、（a）を主張する際にブレンターノが支持していると思われるもう一つの見解である。それは、「感情と呼ばれるものはすべて心的現象であり、対象への関係をもつ」という考えである。ブレンターノがこの見解を支持していることは、それと対立する見解、すなわち「感情と呼ばれるものの中には対象への関係を欠くものがある」という見解を否定する議論を彼がおこなっていることから見てとれる。その議論を見てみよう。

対象への関係を欠く感情の候補として、真っ先に挙げられるのは、快や不快の感情である。とりわけ身体的な心地よさや痛みは、たしかに対象への志向的関係を欠いているように思われる。これらの体験とその対象のあいだには明確な区別がなく、ハミルトンがいうように「一つに溶け合っている」ように思われる（Hamilton 1969, 432. Cf. Brentano 1924, 126）。ブレンターノの弟子であるシュトゥンプとフッサールも、快や不快は感覚内容であって、作用ではないと考えた（Stumpf 1907; XIX/1, 406-7）。だがブレンターノは、快や不快においてもやはり作用と内容を区別することができると主張する。感覚内容としての快や不快は、作用なしでも存在しうる内容ではなく（もしそうだとしたらそれらは物的現象であって、心理学の範疇には含まれないことになる）、あくまでそれらを感じる情動作用の内容である。そうでなければ、それらの内容がその概念からして正や負の価値を帯びていることが理解できない。ブレンターノの枠組みでは、ある内容が正や負の価値をもって現れるときには、かならずそれについての情動が存在する。快や不快という名称は、第一義的には感覚内容ではなく、感覚内容に志向的にかかわる情動作用を指すのである[(8)]（Brentano 1928, 16, 138）。ここには、「何かが価値をもつのは、情動との関係においてのみである」という考えがあらわれている。ブレンターノのこの見解については、次節で詳しく論じる。

しかし、快や不快が第一義的にはある種の情動作用だといえたとしても、対象への関係をもたない感情の候補は他にも考えられる。それは、漠然とした憧れや不安、性的衝動、落ち着かなさ、憂鬱など、要するに「気分」や「衝動」という名称のもとにまとめられる類の感情である。『論研』のフッサールはこの種の感情について、快や痛みと同列にあつかうか、不特定の対象にかかわる志向的感情としてあつかうかという二つの選択肢を提示している[(9)]（XIX/1, 409-10）。ブレンターノはこの種の感情について何も語っていないが、おそらく快や痛みと同列にあつかうことになるだろう。しかし、そのことの含意はフッサールの場合とは異なる。フッサールは快や痛みを、志向的関係をもたない感覚内容のようなものとしてあつかうが、ブレンターノは、すでに見たように、対象にかかわる心的現象としてあつかう。したがって彼は、気分や衝動も同じく心的現象としてあつかうことができるのである。

3-2　情動と価値の関係について

次に第二の論点、つまり（b）「あらゆる情動は対象を正ないし負の価値をもったものとみなす」という主張に対する反論はどのようなものになるだろうか。（b）を否定するためには、価値にかかわらないような感情が一つでも指摘できればよい。だが、この課題は見かけ以上に困難である。まず、たいていの感情は正ないし負の価値にかかわっているように思われる。[10] たとえば驚きのように、タイプとしては正の価値と負の価値のどちらかにつねにかかわるとはいえないような感情もあるが、個別例を見れば、何かに驚くときには対象を正の価値をもつものとみなしているか、負の価値をもつものとみなしているのかのどちらかであるように思われる。感情と呼ばれうる体験の中で、正ないし負の価値とのかかわりをいっさいもたないような例は、少なくとも容易には見つからない。したがって、第二の論点に対しては検討に値する反論はないものとみなす。

3-3　情動の二値原理について

では、第三の論点、つまり（c）「あらゆる情動は正しいか正しくないかのいずれかである」という主張に対する反論を取り上げてみよう。「どのような情動についても、正しい／正しくないと述べることが意味をもつような文脈が存在する」という主張は、本章2-2で挙げた例からみてもっともらしい。この主張がもし真だとしたら、正しさが一般に問題になりえないような感情を指摘することによって（c）を否定するという道は見込みがない。ここでは右の主張を前提する。そうすると、（c）への反論は、情動の正しさにかんする二値原理を直接攻撃することによってなされるしかない。つまり、正しくも正しくなくもない情動が存在することを示すしかない。

ここで注目すべきなのは、『源泉』でブレンターノが採用している、「ある同じ対象について、それを（それ自体として）愛する作用と（それ自体として）憎む作用が存在するとき、つねにどちらか一方が正しく、他方は正しくない」という原理を、ブレンターノ自身がのちに撤回しているという事実である。[11] 価値の領域には、正の価値と負の価値だけでなく、どちらともいえない無差別態（Indifferentes）も存在する。[12] 伝統的な例を挙げるなら、健康や富や名誉は、なんらかの目的との関係におかれた場合には正や負の価値をもちうるが、それ自体としてはよくも悪くもない。後年のブレンターノは、このような場合に対象はそれ自体としての価値をもたないのではなく、中立的な価値をもつと考えるのである。価値的に中立的なものについては、それをそれ自体として正しく愛することも、それ自体として正しく憎むこともできない。したがって、中立的な価値が認められるとすれば、先の『源泉』の原理は誤っている。[13]

しかしこのことは、（c）そのものが誤っているということを意味するわけではない。価値的に中立的なものをそれ自体として愛する作用や憎む作用は、端的に「正しくない」のであって、「正しくも正しくなくもない」わけではないからである。したがって、無差別態を持ち出すことによって（c）を否定することはできない（Chisholm 1986, 55-7）。いわば、ブレンターノは価値にかんする二元論（「あらゆる価値は正か負かのいずれかである」）は放棄したが、情動にかんする二値原理（「あらゆる情動は正しいか正しくないかのいずれかである」）はそれでもなお保持するのである。この情動にかんする二値原理に対して、別の仕方で反例を指摘できないかぎり、（c）は依然としてもっともらしい。

3-4　情動というクラスの独立性について

以上、感情にかんするブレンターノの三つの主張について、可能な反論を取り上げ、ブレンターノの立場からの応答を試みてきた。だが、以上の応答がすべてうまくいっていたとしても、なお別の反論がブレンターノに対して立てられうる。それは、情動が判断とは異なるクラスをなすという見解に対する反論である。情動を判断の一種とみなしてはいけないのだろうか。いけないとすればなぜだろうか。

ブレンターノ自身、こうした問いを取り上げ、応答を試みている（Brentano 1925, 152-5）。そこでの論拠は、情動の領分には判断の領分には見られない以下のような特徴があるというものである。情動は、対象を単純によいものとみなすだけでなく、ある対象を他のものと比較してよりよいとみなすこともあるが、これに対応するものは判断の領分にはない[14]。また、〈それ自体として愛する／憎むこと〉と〈他のもののための手段や条件として愛する／憎むこと〉の区別に対応するものも、判断の領分には見いだせない（Brentano 1921, 25-6）。さらには、ある価値が他の価値と合わさることによってより大きな価値になるような関係も、判断の領分には見いだせない。

だが、こうした違いは、心的現象のクラスのあいだの違いに帰さなければならないものなのだろうか。むしろ、対象を価値的なものと非価値的なものに分け、情動を価値的なものについての判断とみなすことも可能なのではないだろうか。しかしながら、ブレンターノはこのような方針を拒否する。この拒否は、価値が情動から独立には定義できないという考えにもとづいている。この考えは次節で検討しよう。

ここまでの議論によって、ブレンターノが情動をどのような現象として考えているのかが明らかになった。簡潔にまとめれば、情動は、志向的であり、対象を価値のあるものとみなし、正しいか正しくないかのいずれかであるような心的現象である。さらに私たちは、このような情動のとらえ方に対するいくつかの可能な反論に応答した。次節では、正しい情動と価値のかかわりをブレンターノがどのように考えているのかを見ることにしよう。

4　正しい情動と価値

4-1　明証的情動による価値の説明

ブレンターノによれば、あらゆる情動は価値にかかわっており、正しいか正しくないかのいずれかである。ここから、価値と正しい情動が相関的であるという考えが導かれる。つまり、ある対象をよいものとみなす情動が正しいとき、その対象は実際によいものであり、ある対象を悪いものとみなす情動が正しいとき、その対象は実際に悪いものである、という考えである。こうした相関関係の主張自体は、害のあるものではないが、それほど興味深いものでもない。問題は、こうした相関関係が成り立っているという事実をどのように説明するかである。初期のブレンターノは対応説的な説明をおこなっていた。判断が正しいのは、それが承認する対象が存在するか、それが否認する対象が存在しないときである。それと同様に、情動が正しいのは、それが愛するものがよいものであるか、それが憎むものが悪いものであるときである（Brentano 1930, 24-5）。このときの彼は、対象が実際にもっている価値によって情動の正しさを説明するという実在論的な立場に傾いているように見える。

しかし、この点だけから、ブレンターノを価値にかんする実在論者とみなすことはできない。実際、一九一六年のオスカー・クラウス宛の書簡で彼は、判断にかんしても情動にかんしても、対応説が説明としては無力であることをはっきりと認めている。「〔正しさの〕基準を〈事物と知性もしくは愛との一致（adaequatio rei et intellectus vel amoris）〉に求めることはできない。そのような基準は、正しいということが直接的明証によって知られるような心的関係のうちにのみ見いだされうる」(Brentano 1966, 294)[15]。情動の正しさの基準は対象の側にあるのではなく、情動それ自体の側にあるというのが、ブレンターノのいわば公式見解である。

この見解は、本章第2節で見た、心的現象のクラスが対象へのかかわり方の違いによって区別されるという考えを一貫させることによって導かれる。情動が価値との対応によって正しいものになるという考えが説明として機能するためには、価値が情動から独立に成り立っていると考えなければならない。

しかし、ブレンターノは『心理学』で、心的現象のクラスが内容の違いによって区別されるという考えを拒否していた（Brentano 1925, 44-8）。価値的なものと非価値的なものの区別は、心的現象から独立に成り立っているものではなく、判断と情動の区別がそれに先立つのである。正しい情動によって価値が定義されるべきなのであって、その逆ではない。

では、あらかじめ存在する価値との対応によって説明されるのでないとすれば、情動の正しさはどのように説明されうるのだろうか。先ほど引用したクラウス宛書簡でもいわれているように、判断にせよ情動にせよ、正しさの根拠は、究極的には「明証」のうちに見いだされるのでなければならないとブレンターノは考えた。正しい情動のうちには、それが正しいということが直接に、つまりその対象に本当に価値があるのかどうかを調べてみなくても分かるような情動がある。これを彼は「高級な情動」あるいは「明証的情動」と呼ぶ。たとえば、彼がアリストテレス『形而上学』の有名な一節、「すべての人間は生まれつき知ることを欲する」を引きつつ述べるところによれば、何かについて新たに知ること――つまり認識の拡張――に対する愛は、いかなる場合でも正しく、その正しさを私たちは直接に知る[16]（Brentano 1921, 22-3）。ところで、ブレンターノは「xについての愛が正しいとき、xについての憎しみは正しくない」という法則を公理として採用している。ある情動が正しいということが直接に知られているならば、この公理（ないしその対偶）から、その反対の情動は正しくないということが導かれる。たとえば、認識の拡張に対する憎しみは、どんな場合でも正しくない。

正しさや正しくなさが直接に知られるようなこうした情動から、私たちは情動の正しさと正しくなさの概念を得る。このことは間接的に、よいもの（あるいは悪いもの）の概念を獲得することでもある。認識への愛を正しいものとして体験することは、認識を「それ自体でよいもの」とみなすことである。こうして、正しい情動だけを用いて認識の価値が説明されることになる（ブレンターノは他にも明証的に正しい情動の例を挙げているが（Brentano 1921, 23）、ここでは詳しく触れない）。

これらの情動を説明項として用いることによって、それらに対応する価値が説明されることになる。ブレンターノは理想的にはあらゆる価値がこのような仕方で説明されるはずだと考えている。それがはたして実際に可能なのかどうかは議論の余地がある。だが、彼は認識の拡張のようなケースについて、正しい情動による価値の説明を実際におこなってみせることによって、この種の説明が有効であることを示そうとしているのである。

4-2 ブレンターノの戦略の難点——（1）認識論的ギャップ

ブレンターノのこうした戦略は、どれほど見込みのあるものなのだろうか。いくつかの問題点が指摘できる。第一に、明証的な情動への訴えそのものが、彼の理論をかなり疑わしいものにしているように思われる。というのも、マカリスターが論じているように（McAlister 1982, 91-2）、明証的情動から価値を導く議論には、認識論的なギャップがあるからである。

明証的情動と類比的だとされる明証的判断を取り上げて説明しよう。ブレンターノによれば、明証的判断とは、真なる判断であり、しかもそれが真であることが直接に知られるような判断である。しかし、私たちが明証的判断とみなすものが、つねに真だとはかぎらない。強い確信をともなっており、それが誤っていることが考えられないような判断であっても、あとで誤っていたことが明らかになるという場合はつねに考えられる。つまり、私たちが盲目的判断を誤って明証的判断とみなすことはありうるし、その逆もありうる（Brentano 1952, 18-9; 1921, 66-7）。明証的判断だけがつねにもっていて、盲目的判断はもっていないような現象的特徴は存在しないのである（McAlister 1982, 48）。だとすると、どのような明証的判断についても、「それは本当に正しい判断なのか」という問いがつねに開かれていることになる。したがって、誰かが明証的判断をしていると信じていることから、その判断が承認する対象が存在する（あるいは、その判断が否認する対象が存在しない）ということは導かれない。同じことが明証的情動についてもあてはまる。誰かが明証的情動をもっていると信じていることは、その情動が正しいということを含意せず、したがってその情動に対応する価値が成り立っていることも含意しないのである。このことはブレンターノにとって致命的であるように思われる。

この問題点は、情動の正しさを明証的情動によって説明する道をブロックするものである。これはブレンターノにとっては致命的かもしれないが、価値を正しい情動によって説明する戦略自体を無効にするものではないかもしれない。というのも、明証的情動のみに訴えるのとは別の仕方で正しい情動を説明することができるかもしれないからである。しかし、本当にそうした戦略は可能なのだろうか。

4-3 ブレンターノの戦略の難点（2）――循環の問題

ここで第二の問題点が浮かび上がる。価値を正しい情動によって説明するというブレンターノ的戦略は、そもそも循環に陥らざるをえないのではないだろうか。[17] ブレンターノによる情動の定義には、あらゆる情動は対象を正ないし負の価値をもったものとみなすということが含まれていた。これは、情動を価値によって定義しているように見える。だとすれば、正しい情動によって価値を説明することは、循環以外の何ものでもないのではないか。[18]

だが、こうした反論はいささか性急である。情動の志向性が価値に言及することでしか説明できないようなものだとしたら、正しい情動による価値の説明はたしかに循環を犯すことになるだろう。しかし、ブレンターノによる情動の定義は、情動が対象にかかわる仕方を述べたものであって、それが何にかかわるのかを述べたものではない。価値という特定のタイプの対象ないし対象がもつ性質に関係する心的現象が情動なのではなく、〈価値がある／ないとみなす〉あるいは〈愛する／憎む〉という仕方で任意の対象にかかわる心的現象が情動なのである。[19] この点に注意するなら、ブレンターノの戦略はただちに循環に陥るようなものではないといえるだろう。

4-4 ブレンターノの戦略の難点（3）――不当な理由の問題

循環の問題が脅威ではないとしても、正しい情動によって価値を説明する戦略は、もう一つの問題に直面する。それは、「不当な理由の問題（Wrong Kind of Reasons Problem）」と呼ばれるものである（Crisp 2000; Rabinowicz & Rønnow-Rasmussen 2004）。この問題は、ある特定の情動をもつのが正しいといえるにもかかわらず、その対象が対応する価値をもたないことが明らかであるようなケースを指摘することによって導入される。よく引き合いに出される例は、次のようなものである。悪魔があなたを捕えて、「私を愛さなければ地獄の責め苦を負わせるぞ」と脅したとする。この場合、あなたには悪魔を愛する十分な理由があり、このことは悪魔に対する愛が適切であることを意味する。ブレンターノ的な立場からすれば、適切な愛の対象は正の価値をもつはずである。しかし、悪魔は定義からして悪しき存在であり、決して正の価値をもたない。この例は、「対象が正の価値をもつのは、それを正の価値をもつとみなす情動が正しいとき、かつそのときにかぎる」というブレンターノ的な分析に対する反例になるように思われる。

この種の反例への対処としてまず考えられるのは、「情動を正当なものにする理由には真正なものとそうでないものがあり、真正な理由によって正当化された情動だけが、対象の価値に対する説明項として役立つ」と主張することである。つまり、「悪魔の例やそれに類するケースで、正当化された情動の対象が価値をもたないのは、問題の情動が真正でない理由によって正当化されているからだ」と主張することで反例を無力化するわけである。だが、こうした対処をするなら、当然ながら、真正な理由とそうでない理由がどのような基準によって区別されるのかを説明しなければならない。

ブレンターノ自身は不当な理由の問題を自覚していなかった。したがって、彼は情動の真正な理由とそうでない理由を区別するという課題に取り組んではいない。しかし、ブレンターノのアイディアに立脚して、この課題に取り組んでいる論者はいる。ブレンターノから少し離れることになるが、次節ではダニエルソンとオルソンのそうした取り組み（Danielson & Olson 2007）を検討してみたい。

5　情動の真正な理由？

ダニエルソンとオルソンの提案の核心は、ある態度を支持する理由には次の二つの種類があると主張する点にある。ひとつはその態度をもつ理由であり、もうひとつはその態度が正しいことの理由である。彼らは前者を保持理由（holding-reason）と呼び、後者を内容理由（content-reason）と呼ぶ。信念にせよ、ブレンターノが情動と呼ぶ賛成的態度にせよ、ある態度が正しいこと、つまり内容理由をもつことは、その態度に一応の保持理由があることを含意する。ただしこのとき、保持理由はあくまで一応のものであって、反対の保持理由によって打ち負かされうる。これに対して、ある態度をもつ理由があることは、その態度が正しいことを含意しない。

信念を例にして説明すると、ある命題が真である（あるいはもっともらしい）ことの証拠があるなら、その命題を信じる内容理由が存在する。このことは、その命題を信じる一応の保持理由も存在することを含意する。しかし、その逆は成り立たない。たとえば、もしパスカルが『パンセ』のいわゆる「賭け」の断章で述べているように、神を信じる場合のコストが神を信じない場合のリスクに比べてきわめて小さく、神を信じる場合に得られるかもしれない利益がきわめて大きいなら（Pascal 2000, 457-467）、神の存在についての信念には保持理由がある。だがこのことのみによって、神の存在についての信念が真になったりもっともらしくなったりすることはない。

信念の内容理由は、信念が真であることの理由である。同様に、賛成的態度の内容理由は、賛成的態度が正しいことの理由である。*P*についての信念のための内容理由が存在することは、*P*が真であることを含意する。これに対して、*P*についての信念のための保持理由が存在することは、*P*が真であることを含意しない。価値が情動の正しさによって分析されるというブレンターノの見解にしたがうなら、次のようにいえる。*x*についての賛成的態度のための内容理由が存在することは、*x*が肯定的価値をもつことを含意する。これに対して、*x*についての賛成的態度のための保持理由が存在することは、*x*が肯定的価値をもつことを含意しない。

いまや、悪魔のケースは以下のように処理できる。悪魔を愛さなければ拷問を受けることが確実な場合、悪魔を愛するための保持理由がある。しかしこのことは、悪魔への愛が正しいことを含意しないし、悪魔が肯定的価値をもつことも含意しない。価値の分析に役立つのは、賛成的態度のための内容理由だけなのである。

保持理由と内容理由の区別は、たしかに不当な理由の問題の解決に役立ちそうに思える。問題は、この二種類の理由をどう区別するかである。ダニエルソンとオルソンは、保持理由の概念は内容理由によって分析できると考えている。彼らの分析（Danielson & Olson 2007, 518-9）を要約するとこうなる。

xについての賛成的態度のための保持理由が存在するのは、xについての賛成的態度をもつことに対する二階の賛成的態度のための内容理由が存在するか、xについての賛成的態度をもたないことに対する二階の反対的態度のための内容理由が存在するかのいずれかのとき、かつそのときにかぎる。

たとえば、神を愛するための保持理由があるなら、神を愛することをよしとするための、あるいは、神を愛さないことをよしとしないための内容理由が存在する。このことは、神を愛することが価値のあることだということを意味する。また逆に、神を愛することが価値のあることなら、神を愛するための(一応の)保持理由がある。こうした関係が成り立っているなら、保持理由は内容理由によって置きかえることができる。

しかし、こうした分析からは、不都合な帰結が出てきはしないだろうか。悪魔のケースにおいては、悪魔を愛する保持理由(*H* for favouring *d*)があると同時に、悪魔を愛さない内容理由(C for disfavouring *d*)がある。後者は、悪魔を愛さない保持理由(*H* for disfavouring *d*)があることを含意する。したがって、二つの対立する保持理由があることになる。だが、このこと自体は特に問題ではない。同じ対象についての賛成的態度と反対的態度がどちらもそれなりの理由によって支持されているというのは、なんら矛盾した事態ではない。拷問を受けたくないなら悪魔を愛するべきだというだけのことである。しかし、保持理由は内容理由によって置きかえ可能である。この場合、悪魔を愛する保持理由は、悪魔を愛することをよしとする（あるいは悪魔を愛さないことをよしとしない）内容理由（C for favouring favouring *d*）によって置きかえられる。また、悪魔を愛さない保持理由は、悪魔を愛さないことをよしとする（あるいは悪魔を愛することをよしとしない）内容理由（C for favouring disfavouring *d*）によって置きかえられる。したがって、二つの対立する内容理由があることになる。これは問題ではないだろうか。

この場合、悪魔を愛することは悪いことであると同時によいことであるという帰結が出てくる。しかし、これを矛盾と考える必要はない。一般に、ある対象が肯定的価値をもつと同時に否定的価値をもつということは、どちらか一方（あるいは両方）が外在的価値を意味しているなら、矛盾ではない。いま問題になっている悪魔のケースでは、悪魔を愛さないことには直接の内容理由があり、これは悪魔の内在的な否定的価値に対応している。これに対して、悪魔を愛することを支持する直接の内容理由はない。悪魔を愛することをよしとする内容理由はあるが、これは悪魔を愛する保持理由から論理的に導かれたものにすぎない。したがって、悪魔を愛することはたしかによいのだが、手段としてよいにすぎない。悪魔を愛することは内在的には否定的価値をもち、生き延びるための手段としては肯定的価値をもつ。こう考えれば何も問題はない。

さて、保持理由が内容理由によって問題なく分析できたとしよう。では、内容理由の方はどのように分析されるのか。ダニエルソンとオルソンによれば、「*x*についての賛成的態度のための内容理由を与えるのは、『*x*をよいものにする性質』と呼ばれるものである」（Danielson & Olson 2007, 520）。しかし、この説明は循環めいて聞こえる。彼らは賛成的態度の内容理由を「よさ」の分析のために使おうとしていた。ある対象がよいことは、それに対する賛成的態度が内容理由をもつことによって分析され、このことが、当の対象がそれをよいものにする性質をもつことによって分析されるというのは、循環ではないのか。これを循環でなくするためには、「よいものにする性質」を非価値的なタームで分析できればよい。しかし、そのような還元的説明をするなら、賛成的態度はもはや価値の説明において何の役割も果たさないことになってしまう。

おそらく彼らが考えているのは別のことである。「xをよいものにする性質」がxについての賛成的態度から独立に特定されるとは彼らは考えていない。そうではなく、ブレンターノと同様に、対象の価値はそれに対する賛成的態度に内在的にのみ意味をもつと考えている。「ブレンターノ流のアプローチの、われわれが特に魅力的だと考える特徴の一つは、それがある種の内在主義を含んでいるという点である。それは、価値と態度のあいだに必然的な結びつきを確立するような内在主義である。〔それが主張するところによれば、〕必然的に、ある対象に価値があると主張することは、その対象についての賛成的態度が正しいと主張することである」(Danielson & Olson 2007, 520)。実際、ブレンターノは情動の正しさにかんする対応説的な説明を拒否することで、このような内在主義をとっているとみなすことができる。

しかし、これですべてが丸く収まるわけではない。賛成的態度の内容理由という概念が賛成的態度に内在的にしか理解できないものだとしても、私たちは内容理由についての知識をもつことができなければならない。そうでなければ、ある対象についての賛成的態度が正しいのかどうかがわからず、したがって対象が価値をもつのかどうかもわからないということになってしまうからである。ダニエルソンとオルソンの理論は、賛成的態度の内容理由にかんする認識論を欠いている。そして、もしここでもブレンターノにしたがうとすると、前節で指摘した問題に突き当たることになる。ブレンターノは明証的情動からあらゆる情動の正しさを説明しようとするが、しかし明証性は情動の正しさを保証しないのである。

ダニエルソンとオルソンの試みは、ブレンターノ流のやり方で不当な理由の問題を処理できる可能性を示してはいる。しかし、ブレンターノ流の価値の分析がうまく機能するためには、明証性だけに訴えるのではない仕方で、情動の正しさを説明できなければならない。この課題にかんして前進するための手がかりをブレンターノから得ることは、難しいといわざるをえない。

まとめと展望

本章では、価値を情動の正しさによって説明するブレンターノの価値論を検討した。まず、情動が志向性をもち、対象に価値を帰属し、正しいか正しくないかのいずれかである、というブレンターノの基本的な主張を取り出し、可能ないくつかの反論から擁護した。そのうえで、ブレンターノの価値論が直面することになる困難を明らかにした。特に重要なのは、認識論的ギャップの問題と、不当な理由の問題である。そのいずれにかんしても、ブレンターノの価値論を困難に陥らせているのは、情動の正しさを明証性だけに訴えて説明するという方針である。

次章で私たちは、ブレンターノと近い方向性を取りながら、感情の正しさをたんに明証性に訴えて説明するという方針を共有しないフッサールの中期の価値論を検討する。次章の終わりでは、ブレンターノが陥った困難にフッサールの価値論が首尾よく対処できることを示す。

第四章　価値はいかにして構成されるのか

私たちは第二章で、フッサールの超越論的観念論の基本的な枠組みを確認した。第三章では、ブレンターノの価値論が、現実の価値を情動の正しさによって説明する立場をとっていること、そして情動の正しさという概念に満足のいく説明を与えることができていない点で失敗していることを明らかにした。

本章では、フッサールによる、超越論的観念論にもとづいた価値の構成分析を取り上げる。フッサールは、評価作用の正当性によって現実の価値を説明する点で、ブレンターノに近い方向性をとっている。しかし、評価作用の正当性を原始概念としてあつかわず、さらなる分析の対象としている点で、彼の価値論はブレンターノのそれよりも前進しているといえる。この前進を可能にしているのは、超越論的観念論と、評価作用の分析の進展である。

以下ではまず、フッサールが価値に客観性を認めていることを確認する。彼にとって、何かが現実に価値をもつことと、それが価値をもつと人々がみなしていることとは、明確に区別される（第1節）。しかし他方で、フッサールにとって、価値は意識において構成されるものである。第二章で示したように、彼にとってはあらゆる対象性が構成されるものなのであって、ある対象性が現実に存在するということの意味は、それがいかにして構成されるのかを分析することによって解明される。何かがある価値を現実にもつということの意味も、それに応じた意識経験によって価値がどのように構成されるのかを分析することによって明らかになるはずである。こうした価値の構成分析は、『論研』とは異なる新たな特徴づけを評価作用に与えることによってはじめて可能になる（第2節）。そうした立場の変化を経て、フッサールは価値を構成する作用としての価値覚（Wertnehmung）について論じるようになる。だが、彼が価値覚をどのような作用としてとらえているのかはそれほど明らかではない。そこで私たちは、可能な解釈を検討したうえで、最終的に、価値覚が感情そのものであるという解釈を擁護する（第3節、第4節）。最後に、評価作用の新たな分析によって可能になる価値の構成分析が、具体的にはどのような取り組みなのかを明らかにする（第5節）。

1　価値の客観性

第一章では、『論研』でのフッサールの考えに反して、評価が願望とは異なる規範的文脈に属しており、両者は明確に区別されるべきだということが明らかになった。評価は対象が現実にもっている価値との関係に応じて、正しかったり間違っていたりする。

では、現実の価値とは何なのだろうか。まず問われるべきなのは、それが主観的なもの、つまり評価主体の態度になんらかの仕方で依存したものなのか、それとも、主観の態度から独立した客観的なものなのか、ということである。この点について、フッサールは後者の見解、すなわち価値にかんする客観主義をとっていると思われる発言をさまざまな箇所でしている。たとえば、一九一〇／一九一一年冬学期の講義では次のようにいわれる。

価値があるということ、美しかったり善かったりするということは、誰かがある事象を価値があるとみなすということを意味するわけではないし、ある共同体のうちに、あるものを評価したり、愛したり、気に入ったり、欲求したりする一般的な傾向が存在するということを意味するわけでもない。(XXX, 290)

あるものがどのような価値をもつかは、個別の主体がそれにどのような価値を認めているかにかんする事実から独立しているだけでなく、複数の主体が共通にもつ評価の傾向からも独立している。いいかえれば、価値は主観的な尺度ではない。

フッサールにとって、正しいか間違っているかはつねに客観的なことがらであって、主観的な正しさなどというものはない。「主観的妥当などというものは妥当ではないのであって、そのようなものは妥当という概念を台無しにしてしまう」(XXVIII, 403)。評価にかぎらず、一般に正しさが問題になる作用は、客観的に正しかったり間違っていたりする。また、個々人が実際に何をよいとみなすかはさまざまでありうるが、どのような評価が正しいのかは客観的に決まるのであって、正しい評価は、同じ対象について同じ状況で評価するすべての主体にとって正しく、間違った評価は、同じ対象について同じ状況で評価するすべての主体にとって間違っている。「あらゆる理性的な主観は次のことを承認しなければならないだろう。ある者があるものを善いと正しく評価するならば、同じ質料を検討する者は誰でも一般に、同じように評価しなければならない、と」(XXVIII, 138)。

「評価は客観的に正しかったり間違っていたりするものだ」という主張は、評価の対象がたんに価値があるとみなされていることと、現に価値があることとの区別を含意する。評価はある対象にしかじかの価値があるとみなすことであり、場合によっては正しい評価である。評価が正しいときには、対象はそうみなされているとおりの価値を現にもつ。一九〇八／一九〇九年の講義ではこのことがはっきりと述べられている。

> 評価作用は価値に向けられている。そして、「見かけ上の価値と対比されるような真の価値があるのであって、価値があるとみなすこととしての評価作用は、場合によっては現実に価値をもつような何ものかを価値があるとみなすのである」と述べることが十分に意味をなすとすれば、価値は客観的なものであり、他の客観と同様に、真に、あるいは現実に存在するものである。(XXVIII, 255)

この引用は、先ほどの引用（XXVIII, 138）と合わせて、フッサールが価値一般に関して客観主義をとっていることの十分な証拠になる。[1] ここで客観主義と呼ぶのは、①価値にかんする見解には正しいものと間違っているものがあり、②その正しさは、個別の主体や共同体の評価および評価傾向に依存しない、と考える立場である。

客観主義と対立する立場には、大きく分けてニヒリズム、錯誤説、主観主義の三つがある。[2] ニヒリズムは、「価値にかんするいかなる見解も、正しいことも間違っていることもない」という立場、つまり①と②をともに否定する立場である。錯誤説は、「価値にかんする見解の正しさは客観的だが、人々がもつ評価はすべて間違っている」という立場、つまり、②を認めて①を否定する立場である。[3] そして主観主義は、「価値にかんする見解には正しいものと間違っているものがあるが、その正しさは個々の主体ないし主体の共同体がもつ評価傾向に依存する」と主張する。つまり、①は認めるが②は否定する。[4] これらのいずれも、フッサールの支持する立場でないことは、右の二つの引用を見れば明らかだろう。

ここで、価値の客観性と相対性の関係について一言付け加えておきたい。フッサールがとっているような客観主義は、対象がもつ価値が非相対的だという主張を含意しない。常識的にいって、あるものがもつ価値は、時間によっても場所によっても移り変わる。同じものが、異なる文化においては異なる価値をもちうる。価値の主観性を否定したからといって、相対性まで否定しなければならないということはない。価値の主観性を拒否することは、対象が現実にもつ価値が、ある主体が現実に下している価値判断や、個別の主体や共同体が現実にもっている価値判断への傾向に依存することの否定を意味する。これに対して、価値の相対性を拒否するということは、「文化に相対的で歴史的に変化するのは、人々が下す価値判断や人々がもつ価値判断への傾向であって、対象が現実にもつ価値ではない」と主張することである。一方が他方を含意しないことは明らかだろう。「対象がもつ価値は歴史的に変化し文化に相対的だが、それは、価値が人々の実際の価値判断や価値判断の傾向性に依存しているからではない」と主張することはなんら矛盾ではない。だがもちろん、そのように主張する場合、価値の客観性と相対性がどのようなかたちで両立するのかを説明する必要は生じる。フッサールがどのように価値の客観性と相対性を両立させうるのかについては、本章第5節で論じる。

価値にかんする客観主義は、価値の理論における一つの態度決定ではあるが、それだけで何かが価値をもつということの意味を説明してくれるわけではない。価値があるとみなされていることと現実の価値を区別するなら、どのようなときに対象がしかじかの現実の価値をもつのかを、個々の主体ないし共同体によってしかじかの価値があるとみなされていることに還元するのではない仕方で、説明する必要が生じる。

2　価値の構成分析の可能性

フッサールにとって、価値は客観的であると同時に、「評価的経験のうちで構成されるものである」

(XXVIII, 290)。フッサールの価値論の実質をなすのは、現実の価値がいかにして構成されるのかにかんする分析である。そして、第二章で明らかにしたように、価値の構成分析は、構成分析一般がそうであるのと同じく、超越論的観念論を背景として理解されなければならない。

2-1　フッサールの態度変更

第二章で述べたように、構成分析とは、ある対象性がどのようなタイプの作用によって本来的に与えられるのかを明らかにし、またそのような作用が属する根拠づけの連関を解明するという課題を意味している。たとえば事物の構成分析であれば、事物を本来的に与える作用である知覚について、その正当性条件を明らかにすることが課題となる。

価値もまた、構成分析の主題となりうる。このことは、フッサールが構成の問題に取り組み始めた当初から、彼にとってほとんど自明のことだった。一九〇八年の草稿では、次のようにいわれる。

> 諸々の学問（そして諸々の価値形成体や理想的な国家など）の構成が意識の本質に属することは明らかである。そして、絶対的な意味での現実について語ろうとするなら、現実的なもの、存在するものや価値のあるものについて語らなければならない。（XXXVI, 38. Cf. III/1, 354）

価値は本質的に、意識のうちで構成されるものであるとされる。[5] このことは、第一章で触れた評価的理性の批判という課題と密接に結びついている。一九〇六年頃から、フッサールは理性批判を自らが取り組むべき最重要課題とみなすようになる（XXIV, 445; II, 52）。その際、理性批判という包括的な題目のもとに、評価的理性の批判という個別課題も含まれていた。理性批判と構成分析の関係については、第二章で詳しく論じた。両者はともに、あるタイプの作用の正当性条件の分析を課題とする点で、実質的には等しいのである。価値が構成されるものであるという考えと、評価作用が正当性条件をもつという考えは、相互に密接に結びついている。

これらの考えは『論研』には見られない。第一章で見たように、『論研』のフッサールは、評価と願望を同列にあつかい、それらを非客観化作用とみなしていた。この立場のもとでは、評価作用は固有の正当性条件をもたないことになる。このことは、評価作用が固有の対象性を構成しないということを意味する（もっとも、『論研』のフッサールはそもそも、彼が後に用いるようになる意味で「構成」という語を用いてはいなかったが）。

評価作用が固有の正当性条件をもつか否かという点にかんして、フッサールは立場を変えている。彼が何を考えてこうした態度変更に至ったのかについては、第一章第2節で論じた。価値にかんする客観主義は、評価作用が非客観化的であるという『論研』の見解と両立しない。そこで逡巡したすえに、結局フッサールは価値にかんして客観主義をとり、『論研』の見解を放棄することを迫られたのである。

実際、『イデーンI』のフッサールは、客観化作用と非客観化作用の区別そのものを放棄している。そこでは、両者の区別に代わって、定立の顕在性と潜在性の区別が導入され、それによって、評価作用が別の作用に基づけられているという『論研』の洞察と、価値にかんする客観主義とが両立させられる。そこでの新たな枠組みを次に詳しく見ることにしたい。ただし、結論を先取りするなら、『イデーンI』で導入された新たな区別は、評価作用の正当性の解明に実質的な貢献を果たさない。

2-2 『イデーンI』での評価作用の位置づけ

評価作用が固有の対象性を構成する意識であるということは、『イデーンI』第一一七節ではっきりと表明されている。

一般にすべての作用は――心情作用や意志作用でさえも――「客観化」作用であって、対象を根源的に「構成する」ものであり、さまざまな存在領域の、したがってまたそれらに対応する諸々の存在論の、必然的な源泉である。たとえば、評価的意識は、たんなる事象世界（Sachenwelt）から区別される新たな「価値論的」対象性を、すなわち新たな領域の存在者を、構成する。（III/1, 272）

あらゆる作用が客観化作用であるということは、実質的には、客観化作用と非客観化作用の区別がもはや成り立たないことを意味する。ここで「客観化」という語が括弧に入れられているのはそのためだろう。

客観化作用と非客観化作用の区別の放棄は、同じ節の直前の箇所での議論からの帰結である。そこでは「信念的なものの優位」(III/1, 271)について論じられている。定立的作用、つまり対象の存在にコミットする作用には、他の定立的作用に基づけられているものとそうでないものがある。両者をともに含む広い意味では、評価作用も定立的作用である。なぜなら、評価作用は一般に、対象がしかじかの価値をもっていることへのコミットメントを含むからである。(6) しかし、評価作用は必然的に、非価値的な定立に、つまり信念的な定立に、基づけられた定立である。ある対象がなんらかの価値をもつとみなすためには、その対象がなんらかの非価値的性質をもつことを信じてなければならない(ただし、その対象が現実に存在すると信じている必要はない)。たとえば、ある机をよい机とみなすためには、その机の形状や材質やその他の非価値的性質について何ごとかを信じていなければならない。

評価作用がこの意味で基づけられた作用であるという考えは、すでに『論研』に見られたものである。そしてこの考えこそが、『論研』のフッサールを、評価作用が非客観化作用であるという見解に導いたのだった。これに対して、『イデーンI』のフッサールは、評価作用が基づけられているという考えは維持しているが、それが非客観化作用だとはもはや考えていない。

こうした立場を可能にしているのは、定立の顕在性と潜在性の区別である。『イデーンI』のフッサールによれば、信念に基づけられた定立は、その内容を変えることなく、信念的定立に変換することができる。たとえば、ある花を美しいとみなしているとき、この評価作用にもとづいて、「美しい花がある」とか「目の前の花が美しいという事態が成り立っている」といった判断を下すことができる。これらは、対象の存在ないし事態の存立についての判断である。もちろんその内容は価値を含んでいるが、形式上は非価値的な判断となんら変わりない。フッサールによれば、このような定立の変換が可能なのは、評価作用が潜在的に信念的定立を含んでいるからだという。「美しい花がある」のような判断を下すことなく、たんに花を美しいとみなすことは可能だが、そのときの評価作用のうちには信念的定立が潜在しており、いつでも顕在化させることができる。「どんな定立も、いかなる類に属する定立であれ本質法則的に、その定立の本質に破棄しえない仕方で属している信念的な性格づけのゆえに、顕在的な信念的定立へと転換されうる。〔……〕定立的作用によって何が〔たんに存在するというのとは異なる〕その他の様態において定立されていようとも、それは存在するものとしても定立されており、ただしその際の存在定立が顕在的でないだけなのである」(III/1, 270)。

『イデーンI』でのこうした説明は、評価作用が基づけられた作用であるという事実と、価値が〔広い意味での〕存在者の一つの類であるという考えを両立させるために考え出されたものとして理解できる。たしかに、評価作用が信念的定立を潜在的に含んでいるということを前提すれば、その相関者である価値が存在者の一つの類であるという帰結が得られる。しかし、評価作用という作用の類に、存在者の類を対応させること自体は、価値の客観性を問題にする文脈では、それほど重要ではない。重要なのは、評価作用が固有の正当性条件をもつかどうかである。定立の潜在性という概念を導入することは、この問いに対する答え方になんら影響しない。

また、評価作用にもとづいて存在判断を下すことができるという事実を説明するために、存在定立の潜在性を持ち出す必要があるとも思えない。『論研』の枠組みでも、評価作用とそれにもとづく判断とのあいだの関係を説明することはできる。『論研』のフッサールは、価値判断は評価作用についての判断だと考えたが、ある種の知覚判断のように評価作用にもとづく判断として考えることも可能だった（第一章1-3-2参照）。その場合、評価に存在判断が潜在的に含まれているとか、（同じことだが）それらが命題的内容を非明示的にもっているといったことを主張する必要は生じないだろう。『イデーンI』第一一七節の議論は、価値の構成分析という課題と、評価作用が基づけられた作用であるという事実を両立させるための一つの方策ではあるだろうが、とりうる唯一の方策ではない。また、そこでの議論はきわめて形式的なものであって、評価作用の正当性の実質を明らかにするものではない。むしろ、『イデーンI』ではそうした実質的な分析がなされていないからこそ、価値の構成分析の可能性を示すためにこのような議論が必要になったのだと考えられる。

評価作用が広い意味での定立的作用であるという主張は、価値にかんする客観主義を前提している。価値の構成分析という課題が意味をなすことは、この前提から直接に導かれる。したがって、やるべきことは実際に価値の構成分析に取り組むことである。その際、念頭に置くべきことの一つが、評価作用が基づけられた作用であるという事実である。この事実を踏まえた仕方で価値の構成分析がなされさえすれば、定立の潜在性を持ち出す『イデーンI』の説明は不要になるだろう。次節では、フッサールによる価値の構成分析の内実に踏み込むことにしたい。

3 価値の知覚？

一般的にいって、ある対象タイプの構成分析の第一のステップは、そのタイプの対象を本来的に与える作用のタイプを特定することである。事物の場合であれば、知覚がそのような本来的に与える作用とみなされる。なぜなら知覚は、事物に関係する他のタイプの作用に対して、規範的な関係に立つからである（第二章3-1参照）。価値の構成分析も、価値を本来的に与える作用のタイプを特定することから始めなければならない。では、価値にかかわる諸々の作用のうちで、どのような作用が規範的役割をもつのだろうか。フッサールは、そのような作用を価値覚（Wertnehmung）と呼び、知覚（Wahrnehmung）と類比的にとらえている。この価値覚という概念を理解することは、価値の構成分析の内実を明らかにするうえで不可欠である。

3-1 『イデーンII』での価値覚の特徴づけ

フッサールが価値覚に言及している最もよく知られたテキストは、『イデーンII』の次の一節だろう。

価値客観をそのようなものとして原的に構成する意識は、必然的に、心情の領分に属する要素を含む。最も根源的な価値構成は、感じる自我主体のあの（言葉の広い意味で）前理論的で享受的な没入としての心情（Gemüt）のうちでなされる。そのような心情をあらわすために、私はすでに十年以上前に講義で価値覚という表現を用いた。この表現は、感情の領分に属する知覚の類似物をあらわすものである。[7]（IV, 9［1915］）[8]

価値覚はまず、理論的な態度でなされる価値判断から区別されている。絵画を見るときの態度として、「純粋に享受しつつ没入する態度」と、「批評家や芸術史家の目で『美しい』と判断する」態度が区別される（IV, 8［1915］）。そして、前者の没入的な経験が、価値覚と同一視されている。理論的な態度で絵画について美しいと判断するために、その絵画を感情的に味わっている必要はない。これに対して、価値覚は必然的に感情的要素を含むとされている。

また、価値覚は、知覚が事物を原的に構成する意識であるのと類比的に、価値を原的に構成する意識だといわれている。同じことは、『イデーンII』の別の箇所でも、例を挙げて述べられている。「バイオリンの音を聞き、その音が私の心情を根源的に生きいきと感動させるとき、〔その音の〕好ましさないし美しさが原的に与えられる」（IV, 186［1913］）。こうしたケースは、感情的に反応することなく対象を価値あるものとみなす意識と対比され、後者は非知覚的な事物表象と類比的だとされる。「価値意識は、原的でない仕方で気に入ったり、心情がいまだ『根源的に』生きいきと動かされることなく好ましいものを好ましいと評価したりするといった様態をもつことがある。これは明晰な表象に対比される曖昧な表象の、心情の領分における類似物である」(IV, 187〔1913〕)。

対象を価値のあるものとみなす仕方に、感情的な仕方とそうでない仕方があるという主張自体は、理解しやすい。こうした区別は、絵画や音楽の演奏にかぎらず、私たちが価値を見いだすものの少なくともほとんどについて当てはまるだろう。一般的にいって、価値判断が感情を伴わなければならないということはない。私たちは、まったく感情的に反応することなしに、対象を価値があるとみなすことがある。しかし、フッサールが感情をともなう価値意識を原的に与える意識として特徴づけるときには、そうした意識が感情を伴わない価値意識に対して規範的な役割をもつことが含意されている。この見解は自明なものではない。なぜこれが正しいと考えられるのだろうか。

事物知覚との類比を額面通りに受け取るなら、価値覚と本来的でない価値意識のあいだには、充実化ないし確証の関係があるということになる。冷蔵庫のなかにバウムクーヘンがあるという発言を聞いて理解するとき、私はすでにバウムクーヘンについての意識をもっているが、それはまだ確証されていない。冷蔵庫を開けてバウムクーヘンを見たときにはじめて、以前の非本来的な意識が充実化され、確証される。こうした関係が、感情をともなう価値意識とそうでない価値意識のあいだにも成り立っているのだろうか。

フッサールは、価値覚が非本来的な価値思念に対して充実化の役割を果たすと考えている。

心情の領分には、自我が「自ら」感じつつ客観のもとに居合わせているという意識のうちに生きているような、そうした感情作用（Fühlen）がある。享受といういい方が意味するのはそのような感情作用である。しかし、いわば遠くからの表象、自ら〔対象のもとに〕居合わせていないような空虚な表象的思念というものがあるように、空虚な仕方で対象にかかわる感情作用というものもある。そして、前者が直観的表象のうちで充実されるように、空虚な感情作用は享受によって充実される。

（IV, 9-10［1915］）

評価作用の領分にも、「客観化作用」の場合と類比的な志向と充実の関係が成り立っていることは、一九〇八／一九〇九年の「倫理学の根本問題」講義でもすでに認められている（XXVIII, 344）。しかし、そこでも『イデーンII』でも、その関係についての詳細な分析はなされていない。実際に空虚な価値思念と価値覚の関係を分析しているのは、ゲッティンゲン時代に書かれ、のちにフッサールの指示によってラントグレーベによって『意識構造の研究』というタイトルのもとにまとめられ、現在公刊に向けてルーヴァンのフッサール文庫で編集作業が進められている大部の草稿群においてである(9)。

3-2 『意識構造の研究』での価値覚の分析

そこでは、たとえば以下のような具体例に沿って、非本来的な評価的思念と価値覚の関係が論じられている。

私は葉巻を見ながら、それをしかじかの味がするものとして統握する。たとえば、スマトラをしかじかの軽くてすぐに消える香りのするものとして、またハバナを「重い」ものとして統握する。このときの統握は、もはや知覚によるものではない。そして、この統握が、まずは直観（ある種の想起）にもとづく明晰な本来化（Vereigentlichung）のうちで確証され、次に実際に吸うことによって確証されるときには、この確証作用もまた知覚ではなく、知覚を基盤とする高階の作用である。(10)

（A VI 12 II, 37a［1909/10］）

愛煙家のフッサールらしい例である。葉巻の香りがもっている価値は、葉巻を見ながら香りを思い浮かべているときには、非本来的に与えられている。過去にその葉巻を吸ったときの香りをはっきりと思い出すことで、価値の与えられ方は明晰になり、ある意味で本来性に近づくが、最も本来的に与えられるのは、実際に吸うことによってである。葉巻の香りを味わうことは、価値を与える作用としては、もはや知覚ではなく、感性的知覚に基づけられた価値覚である。

葉巻が視覚的に知覚できるように、葉巻の香りは嗅覚によって知覚できる。香りのたんなる知覚と価値覚とが別々の作用だというのは、どのように理解すればよいのだろうか。フッサールは、何を充実化・確証するかの違いによって、両者を区別している。知覚は経験的思念を充実する。経験的思念は、「この葉巻に火をつけて吸うとしかじかの香りが感じられる」といった内容をもつが、その香りが好ましいとか不快だとか、高貴だとか下品だとかいった価値的内容は含まない。これに対して、価値覚は評価的思念を充実する。「この葉巻は美味だ」という評価的思念は、知覚そのものによっては充実化されず、価値覚によってのみ充実化される。葉巻についての評価的思念は、葉巻についてのなんらかの経験的思念なしには成立しないため、それに基づけられているといえる。同様に、葉巻にかんする価値覚も、葉巻の香りの感性的知覚に基づけられている。しかし、両者は同じ作用ではない。

では、評価的思念が価値覚によって充実されるという関係は、どのようなものとして理解すればよいのだろうか。葉巻の例は、両者の関係を願望ないし欲求の充足、あるいはそれに似た関係として理解する可能性を示唆する。実際、シガースモーカーが葉巻を見てその良い香りについての思念をもつときには――そのようなことは非喫煙者にはできないだろう――、たいていはその葉巻を吸いたいという欲求も同時にもつはずである。そして葉巻を吸うと、評価的思念が充足され、同時に欲求も充足される。しかし、第一章で論じたように、評価は願望や欲求とは異なる規範的文脈に属しているのだから、評価作用の充実化を欲求の充足と同一視することはできない。『意識構造の研究』のフッサールも、そのような同一視をしていないように思われる。先ほどの引用で彼が「確証」といういい方をしているのが、その一つの証拠になるだろう。普通、確証と呼ばれるのは、ある内容が真であることが明らかになるようなプロセスであって、願望や欲求の充足は、内容の確証とは無関係である。願望や欲求は、内容が正当であるかどうかとは無関係に、充足されたりされなかったりするのである[11]。

評価作用は、正当性条件をもつという点で、願望よりも判断に近い。願望については、実現可能性が高いか低いかを問うことはできるが、現実に照らして正当か否かを問うことはそもそもできない。これに対して、評価は現実の価値との適合によって正当か否かを判定することができる。こうした見解は『意識構造の研究』にも見られる。

私は判断しつつ、何かが規範にかなっているかどうかを査定する（bewerten）のであり、何かをある基準に照らして測るのである〔……〕。私は判断を、真理との適合という観点から、あるいは根拠づけ可能性という観点から査定する。さらに私は、心情作用も、心情規範への適合、あるいは「正当性」ないし充実可能性の条件への適合という観点から査定する。[12]（A VI 24, 5a〔1907/8〕）

判断の確証は、内容が真であることを証示することにほかならない。評価の確証がこれと類比的だとするなら、価値覚は、評価的思念の正当性を証示するような作用でなければならない。葉巻の例でいえば、葉巻を実際に吸ってみれば、それについての以前の評価的思念が正当だったか否かが明らかになる。目の前の葉巻が美味だろうという思念は、それを吸ってみて実際に美味であれば、確証・充実化される。

ところで、葉巻を実際に吸うときには、たんにその葉巻の価値を把握しているだけでなく、それを感情的に享受してもいる。こうしたケースでは、価値の把握と感情的反応が切り離せない。『イデーンII』では、価値を原的に与える作用としての価値覚は必然的に感情的要素をともなうとされていた。そこでのバイオリンの音の例や、『意識構造の研究』での葉巻の例では、たしかに価値の本来的な把握が感情的享受と一体になっているように思える。しかし、これは本当に必然的なことなのだろうか。

『意識構造の研究』には、実はこれと相反するように思われる論述も見られる。そこでは、価値があるとみなすことと感情的反応が切り離されている。

私は美しい女性の姿を見る。それに魅了されるときもあれば、気を引かれないときもある。だが後者の場合にも、私はその女性の姿を同じく美しいとみなしている。同じおいしい食事でも、私が満腹か空腹かによって、私を魅了することもあれば気を引かないこともある。〔……〕価値を把握することとしての感じることは、享受することから、つまり高次の感情的反応から区別されなければならない。[13]

（A VI 8 I, 45a［1911］）

それゆえ私は、以前は以下の二つを混同していたのである。①端的な価値統覚――これは端的な統覚一般のグループに属する。またはそのような統握を遂行することとしての評価。②高次の心情領分における、価値的なものに対する反応としての評価。これは価値統覚にもとづく反応である。[14]

（M III 3 II I, 115a［1911］）

評価が必ずしも感情的反応を伴わないということは、端的な事実である。『イデーンII』のフッサールも、感情をともなう評価とそうでない評価を区別していた。ただし、そこでは両者の区別が、充実化する価値意識と充実化される空虚な評価的思念の区別と重ねられていた。これに対してこの二つの引用では、感情的反応が端的な価値把握とは別の体験とされている。ここでのフッサールは、価値把握と感情的反応はなんらかの仕方で結びつくことはあるが、同一の体験ではありえない、と考えているように見える。もしそうだとしたら、彼は『イデーンII』や『意識構造の研究』の他の箇所でとっている見解（「感情的享受はそれ自体として価値を本来的に与える作用でもある」）と矛盾する主張をしていることになる。

価値覚と感情との関係について、何がフッサールの「公式見解」なのかを決めるのは難しい。なぜなら、この主題について彼が論じているテキストのほとんどが研究草稿であり、しかもそれらの草稿には互いに矛盾するように思われる二つの見解が見いだせるからである。したがって、ここから先に進むためには、フッサールのテキストを離れて、どちらの見解がもっともらしいのかを、ことがらに即して考える必要がある。

4 価値を知ることと感情

4-1 把握説と反応説

まずは問題を整理しよう。フッサール解釈上の問題として、価値覚と感情がどのような関係にあるのかが問われている。フッサールのテキストには、対象への感情的反応が同時に対象の価値の把握でもあるという見解と、感情それ自体は価値把握ではなく、価値把握にもとづく反応であるという見解のどちらも見いだされる。以下では、どちらの見解により見込みがあるのかを検討することを通じて、フッサールの価値覚の理論の合理的再構成を試みる[15]。
フッサールの二つの見解は、感情と価値の関係についての対立する二つの見解として定式化することができる[16]。

把握説　感情は、それ自体として価値の把握でありうる。
反応説　感情は、あらかじめ把握された価値に対する反応である。

感情と価値の関係についてなされた二〇世紀初頭および現代の議論に目を向けると、把握説と反応説はどちらもそれなりに支持されていることがわかる[17]。それぞれがどのような動機にもとづいており、どのような論拠をもち出しているのかを見ることにしたい。

まず、双方の陣営に属する論者の多くが認めるのは、感情が対象の非価値的な性質への認知的アクセス、つまりなんらかの種類の表象を前提とするということである。対象の形や色やその他のなんらかの非価値的性質について何も意識することなしに、それに対して感情を抱くことはできない。これは、フッサールの言葉でいうなら、感情が基づけられた作用だということである。ここでも、この基づけ関係を前提する。

さて、把握説の最大の動機は、感情が価値にかんする知識の源泉になりうる、いいかえれば感情がインフォーマティヴでありうるという直観である。犬をはじめて見る子供でも（あるいははじめて見るからこそ）、犬を怖がることがある。犬に対して恐怖を覚えることを通じて、その子供は犬が危険なものだということを知るのである。

もっとも、感情を通じて得られた価値にかんする知識は訂正される場合もある（子供はあとになって、たいていの犬は人間にとってそれほど危険ではないということを知るかもしれない）。また、感情は価値にかんする知識を得る唯一の手段ではない（犬を見て怖がる前に、親やきょうだいから「犬は危ないよ」と教えられた子供も、犬の価値にかんする知識をもっているといえるかもしれない）。とはいえ、感情を抱くことは、価値にかんする知識を得るための最も基礎的な手段だといえるのではないか。このことは、感情が知覚と類比的な特徴をもつことを示唆している。把握説の支持者によれば、感情は正当性条件をもっており、正しかったり正しくなかったりする。この点は知覚と同様である。正当な（真正な）知覚は、対象ないし環境のあり方についての情報を知覚主体に与える。同様に、正当な感情は、対象ないし環境の価値的なあり方についての情報を感情主体に与える。[18] もちろん感情は知覚とまったく同じものではないが、いずれにせよ、感情がインフォーマティヴなものでありうることと、正当性条件をもつことは否定しがたい。このことは把握説をとる動機になる。

これに対する反応説の動機は、より単純なものである。感情がたんなる反応であるかどうかはさておき、感情が何かに対する反応という側面をもっていることは否定しがたい。ところで、一般に反応というものが可能なのは、それを引き起こす何かが与えられている場合にかぎられる。感情の場合、その何かは価値的なものだと考えるのが自然である。たとえば、恐怖は身に迫る危険に対する反応であり、悲しみは自分ないし他人の身に起こった不幸な出来事に対する反応である、等々。感情が価値に対する反応だとするなら、価値は感情によって把握されるのではなく、感情に先立って把握されるのでなければならない[19]。

把握説と反応説には、どちらもそれなりの動機がある。以下の議論を先取りしていうなら、把握説の方が価値把握と感情の関係についてのもっともな説明であり、反応説を支持する動機は把握説を拒否するのに十分ではない。以下では、反応説の論拠に把握説の側から反論していくかたちで議論を進めることにしたい。

4-2 把握説の擁護

反応説によれば、価値にかんする知識の源泉は感情ではなく、感情的反応に先立つ価値把握である。初期現象学における反応説の支持者であるシェーラーやヒルデブラントによれば、感情とは別に価値感得（Wertfühlen）と呼ばれる体験があり、感情は感得された価値に対する応答として特徴づけられる。

シェーラーによれば、「怒りが喚起されるためには、なんらかの害悪（Übel）があらかじめ感得によって把握されていなければならない」（Scheler 1916, 272）。怒りの情動は、後からの反省によって害悪という対象の価値と結びつけられることはあるが、はじめからそれと志向的にかかわっているわけではない。

ヒルデブラントは、感得と感情の区別と関係を、やはり怒りを例にしながら、印象深い仕方で描いている。「街で子供が虐待されているのを見て、私の心に激しい怒りが湧き上がったとしよう。私は目の前の行為の野蛮さと残酷さに怒る。この怒り自体は明らかに、野蛮さと残酷さを受け取ることそのものではなく、私がすでに見知っているこれらの性質への応答である。いいかえれば、すでに私の目の前に与えられている対象に対する態度決定である」（Hildebrand 1916, 137）。価値感得は、感情や欲求とも、知覚などの（価値にかかわらない）認知的な体験とも異なる独特な体験であるとされる。

しかし、そのような体験があるという主張は、どこに根拠をもっているのだろうか。知覚や感情や欲求といった体験があることを疑う人はほとんどいない。それらの体験は、他の体験から区別するのに十分な現象的特徴をもっているからである。価値感得が他の体験から区別するのに十分な現象的特徴をもっているとすれば、それはどのようなものなのか。反応説の支持者はこの点を十分明らかにしてはいない。とはいえ、あるタイプの心的状態を認めるために、その現象的特徴が特定されていなければならないというのは、強すぎる要請かもしれない。心的状態のタイプは、むしろその機能によって特定されるべきだという考え方もある（むしろその方が一般的である）。では、価値感得は他の体験から区別されるのに十分な機能的特徴をもつのだろうか。

価値感得の機能は、いうまでもなく価値を把握することである。そして、反応説によれば、価値感得はそのような機能をもった唯一の心的体験のタイプである。しかし、価値感得を認めるべきだとする論拠がこの点だけだとしたら、それは場当たり的な論証でしかない[20]。反応説の支持者が価値感得の存在を主張するのは、感情が価値に対する反応であるというテーゼを守るためである。そして、彼らが価値感得に帰属させている機能は、議論上の必要から帰属されたものにすぎない。したがって、反応説を擁護したいと思わない人に対して価値感得の存在を認めさせるすべを彼らはもたないことになる。それでも価値感得があると主張するのなら、その現象的特徴を示さなければならない。

それでも反応説をとらなければいけない理由がある、と彼らはいうかもしれない。大きな理由は、感情が何かへの反応という性格をもっているという否定しがたい事実である。このことを把握説によってどのように説明するのか。

実のところ、感情が反応であることは、把握説でも説明できる。把握説によれば、感情はそれ自体として価値の把握である。感情に先行する価値把握を認めることは、反応説に与することを意味するため、把握説には許されていない。したがって、感情は価値に対する反応ではありえない。しかし、感情が価値以外のものに対する反応だと主張することは可能である。対象の価値ではなく、非価値的性質に対する反応だと考えればよいのである。たとえば、犬に対する恐怖は、犬の危険さあるいはその他の価値に対する反応ではなく、犬の体の大きさ、こちらに向かって走ってくる速さ、牙の剥き具合、といった非価値的性質に対する反応であると考えることもできる。感情は非評価的体験に基づけられているため、対象に対して感情を抱くときには、つねにすでに対象の非価値的性質が与えられている。感情はそうした非価値的性質に反応しつつ、同時に対象の価値的性質を把握するような体験である。このように考えれば、感情が反応であることと、価値の把握であることを問題なく両立させられる。(21)

価値を把握する機能をもつ感情が、同時に非価値的性質への反応という側面をもつと認めることで、把握説は、反応説の支持者が救おうとしている直観を救うことができるようになる。たとえば、ヒルデブラントが挙げていた児童虐待のケースは、反応説によれば次のように説明される。怒りそのものは状況に対する反応であり、怒りが向かうところの野蛮さあるいは残酷さという価値は、怒りとは別の体験によってあらかじめ意識に与えられているのだ、と。いまやこの説明は可能な唯一の説明ではない。把握説は次のように説明する。虐待に直面して湧き上がる怒りは、虐待行為の野蛮さあるいは残酷さという価値をはじめて意識に与える体験であると同時に、目の前の状況の非価値的性質（虐待者と子供の身体運動、発話、表情などのありよう）に対する反応でもある、と。

これら二つの説明は、せいぜい対等であり、把握説による説明の方が優れているとはいえない、と思われるかもしれない。しかし、反応説が持ち出す「別の体験」、すなわち価値感得は、すでに述べたように、他の心的体験から区別するのに十分な弁別的特徴をもたない。価値感得について私たちが手にすることのできる特徴づけは、「価値性質の実例についての非命題的な知識を与える（情動とは異なる）心的エピソード」という程度の形式的なものにすぎない。これに対して、感情については、私たちははるかに豊かな仕方で特徴づけることができる。情動には、怒り、恐れ、悲しみ、喜び、等々の種類があり、（明確に同定できるかどうかは別として）種類に応じたさまざまな感じ（feeling）と身体的変化をともなうものであり、さまざまな仕方で私たちの認知や行為と互いに影響を及ぼし合うものである。二つの説明が対等な説明力をもつとすれば、より疑わしくない概念、より私たちの経験に根ざした概念を用いた説明の方が望ましい。それゆえ、反応説は把握説に劣る説明だと結論づけることができる。

以上のことを考慮に入れるなら、反応説をとらなければならない十分な理由はない。だが、感情がそれ自体として価値の把握であるという把握説の主張に反対する理由が他にないわけではない。以下では、そうした論点を検討することで、把握説がどの程度もっともらしいのかを見積もることにしたい。

把握説の支持者は、しばしば感情と知覚の類似性を強調する。物的対象や出来事についての非価値的な情報を得るための基礎的な手段が知覚であるように、価値的な情報を得るための基礎的な手段は感情である、と彼らは考える。しかし、感情と知覚はいくつもの点で異なっている。ここで考慮すべき特に重要な相違は、以下の三つである。第一に、感情には理由が問えるが、知覚には理由を問えない。第二に、感情は正ないし負の誘因価（valence）をもつが、知覚は価をもたない。第三に、感情は強度をもつが、知覚はもたない。以下ではこれら三つの相違点を順番に論じる。結論を先取りするなら、これらの相違は一見把握説にとって不利な材料に見えるが、把握説でも問題なく説明できるものである。

第一の相違をより詳しく見てみよう。犬を怖がっている子供に、「どうして犬が怖いの」と聞くことは十分に意味をなす。しかし、「あそこに犬がいる」という子供に対して、「どうして犬が見えるの」と聞くことは意味をなさない。そのような問いに対しては答えるべき理由がないからである。「だって見えるんだもん」としか答えようがない。知覚から得られた情報について、それをどのようにして得たのかを説明することはできる。「どうしてあそこに犬がいるって分かったの」と聞かれたら、「見たからだよ」と答えることができる。しかし、その情報をなぜ得たのかをいうことはできない。このことは、情報獲得のプロセス一般に拡張できるように思われる。もしそうだとすると、感情についてはなぜそう感じたのかを述べることが原理的にはいつでも可能であるという事実は、感情が価値的な情報を得るプロセスではないと考える理由になるのではないか。[22]

だがこのことは、実のところ把握説に対する脅威にはならない。感情の理由がどのようなものでありうるのかを考えてみよう。犬を怖がっている子供が、「どうして犬が怖いの」と聞かれたときの可能な答え方はいくつかある。「危ないから」「大きいから」「かみつきそうだから」「前にかまれたことがあるから」などである（実際には「だって怖いんだもん」という答えが一番ありそうだが、これは理由を挙げていることにならないので除外する）。

まず、「危ないから」という答えは、対象の価値的性質について述べている。把握説によれば、感情は価値の把握であり、たとえば恐怖は恐ろしさないし危険という価値の把握である。この考えにしたがえば、「危ないから」という答えは、感情によって把握した価値をそのまま述べていることになる。つまりこの答えは、実質的には「怖いから」といっているのと大差ない。したがって、この答えが感情の理由を述べているように思えるのは見かけ上のことにすぎない。

次に、「前にかまれたことがあるから」という答えは、感情を抱いている主体の過去の体験を述べている。これは一種の因果的説明として理解できる。犬に対する恐怖が子供に生じた原因の一つは、彼女が以前犬にかまれたという出来事である。「前にかまれたことがあるから」という答えがこのような類の説明を意図しているとしたら、それは知覚に対しても可能なタイプの説明である。したがって、それは「感情には理由が問えるが、知覚には問えない」というときに問題になるような種類の理由ではないことになる。

最後に、「大きいから」「かみつきそうだから」という答えは、恐怖の対象がもつ非価値的性質について述べている。すでに述べたように、把握説は、感情を対象の非価値的性質に対する反応としても特徴づけることができる。この考えにしたがえば、「大きいから」「かみつきそうだから」という答えは、現在抱いている感情が何に対する反応であるのかを述べているということになる。これは真正な理由とみなしてよいだろう。

いま検討した感情の理由の候補のうち、真正な理由とみなしうるのは、対象の非価値的性質に言及するものだけである[23]。そして、この種の理由が感情の理由になることは、感情が対象の非価値的性質に対する反応であることによって説明できる。知覚に対してこのような理由が与えられないのは、知覚が対象の非価値的性質に対する反応ではないからである。それはむしろ、対象の非価値的性質の把握である。したがって、少なくとも感情が反応であるのと同じ意味においては、知覚は反応ではない。この点で、たしかに感情と知覚は異なる。だが、その違いは把握説に反対する論拠にはならない。

第二の相違に移ろう。感情は正ないし負の誘因価をもつが、知覚は誘因価をもたない。ここで誘因価と呼ぶのは、プラス／マイナスあるいはポジティヴ／ネガティヴという言葉で表されるような極性のことである。喜びや楽しみは正の誘因価を、恐怖や悲しみは負の誘因価をもつ。多くの感情が誘因価をもつことは、心理学者にも哲学者にも広く認められている[24]。知覚がそれ自体としては誘因価をもたないというのも、自然に受け入れられる考えだろう。この違いは、感情を情報獲得のプロセスとみなす見解に反対する根拠になるのではないか。というのも、正負の誘因価をもつという特徴は、認知的な心的体験にはふさわしくないように思われるからである。誘因価をもつ感情は、むしろ欲求のような努力的(conative)状態あるいは態度に近いものなのではないか。

この反論は、把握説にとって脅威でないどころか、反対の結果をもたらすように思われる。把握説によれば、感情は価値についての情報を与えるものである。ところで、価値は本質的に極性をもっている。ブレンターノやフッサールのように中立的な価値を認めたとしても、多くの価値が正ないし負のいずれかの符号をもつことは否定しようもない。この点は、価値的性質と非価値的性質のあいだの本質的な違いである。このことを考慮に入れるなら、感性的知覚のような非価値的性質を与える体験が誘因価をもたないのが自然であるのと同様に、価値的性質を与える体験が誘因価をもつのもまた自然であるように思える。むしろ、価値を与える体験が中立的でなければならないと考える方が不自然だろう。感情と知覚の類比に必要以上にこだわらないかぎり、正負の誘因価をもつ感情が価値的な情報を与えるという考えは、少しも奇妙なものではない。

感情と知覚のあいだにある第三の相違は、感情が強度の差異をもつのに対して、知覚はもたないという点である。恐怖、怒り、喜び、悲しみ、嫉妬など、私たちが日常的に抱く感情はどれも、激しく湧き上がるときもあれば、ほとんど気づかないほど静かに生じるときもある。強度をもつことは、少なくとも多くの感情にとって本質的であるように思われる。これに対して、知覚は強度をもたないと考えるのが普通である。カラスが飛び立つのを見るという体験が、激しく生じたり静かに生じたりするということが考えられるだろうか。知覚にともなって生じる感情、たとえば驚きには、強度の違いがあるかもしれないが、それは知覚自体が強度をもつことを意味しない。このことは、知覚だけではなく、対象に性質を帰属させる体験全般についていえるように思われる。目の前にない対象について、それがしかじかの性質をもつと判断したり、想像したり、想起したりするときにも、性質帰属そのものは強度をもたないというべきだろう。

実のところ、この違いはフッサール自身も認めている（XXVIII, 156）。対象の性質を把握する体験は、一般に強度をもたないように思われる。価値性質の場合も同様である。ある出来事を喜ばしいとみなす体験自体は、強度をもたないように思われる。問題の出来事に帰属させられる喜ばしさには、高低の違いがあるだろうが、これと体験の強度は区別しなければならない。フッサールはこのように述べる。こうした見解は、フッサールが把握説を拒否して反応説にコミットしていることを示すように思われるかもしれない。感情が強度をもつのに対して、価値性質の帰属は強度をもたないとするなら、感情が同時に価値性質の帰属でもあると考えることはできない、と。

しかし、そのように考える必要はない。すでに論じたように、私たちは感情が価値性質の帰属であると同時に、非価値的性質に対する反応でもあるという二つの側面をもつと考えることができる。こうした考えのもとでは、感情が強度をもつことと、性質の帰属がそれ自体としては強度をもたないということを問題なく両立させられる。すなわち、感情は強度をもつが、このことは感情が価値性質の帰属であることに由来するのではなく、非価値的性質に対する反応であることに由来する、と主張することができるのである。たとえば、大きな犬がこちらに向かって走ってきたときに感じる恐怖の強さは、犬の大きさ、表情、走ってくる速度などの非価値的性質に対する反応の強さであって、その犬に「怖い」「危ない」といった価値性質を帰属させること、あるいはそれらの価値性質を把握すること自体は、強度をもたないと主張することができ、そう主張することはなんら不都合を生まないように思われる。

把握説が反応説よりももっともらしいことを示す議論は、ひとまずここまでで十分だろう。フッサールの価値覚にかんする論述には、把握説を支持しているように見える箇所と、反応説を支持しているように見える箇所の両方が見られた。いずれも草稿での記述であり、どちらをフッサールの「公式見解」とすべきかは難しい[25]。だが、本節の議論を踏まえるなら、少なくともいえるのは、フッサールの価値覚の理論は、把握説を組み込んだ方がより妥当で説明力のあるものになるということである。その場合、「価値覚は感情にほかならない」という主張を彼に帰属させることになる。

次節では、これをフッサールのとるべき立場とみなしたうえで、価値の構成分析がどのようなものでありうるのか、またあるべきなのかを見ていくことにしたい。

5　価値はいかにして構成されるのか

5-1　価値の構成分析とはどのような取り組みなのか

私たちの解釈によれば、価値を本来的に与える作用は感情である。このことは次の帰結をもつ。すなわち、価値の構成分析とは、感情の正当性条件を解明することにほかならない。

ただし、感情の正当性について語るときには、感情が基づけられた作用であることを考慮に入れる必要がある。価値を把握する作用としての感情が正当であるためには、それを基づける非評価的な作用も正当でなければならない。評価に関連する対象の非評価的なあり方を正しく認識していない場合には、評価も誤ったものになるだろう。

そこで、テローニにしたがって、感情の内在的正当性と外在的正当性を区別することにしたい（Teroni 2007, 409）。感情の内在的正当性とは、対象への価値の帰属の正当性であり、外在的正当性とは、評価に関連する非価値的性質の帰属の正当性である。感情の外在的正当性は、それだけで見るなら、価値とは関係がない。したがって、価値の構成分析において直接に問題になるのは、感情の内在的正当性の条件である。

さて、前節の議論によれば、感情は対象への価値の帰属であると同時に、対象の非価値的性質に対する反応でもある。対象に価値を正しく帰属することは、対象の非価値的性質に適切に反応することでもある。だとすると、感情の内在的正当性の条件を明らかにすることは、対象の非価値的性質に対する感情的反応の適切性条件を明らかにすることでもある、ということになる。つまり、しかじかの非評価的性質が与えられたときに、どのような感情をもつべきかという規範的な関係が問題になるのである。

ここで次のような疑問が出てくるかもしれない。感情は個別的で不安定なものである。同じ対象を同じように認知していても、どのような感情を覚えるかは人によって異なるし、同じ人においても変化することがある。そのように個別的で不安定なものを説明項に用いることによって、本当に客観的な価値を説明することができるのだろうか、と。

ここで注意しておかなければならないのは、このような価値の構成分析が主題とするのは、あくまでも感情の正しさないし根拠づけ可能性であって、個々の主体や共同体がもつ感情や感情への傾向ではないということである。どのような評価が正しいのかということと、どのような評価傾向が一般に存在するかということが同一視できないというのは、本章第1節で述べたように、フッサールが一貫して強調する点である。いまや感情についても同じことがいえる。価値の構成分析は、人々がどのような感情を抱く傾向にあるのかについての経験的な探究ではなく、あくまで感情を正当性という観点から分析する規範的な探究である。したがって、人がどのような感情を抱くかが相対的で不安定だとしても、そのこと自体は、先ほど特徴づけた価値の構成分析の実行可能性を疑う理由にはならない。

さて、フッサール流の価値の構成分析が目指すのは、対象が現実にもつ価値の説明である。そして、本章第1節で述べたように、対象が価値をもつということを、フッサールは客観主義的にとらえている。すなわち、個々の主体や共同体がもつ評価や評価傾向から独立して、対象は価値をもつ。ここで私たちは、第1節で触れた一つの問いに立ち戻らなければならない。それは、価値の客観性と、価値が文化によって異なり歴史的に変化することはどのように両立するのか、という問いである[26]。

同じ対象にどのような価値を帰属させるかは、多くの場合、人によって異なる。事物知覚であれば、同じ場所から同じものを見れば、誰にでもだいたい同じように見える。しかし、対象の価値を把握する仕方は、感情を抱く主体のあり方に大きく左右される。同じものや出来事が、ある人にとっては好ましいものとして現れ、別の人にとっては気持ち悪いものとして現れることがある。たんに人々がそれぞれ異なる感情を抱くというだけでなく、どのような感情を抱くのが正しいのかも、対象と主体が置かれている文化的・歴史的文脈によって変わりうるように思われる。豚肉を食べることはある文脈では特に嫌悪すべきことではなく、好ましいことですらあるが、別の文脈では嫌悪し忌避すべきことである。

この事実は、価値についての客観主義にとって脅威になるだろうか。次のように考えることはできないだろうか。同じものについて、ある人が「白い」といい、別の人は「黒い」といっているとする。このとき、二人とも真正な知覚をもっており、正常な知覚判断を下しているとは考えられない。どちらかが誤っている（あるいは嘘をついている）のである。これと同様に、同じ対象の価値について二人の人が正反対の感情を抱いている場合には、どちらかが誤っているのだ、と考えることはできないだろうか。たしかに、このようにいえるなら、依然として感情は客観的な価値の把握だと主張できる。また、対立する感情的反応のうち一方が正当で他方は正当でないといえるケースも実際にあるだろう。しかし、そうでないケースも存在する。豚肉食のケースはその一例である。豚肉を食べることを好む人と嫌悪する人は、どちらもその人が生きている文化において正当な感情をもっている。そして、一方の文化だけが正しいなどということはないはずだ。

価値が色のような知覚的性質にはない相対性をもっていることは否定できない。それは、主体の文化的なあり方によって一八〇度異なるものにさえなりうるという強い相対性である。あらためて問うなら、価値の客観主義は、そしてフッサール流の価値の構成分析は、この差異に対処できるのだろうか。

次のように考えることで対処が可能になると思われる。まず、対象がもつ価値は、観点に相対的な性質だと考えられる。たとえば、豚肉を食べるという行為のタイプを一つの対象として見るなら、それは〈観点Aにおける望ましさ〉、〈観点Bにおける汚らわしさ〉等々、観点相対的な多くの価値をもっている。ここでいう観点には、栄養学的観点、疫学的観点、道徳的観点、経済的観点、そして宗教的観点など、さまざまなものが含まれる。また、対象がどのような価値をもつのかは、その対象の内在的なあり方だけによって決まるのではなく、それが置かれている状況によっても変わる。豚肉食の（宗教的および道徳的観点における）価値は、イスラム教徒のあいだでなされるときと、仏教徒のあいだでなされるときとでは違ったものになる。

つまり、〈端的に望ましい〉とか〈端的に悪い〉といった価値は存在せず、価値はいつでも観点相対的で文脈依存的な性質だということになる。このように考えることは、恣意的ではなく、価値の本性にかなったことだといえよう。価値をもった対象とは、いわば見る角度と置かれる場所によって色を変えるプリズムのようなものである。この比喩が当を得たものであるとすれば、そのかぎりで、感情と知覚を類比的にとらえる価値覚の理論も依然として妥当である。どのような感情が正当であるかは、主体がどのような観点から対象をとらえるか、また対象がどのような状況に置かれているかによって変わる。物がどのように見えるのかも、見る角度と置かれている環境によって変わる。

たしかに、価値は知覚的性質よりも強い意味で相対的である。だが、この違いは、「観点」に何が含まれるかの違いによって説明できる。物の見え方を左右する「観点」は、ほぼ文字通りの観点、つまり視点のことであり、対象に対する距離や角度といったものにつきる。せいぜいそこに主体の身体状態や概念的分節化の能力が付け加わるにすぎない[27]。だが、対象の価値的なあり方を左右する「観点」には、先ほど挙げたようなさまざまな尺度が含まれる（それゆえ、評価の観点という代わりに、評価の尺度あるいはアスペクトといった方が適切かもしれない）。さらに、同じ対象を経済的観点と栄養学的観点と道徳的観点からとらえるといったように、同時に複数の尺度から見ることもできる。こうした事情ゆえに、感情の正当性は、知覚の真正性よりもずっとゆるやかな基準をもち、多様な実例を許容するのである。

本章の解釈によれば、価値の構成分析は、直接には感情の正当性条件を問題にするのだが、その際、感情の正当性条件は、問題となる対象がもつ非価値的性質だけでなく、対象の価値が問題になるときの尺度ないしアスペクトと、対象と主体が置かれている文脈をも変数にもつような、複雑なものとして考えなければならない。つまりそれは、「対象がしかじかの非価値的性質をもち、対象と主体がしかじかの文脈に置かれているならば、主体はその対象に対して、しかじかの尺度においては、しかじかの感情をもつべきである」といった形式をとることになる。

こうして、価値の構成分析は、個々の主体が置かれた文脈のもとで対象に価値を帰属し、またその価値帰属を正当化していくという実践に寄り添って、評価の規範を明らかにしていくというかたちをとることになるだろう。だが、注意しておくべきなのは、価値の構成分析が尺度と文脈を考慮したきめ細かいものになるとしても、価値にかんする客観主義を捨てる理由にはならないということである。価値は尺度相対的で文脈依存的な性質として、しかし客観的に、いわば世界のなかにある。尺度と文脈というパラメータを価値に本質的なものとみなしたからといって、価値を個別の主体や共同体が実際にもっている評価や評価傾向に依存したもの、あるいはその投影にすぎないものとみなす必要はないのである。

最後に述べた点は、いくら強調してもしすぎることはない。ある対象に対してどのような感情を抱くのが正当なのかは、どのような評価の尺度においてその対象が現れてくるのか、そして主体と対象がどのような文脈に置かれているのかによって変動する。だがこのことは、価値がたんに主観的な性質であることを意味しない。このことを、いままでとは別の角度から、つまりフッサール解釈を離れて、しかしフッサールの価値論と矛盾しないかたちで明らかにしておきたい(28)。

二つのことに注意を払う必要がある。第一に、人によっても場合によってもさまざまに異なる感情は、すべてが等しく対象の価値的なあり方に適合しているわけではない。第二に、対象の価値とは、唯一の確定した仕方で成立しているものではなく、さまざまなアスペクトと文脈が重なり合う複雑で流動的なものとして世界のうちにあるのだと考えなければならない。この二点を順番に見ていこう。

第一の点は、感情の正当性にかかわっている。友人から誕生日プレゼントをもらったら、多くの人は肯定的な仕方で心を動かされるだろう。怒りや悲しみのような否定的な感情を抱く人がいたとしたら、周囲の人は、何か特別な事情があるのだろうかといぶかる。たとえば、その人が金属アレルギーをもっていて、そのことを相手も知っていて当然であるにもかかわらず、金属製のネックレスを贈られたといった事情があれば、その人の否定的な感情は理解可能になる。そういった事情が何もないとしたら、その人の感情は正当なものではないといわざるをえない。

このことは、価値がたんに主観的なものではなく、客観的あるいは間主観的なあり方をしていることを示唆している。もし、ある対象について抱かれるさまざまな感情のすべてが、その対象の価値の把握と呼びうるのだとしたら、人が抱く感情が変われば対象がもつ価値も変わるということになる。しかし、実際には、私たちが抱く感情のうちのあるものは、正当でない感情として、価値を把握する経験の候補から除外される。そして、感情が正当か否かを判定する権限は、当の感情をまさに抱いている当事者だけにあるのではない。ある態度や行動が正当かどうかは、当人がそれを正当だと思っているかどうかと同じことではない。感情の正当性が問題になるときにも、個人の見解を超えた、間主観的な妥当性が問題になっている。それゆえ、対象がどのような価値をもつのかも間主観的なことがらだと考えなければならない。とはいえもちろん、感情の正当性や対象の価値が個別のケースにおいて実際に一義的に決定できるかどうかは、また別の問題である。

第二の点は、一見したところ、第一の点とは反対の考えを示唆しているように思える。それによれば、価値についての唯一の確定した真理と呼べるものはない。もし価値が間主観的なものだとすれば、価値についてのさまざまな見方を比較し、正当なものを選び出すことで、唯一の真理が得られるのではないかと考えたくなる。だが、実際にはそのようなことはない。あるいは少なくとも稀である。豚肉を食べることに対して、世界中の人々が同じ感情を正当とみなすようになることはおそらくないだろうし、肯定的な感情を抱く人々と否定的な感情を抱く人々のいずれかが間違っていると判明することもありそうにない。

私たちが生きている生と世界の複雑さに対応して、価値もまた複雑なあり方をしている。単一の閉じた社会のなかで、自分とよく似た人々に囲まれて生きているぶんには、価値の単純性を信じることができるかもしれないが、私たちが置かれている現実はそれを許さない。ここで私たちは、「価値判断の正しさについては一切語りえない」とか、「価値は対象がもったりもたなかったりするものではない」といった極端な考えをとらなければならないのだろうか。

そのように考えるのは早計だろう。価値の領域においては、たしかに複数の互いに対立する判断が同時に主張可能である。しかし、だからといって、対象が現実にもつ価値というものを想定したり探究したりすることが無意味だということにはならない。私たちが対象のもつ「現実の価値」と呼ぶものは、正当な感情の相関者であり、前者を特定するためには後者を参照する必要がある。また、正当な感情の方も、それが何に対する感情なのか、それによって対象にどのような性質が帰属されるのかを特定することなしには、どのような作用なのかを特定できない。要するに、価値と正当な感情は相互に依存し合っているのである。(29)

こうした価値と感情のカップリングは、決して固定したものではないし、一元的なものでもない。それは私たちの生活が歴史的に変化していくなかで生成し変化してきたものであり、異なる歴史をもった共同体は、異なる価値と感情のペアを有している。このことは、平安時代の人々が「をかし」という言葉を使う場面と現代の日本人が「面白い」という言葉を使う場面を比べてみたり、後者を現代のアメリカ人が「funny」という言葉を使う場面と比べてみたりすると、理解しやすいだろう。

私たちが手にしている感情と価値のシステムは、生活形式の自覚的な変革や無自覚的な変化によって、徐々に変わっていく。しかし、それをまるごと捨てたり、他のものと取り替えたりすることはできない。自前の感情と価値のシステムの内部でしか、私たちは価値について語ることはできないのだから、正当な感情の相関者は、たんなる見かけ上の価値ではなく、主観的な態度の投影と呼ぶべきものでもなく、現実の価値そのものなのである。こうした主張がフッサールの価値論と矛盾しないどころか、その中心的な考え方を述べなおしたものであることは、あらためていうまでもないだろう。

5-2 ブレンターノ価値論に対するフッサール価値論の利点

以上で、フッサール流の価値の構成分析がどのようなものでありうるのか、またどのようなものでなければならないのかが明らかになった。最後に、それがブレンターノ流の価値論に対してどのような利点をもつのかを述べておきたい。

ブレンターノは情動の正しさを、作用が単独でもつ明証性という分析不可能な性格によって特徴づけていた。前章で述べたように、このことが、ブレンターノの価値論を困難に陥らせる原因となっている。これに対してフッサールは、価値を感情の正当性によって分析するという点ではブレンターノと方向性を同じくしているが、彼とは違って、感情の正しさを（あらゆる作用についてそうであるように）可能な根拠づけ連関によって分析する。現実の作用ではなく可能な作用一般をあつかう点と、作用のモナディックな性質ではなく作用同士の関係性に訴える点で、両者のアプローチは異なるものである。

この違いのおかげで、フッサールはブレンターノが陥った困難を回避することができる。まず、マカリスターが指摘した認識論的ギャップの問題に目を向けてみよう（第三章第4節参照）。ある情動が明証的であることは、その情動が正しいことを含意しない。しかし、ブレンターノは明証性以外に情動の正しさの基準をもたない。これは、情動の正しさによって価値を分析するという彼の戦略にとって致命的な難点である。この難点は、ブレンターノが明証的情動に、「それが正しいということがそれをもつ主体に直接的に知られるような情動」という認識的な特徴づけを与えたことに起因する。

これに対して、フッサールによる価値の構成分析の枠組みでは、理性的に根拠づけられた感情がなおも正しくないという可能性は原理的に排除されている。このことは、第二章で論じた超越論的観念論から帰結する。フッサールを超越論的観念論に導いた理論的決定は、作用の根拠づけ可能性という文脈の外部で、対象の存在について語ることを無意味とみなすというものだった。彼にとって、ある対象が存在するということは、それに対応する作用が可能な根拠づけ連関のうちにあるということにほかならない。したがって、ある作用が純粋意識のうちで十分に根拠づけられていながら、なおも正しくないということはありえない。このことは、感情を含むあらゆるタイプの作用についていえる。それゆえ、フッサールはブレンターノが陥った認識論的ギャップの問題を免れている。

次に、不当な理由の問題についてはどうだろうか。第三章第5節で論じたように、価値を感情の正しさによって分析しようとする理論は、真正な理由をそうでない理由から区別するという課題に直面する。ブレンターノにインスパイアされたダニエルソンとオルソンは、態度の保持理由と内容理由を区別することによって、この課題に対処しようとする。しかし、感情の内容理由、つまりある感情が正しいことの理由を分析する際には、私たちがそうした理由についてどのようにして知るのかを説明しなければならないが、ここでブレンターノに手がかりを求めても無駄である。なぜなら、ブレンターノの立場では明証性に訴えるしかないが、それでは認識論的ギャップの問題を免れえないからである。ある情動が明証的であることは、それが正しいことを保証しない。

では、フッサールの立場からは、不当な理由の問題に対してどのような対処が可能だろうか。フッサールの枠組みでも、感情の保持理由と内容理由の区別は意味をもつ。人がある対象に対してしかじかの感情を抱くべきだといえるのは、その感情が正しい場合だけではない。他の考慮によって、ある感情をもつように動機づけられることもあるだろう。さて、ある感情の内容理由は、その原理的な根拠づけ可能性によって与えられる。では私たちはそうした根拠づけ可能性についてどのようにして知るのだろうか。本章のこれまでの議論によれば、感情が理性的に根拠づけられていることは、それが私たちの評価実践に内在するきめ細かい規範に適っていることにほかならない。私たち自身の感情について語るとき、それが正しいか正しくないかを、私たちはたいていの場合、暗黙的には知っている。私たちが知らないのは、それが厳密にはどのような正当性条件によって正しかったりそうでなかったりするのか、ということである。そうした条件を明らかにするのが価値の構成分析の課題である。

ここでも重要な違いは、ブレンターノが感情のモナディックな明証性に訴えざるをえないのに対して、フッサールは作用間の複雑な根拠づけ連関に訴えるという点である。ブレンターノが明証性に訴えて説明する感情の正しさについての知識を、私たちはフッサール流の構成分析の枠組みをとった場合でも説明できる。しかも、ブレンターノの場合と違って、私たちは、そのような知識についての説明と、感情の正しさそのものの説明を別個に用意することができる。この点によって、フッサール流の価値の構成分析は、不当な理由の問題によりよく対処できると考えられる。

まとめと展望

本章では、評価作用の志向性についてフッサールが展開した新たな分析と、それによって可能になる価値の構成分析の内実を明らかにしてきた。私たちの解釈によれば、価値を構成する作用は感情にほかならないというのが、フッサールに帰属すべき立場である。この解釈にのっとって私たちが再構成したフッサールによる価値の構成分析は、感情の本性および感情と価値の関係についての重要な洞察を含む。感情の正当性条件を明らかにするという課題に取り組むことのなかったブレンターノに比べて、フッサールは前に進んでいるといえる。

ところで、私たちが最後に論じた価値の客観性と相対性のあいだの関係を、フッサールは一九二〇年代以降の倫理学的考察においてふたたび集中的に論じることになる。そこでは、私たちが何を愛するのかにかんする個別性と偶然性が、客観的な価値にもとづく倫理学に対する障害として浮かび上がる。これについては第六章で詳しく論じる。

しかしその前に、フッサールの倫理学の基本的な枠組みがどのようなものなのかを明らかにする必要があるだろう。本章までの議論は価値一般にかかわることがらをあつかってきたが、倫理学とは本来、「何をなすべきか」「いかに生きるべきか」といった問いにかかわるものである。そうした道徳的当為について、フッサールがどのように考えているのかを明らかにすることが次章の課題となる。

第二部 フッサールの道徳哲学

第五章　道徳的判断と絶対的当為

第一部の考察によって、評価的態度と価値のあいだの関係についてのフッサールの基本的な考えが明らかになった。彼によれば、評価は基づけられた作用だが、固有の正当性条件をもっており、それを分析することによって、対象が現実にしかじかの価値をもっているということの意味が明らかになる。そうした正当化条件の解明を、フッサールは価値の構成分析と呼ぶ。前章では、彼のテキストが示唆するかぎりでの価値の構成分析の内実を明らかにした。

ところで、当然ながら、倫理学は評価的態度と価値一般についての理論につきるものではない。「よく生きること」についての哲学的理論を倫理学と呼ぶとすれば、私たちはこれまでのところ倫理学に足を踏み入れてさえいなかった。本章でようやく私たちは、道徳的判断の問題に取り組むことによって、倫理学の門をくぐることになる。

以下ではまず、道徳の問題にかんするフッサールのテキストを解釈する前に、道徳的判断というものがどのような特徴をもつのか、また道徳的判断の理論が何を説明しなければならないのかについて、一般的な予備考察をおこなう（第1節）。次に、フッサールのゲッティンゲン時代の倫理学から、道徳的判断と道徳的当為についての理論を取り出す。そこでの彼の立場は基本的には、道徳的判断を一種の価値判断とみなし、道徳的当為を最高善と同一視するというものである（第2節）。しかし、この立場では、なぜ価値についての合理的な熟慮にもとづいて行為することが、そしてそのように行為することだけが道徳的に善いのかが、十分に説明できない。この点についての満足のいく説明は、『改造』論文を中心とする一九二〇年代前半のテキストのうちに求められる（第3節）。

1　道徳的判断についての予備考察

1-1　規範性と実践性

道徳的判断とはそもそも何だろうか。最も広い意味では、「xはよい」という形式の判断一般が道徳的判断と呼ばれる。だが、「このボールペンはよい」とか「このワインはよい」といった判断は、道徳的判断とはみなさないのが普通である。ここではフッサールにしたがって、次のように考えたい。道徳的判断は、倫理的な問いに対する答えになりうるような判断であり、倫理的な問いとは、「何をすべきか」についての問いである。[1] したがって、ここで問題にする道徳的判断とは、行為者がすべきことについての判断であって、典型的には「私は……すべきである」、「……すべきでない」、「……してもよい」

といった形式をとる。

何をすべきかについての判断としての道徳的判断は、どのような特徴をもつのだろうか。「べき」という言葉の意味から明らかなように、それは行為にとっての規範を表現している。ある行為をすべきだと思っていて、それをすることを妨げる特別な事情がないなら、それをするのが合理的であり、しないのは不合理である。たとえば、「大地震のような災害が起こったときには、被災地に義援金を送るべきだ」と常日頃からいっている人が、大地震が起こったのに義援金を送らなかったとしたら、どのような説明が可能だろうか。彼自身が被災者である場合や、たまたま生活に困っていて金銭的な余裕がない場合には、彼には義援金を送らないだけの理由がある。あるいは、彼は心変わりして、過去にもっていた「義援金を送るべきだ」という道徳的判断をもはやもっていないのかもしれない。さらには、「義援金を送るべきだ」という彼の日頃の発言は、本心からのものではなかったのかもしれない。これらのいずれも事実でない場合には、彼は特別な事情なしに自らの道徳的判断と一致した行為をしなかったことになる。このことは、彼を不合理だと非難するのに十分な材料になるだろう。道徳的判断の行為に対する規範性は、行為者が自らの誠実な道徳的判断に反する行為をした場合には、その行為者は不合理だとみなされるという事実に存する。

また、道徳的判断は行為の動機と密接な関係にあると考えられる。道徳的判断は行為の説明に役立つ。たとえば、ある人の「義援金を送るべきだ」という判断が「義援金を送らなくてもよい」に変化したという事実は、現在彼が義援金を送っていないことを説明してくれる。また、以前は肉を食べていた女性がいまは一切食べなくなったという変化に対する一つの可能な説明は、彼女の「肉を食べてもよい」という道徳的判断が「肉を食べるべきではない」という道徳的判断に変化したからだ、というものである。道徳的判断が変化すれば、行為の動機もそれに応じて変化する。あるいは少なくとも、変化すると期待してよい。道徳的判断と動機のあいだのこうした結びつきは、道徳的判断の実践性と呼ばれる（M. Smith 1994, 7)。これを次のように表すことができるだろう。誠実な道徳的判断は、それをもっている当の行為者に、それに応じた動機を与える。

1-2 客観性

道徳的判断のこれらの特徴、つまり規範性と実践性は、多くの価値判断には見られないものである。「このボールペンはよい」という有用性についての判断や、「この花は美しい」という美的判断は、道徳的判断がそうであるのと同じ意味では、規範的でも実践的でもない。しかし、だからといって道徳的判断と価値判断をまったく別のものとみなす必要はないかもしれない。ある行為をすべきだとみなしているときには、それについて肯定的な価値判断を下してもいるだろうし、なすべきでないとみなしている行為には、否定的な価値を帰属してもいるだろう。だとすれば、道徳的判断は価値判断の一種とみなせるのではないか。

この問いに答えるために、「私は……すべきだが、……することには価値がない」という連言的判断について考えてみよう。結論からいうと、前半の連言肢がもし道徳的判断を表しているのだとしたら、この連言全体は矛盾していると考えなければならない。これが矛盾しないのは、前半が「一応の義務」についての判断を表している場合である。たとえば、次のような場面を考えてみよう。私は友人から処方箋を渡され、ある薬を買ってくるように頼まれた。私はそれが何の薬なのかを知らず、買ってくることを約束した。しかし、そのあとで私は、友人がその薬を自殺に使うつもりだと気づいた。このとき、約束通りに薬を友人に渡すことは、それが約束を守ることであるかぎりで、一応の義務(他の考慮によって打ち負かされうる義務)である。だが、この一応の義務についての判断は、道徳的判断ではありえない。なぜなら、それは行為に対する規範性をもたないからである。当該のケースで、「私は友人に薬を渡すべきだ」という一応の義務についての判断に反して、私が友人に薬を渡さなかったとしても、そのことで不合理だと非難されることはないだろう。

私が下している道徳的判断が、「私は友人に薬を渡すべきではない」というものだとしよう。このとき、私が「私は友人に薬を渡すべきだが、友人に薬を渡すことには価値がない」といい、その前半によって一応の義務についての判断を表現しているなら、私のこの発言全体は矛盾していない。だが、もし前半が道徳的判断を表現しているなら、私は矛盾したことをいっている。

「*P*すべきである」という道徳的判断は、「*P*することには価値がない」という価値判断と矛盾する。このように考えるなら、道徳的判断はそれ自体として価値判断であるか、あるいはそれに応じた価値判断を必然的にともなうと考えるべきだろう。

さて、フッサールは価値判断が客観性をもつと考え、それと現実の価値との関係を評価作用の構成分析によって説明するという戦略をとっていた（第四章）。これと同じ戦略が道徳的判断にも適用できるだろうか。価値判断は、対象がどのような価値をもつのかについての判断である。フッサールの方針にしたがえば、対象が現実にしかじかの価値をもつのは、対象にその価値を帰属させる評価作用が、ある可能な根拠づけ連関のなかにあるとき、かつそのときにかぎられる。これに対して道徳的判断は、主体がどのような行為をすべきかについてのものである。「なすべきである」という性格は、対象が（意識から独立にという意味ではないにせよ）客観的にもつ性格とみなすことができるだろうか。

道徳的判断が客観的だといわれるときには、多くの場合、それが一般にどんな行為者にも当てはまる、つまり普遍妥当性をもつということが意味されている。ある状況のもとである行為をなすべきだと判断することは、自分だけがそれをなすべきだということを意味しない。そうした判断は、他の人も同じ状況のもとでは同じ行為をすべきだということを意味していると解釈される。

普遍妥当性をあらゆる道徳的判断に認めるなら、対象の客観的な性質にかかわるという意味での客観性を認めることもできるように思われる。道徳的判断は、判断主体の置かれている状況のもとでのある行為について、それをなすべきだということを述べるような判断である。しかし、対象となる行為は当の主体だけのものではなく、同じ状況のもとでは誰もがなすことのできる行為である。このことは、道徳的判断の対象が行為トークンではなく行為タイプだということを意味している（ある人がもっているのとちょうど同じ能力を誰もがもっているわけではないという意味では、その人のなすべき行為タイプは誰にとっても可能なものではない。しかし、主体がもっている能力も、ここでいう「状況」のうちに含めて考えることができる。そうすると、「同じ状況のもとでは誰もが同じ行為をなすことができる」といういい方はトリビアルに真になる。いうまでもなく、ここでは状況もタイプとして考えている）。

このように考えるなら、道徳的判断とは、「ある状況タイプにおけるしかじかの行為タイプ」という対象に、「なすべきである」という性質を帰属させるような判断とみなすことができる。「なすべきである」という性質が何なのかはもちろん説明を要するが、それはあらゆる価値性質についていえることである。

まとめると、道徳的判断は二つの意味で客観的である。まず、道徳的判断は、それが正しいときには、あらゆる可能な行為者についてあてはまる判断でなければならない。また、道徳的判断は状況づけられた行為タイプの客観的な性質についての判断である。

これらの意味で道徳的判断が客観的であるということは、当然ながら、それが正しかったり間違っていたりするということを含意している。ある状況のもとでどのような行為をすべきなのかという問いは客観的な問いであって、その正しい答えは行為者の主観的なあり方（信念や欲求や行為傾向など）に依存しない。個々の行為者が異なる道徳的判断をもつ場合には、どの判断が正しいのかを議論によって明らかにすることが、少なくとも理想的には可能である。

とはいえ、こうした客観性を認めることは、「道徳的判断は判断主体から独立した事実によって真になったり偽になったりする」という道徳的実在論の主張まで含意するわけではない。フッサールはあらゆる判断を客観的なものとみなすが、意識からまったく独立した事実というものは認めない。それが超越論的観念論の基本的な考えだった。いまや彼は、道徳的判断にかんしても同じ立場をとることが少なくとも可能である。実際にどのような立場をとっているのかは次節以降で見ることにしたい。

1-3 行為の道徳性に対する説明役割

道徳的判断の客観性と実践性を合わせて考えると、道徳的判断の正しさは、それによって動機づけられる行為の道徳的な善さに対して、重要な説明上の役割をもつように思われる。

道徳的判断の実践性は、道徳的判断が判断主体のおこなった行為の説明に役立つということを意味している。「いま私が置かれている状況のもとでは、私は被災地に義援金を送るべきだ」というあなたの道徳的判断が正しいと仮定しよう。このとき、義援金を送るというタイプの行為は、実際にすべきだという性格をもっている。したがって、実際にあなたが義援金を送るなら、あなたはすべきことをしたことになる。すべきことをするのは、道徳的に善い行為である。

もっとも、ここでカントの有名な区別を無視するわけにはいかない。それは、たんに義務にかなう行為と、義務からの行為のあいだの区別である（Kant 1911, 397）。すべきことをすることは、義務にかなっているという意味で正しい。しかし、それをすべきだと意識せずに、たとえば当人の利害関心や、もって生まれた性格のゆえに、たまたますべきことをしたにすぎない場合が考えられる。そうした行為は道徳的行為とは呼べない。道徳的な行為は、「すべきだからした」行為、つまり義務が動機になっているような行為でなければならない。行為の道徳的な善さは、正しい道徳的判断によって動機づけられていることを必要とするのである。

もちろんこのことは、道徳的判断の他の特徴と同様に、さらなる説明を必要とする。なぜ正しい道徳的判断によって動機づけられた行為が、そしてそのような行為だけが道徳的に善いのかという問いは、道徳的判断の理論が最終的に答えを出すべき問いであり、倫理学の中心的な問いの一つですらある。このことはフッサールの倫理学にもあてはまる。

以上の予備考察を踏まえて次節からは、フッサールのテキストから道徳的判断にかんする理論を取り出すことを試みたい。まずはゲッティンゲン時代の倫理学に目を向けてみよう。

2　絶対的当為と最高善——形式的実践論

フッサールにとって、価値判断は、対象を価値があるとみなす意識である評価作用の表現である。同様に考えるなら、道徳的判断は、ある行為を（ある状況のもとで）なすべきとみなす作用の表現だということになる。では、道徳的判断によって表現される作用は、どのような種類の作用なのだろうか。

一九一四年の倫理学講義での彼によれば、それは意志作用だということになる。「意志はなんらかの『かくあるべし（So soll es sein）』の意識である」（XXVIII, 64）。しかし、道徳的判断はたんなる意志の表現だという考えは、一般的にいって受け入れがたい。ある行為を意志することは、それをなすべきだとみなすことなしに可能である。また、あることをなすべきだとみなしているからといって、それを意志してもいるとはかぎらない。意志という概念に何か特別な、普通よりも強い限定を加えないかぎり、当為の意識と意志は同一視できないはずである。

他方で、意志は行為に対して規範的な拘束力をもつというのも確かである。意志は何をするかについての決断として特徴づけられる。ある人が何かをしようと決断したあとでそれをしなかったら、彼は「なぜやらないのか」と責められても仕方ない。このような拘束力は、欲求や願望にはないものである。このような意味では、ある人が意志している行為は、その人がなすべき行為だということができるかもしれない。いいかえれば、意志はある行為へのコミットメントであり、その行為をすることを自らに義務づけるような意識である。[2] こうした意志の特徴を、フッサールは願望から区別しつつ、次のようにいい表している。「意志の定立は実現の定立である。だが、ここで実現という語が意味するのは、たんに現実になるということではなく、現実にするということである」(XXVIII, 107. 強調、八重樫)。

とはいえ、依然として、道徳的判断を意志の表現とみなすことはできない。意志が先に述べたような拘束力をもつとしても、それは行為者がたまたまあることを意志しているという事実から生じる拘束力にすぎない。道徳的判断は普遍妥当性の要求のもとにあるが、意志はそうではない。ある状況のもとで私が何かを意志したからといって、この意志は別様でもありえたのであって、同じ状況のもとでは誰もが私と同じように意志しなければならないなどということはない。したがって、フッサールが意志を当為の意識として特徴づけるときに問題になっている当為は、道徳的判断の内容をなす当為とは別の種類のものだと考えるべきである。

道徳的判断がかかわる種類の当為を、フッサールは「絶対的当為」と呼んでいる（XXVIII, 140, 152）。それは、「私は何をすべきか」という道徳的な問いの答えになるような当為である。この場合の絶対的というのは、行為者相対的でないということ、つまり普遍妥当性を要求するということを意味する。そしてこの絶対的当為をフッサールは、そのつどの可能な行為のなかで最も善い行為と同一視している。このことは、当為が善という一種の価値に還元されるということを意味し、また同時に、道徳的判断によって表現される当為についての意識が、一種の評価作用にほかならないということを意味するように思われる。この点を詳しく見てみよう。

第三章第1節で触れたように、ゲッティンゲン時代のフッサールは、ブレンターノの影響のもとで、形式的倫理学の体系化を試みていた。形式的倫理学は、価値一般をあつかう形式的価値論と、当為をあつかう形式的実践論からなる。後者は前者を前提とする高次の理論であるとされる。形式的価値論は、価値判断および価値にかんする推論がしたがうべき法則の体系である。これに対して形式的実践論は、当為についての判断および推論がしたがうべき法則の体系である。ここで重要なのは、形式的実践論の方である。形式的実践論の目標は、絶対的当為の形式的条件を示すことであり、フッサールはそのような条件を示すことに成功したと考えていた。では、その条件とはどのようなものであり、どのようにして導出されているのだろうか。

絶対的当為とは「何をすべきか」という問いの答えになるものだが、それを決めることは、可能な行為のなかから一つのものを適切に選びとることとして考えられる。通常、私たちがある状況のもとでおこないうる行為は複数あり、そうした可能な行為を意識しているときには、私たちは必ずそれらになんらかの価値を（明示的せよ非明示的にせよ）帰属させている。その際に帰属させられる価値は、肯定的だったり否定的だったり中立的だったりする。[3]そうした複数の可能な行為のなかである特定の行為をなすべきだとみなすことは、その行為を他のどの選択肢よりも価値があるとみなすことを含む。つまり、道徳的判断はある行為を選択肢のなかから選ぶこと、いいかえればある行為を他の行為に対して価値的に優位に置くことという側面をもっている（XXVIII, 136）。

正しい選択にかんする形式的法則として、フッサールはいくつかのものを挙げている。まず、可能な行為AとBがあり、そのいずれもが肯定的な価値をもっており、しかもAがBよりも高い価値をもつとき、Aを捨ててBを選ぶのは誤った選択である。肯定的な価値をもつ行為に向かう意志はそれ自体としては正しいが、他により高い価値をもった選択肢が与えられているときには、その意志は正しさを完全に失う（XXVIII, 131）。選択肢の数を二つからn個に一般化するなら、あらゆる可能な行為のうちで最も高い価値をもつものだけが選ぶに値するのであって、それ以外のものを選ぶのはすべて誤った選択である（ただし、このことが成り立つのは、選択肢のうちで二つ以上のものを同時に実行できない場合にかぎられる）。

すべての選択肢が同じだけの価値をもっている場合には、どれを選んでも選択の正しさに変わりはない。どれを選ぶことも等しく正しい（XXVIII, 134）。ただし、選択肢のいずれもが否定的な価値をもつ場合には、どれを選んでも誤った選択をしたことになる。否定的な価値をもった行為に向かう意志はそれ自体として誤っているからである。こうした場合には、何も選ばないのが唯一の正しい選択である。

また、中立的な価値をもった行為に向かう意志は、それ自体としては正しくもないし誤ってもいない。中立的な価値を選ぶことが正しいのは、他の選択肢がすべて否定的な価値ないし中立的な価値をもつ場合にかぎられる。複数の中立的な価値のあいだで選択する場合には、当然ながら、どれを選んでも正しさに変わりはない。

以上のことをまとめると、選択が正しいのは、一つ以上の肯定的ないし中立的な価値をもつ選択肢が与えられており、そのうちで最も高い価値をもつものを選ぶとき、かつそのときにかぎられる。この法則を、フッサールは「吸収則（Absorbtionsgesetz）」と呼び、次のように定式化している。「あらゆる選択において、より善いものは善いものを吸収し、最善のものは他の、それ自体としては実践的に善いとみなされるべきすべてのものを吸収する」（XXVIII, 136）。

この吸収則は、絶対的当為の形式的条件として十分だろうか。そうではないとフッサールはいう。「この吸収は絶対的当為を生み出すものではなく、一般的にいって、相対的当為しか生み出さない。より適切にいうなら、端的な当為ではなく、留保つきの当為しか生み出さない」（XXVIII, 136）。なぜなら、具体的な行為の場面で私たちが実際に考慮できる選択肢は、すべての可能な行為を汲みつくすものではありえないからである。このことは一方では、どのような行為が可能であり、またそれらがどのような価値をもつのかについて私たちが手にする認識がつねに限定されていることに由来し、また他方では、私たちが置かれる状況の変化に応じて、可能な行為の範囲とそれがもつ価値も変化するということに由来する。

しかし、こうした人間的行為者の認識能力の限界と状況拘束性を認めたとしても、絶対的当為について正しく判断することが一般に不可能だということにはならない。ある行為者がある状況で何をなすべきかを一義的に決定することが、その行為者当人には難しいとしても、客観的に見れば、その行為者がおこないうる行為の範囲は決まっており、個々の選択肢がどのような価値をもつのかも決まっている。「真理がそうであるように、善や優先性も、あらゆる偶然的な相対性を排除する。〔……〕真理というものがアプリオリな法則にもとづく客観的真理であるように、美や善や優先性や実践的当為性も、アプリオリな法則にもとづいてあらかじめ指定されている」(XXVIII, 137)。ここでも、第四章で確認したフッサールの客観主義が強く働いている。正しさというものはつねに客観的であり、主体の態度や傾向性によって変わるものではない。このことは価値や当為の領分にかんしてもいえる。

絶対的当為が客観性をもつということを説明する際に、フッサールは、ヒュームとアダム・スミスに由来する「中立的観察者(unbeteiligter Zuschauer; impartial spectator)」という概念を導入する。[4] 中立的観察者は行為の正しさの理想的な判定者であり、個々の行為者を特徴づける有限性と状況拘束性から自由である。彼はある状況のもとでどのような行為が可能であり、それらの可能な行為がそれぞれどのような価値をもつのかを完全に正しく把握している。したがって彼は、その状況において行為者が何をすべきなのか、どのような意志が正しいのかを一義的に判定できる。

もちろん、この中立的観察者はフィクションであり、具体的な行為者がそのような観察者になることは不可能である。しかし、行為者が何をすべきなのかを問うとき、つまり正しさという観点から自らの行為について熟慮するとき、彼は「中立的観察者の役割に自らを置き入れる」（XXVIII, 138）のだとフッサールはいう。どういうことだろうか。

フッサール自身がここで言及しているわけではないが、中立的観察者の視点が何を意味するのかは、私たちが自分の過去の行為について後悔するときのことを考えることで、より明らかになるように思われる。[5]「あのときはああするしかなかった。けれどもそれは間違っていた」と私たちがいうときには、過去の自分が何をすべきだったのかについて客観的に判断しているといえる。このように自分の行為について客観的に判断する視点に、私たちは行為に先立って仮想的に立つこともできるのではないだろうか。「これをやったとして、自分は後悔しないだろうか」と自問するとき、私たちはそのようなことをしているように思われる。

もちろん、このときの判断の客観性は状況に拘束されたものでしかない。あらゆるバイアスを免れた中立性は、人間には到達不可能な理想でしかない。しかし、「仮に自分が中立的観察者だったら、すなわちいま置かれている状況のもとで何が可能であり、それらの可能な行為がどのような価値をもつのかを知ることができるとしたら、何を選択するだろうか」と問うことは意味をなすように思われる。何をなすべきかを問うことは、まさにこのような問いを自らに向かって問うことにほかならない。中立的観察者の概念を用いた絶対的当為についての説明は、このように解釈することができる。[6]

このように、行為者がある状況のもとでなすべき行為は、客観的には、つまり中立的観察者の視点においては、一義的に決まると想定されている。ただしこのことは、可能な行為の範囲――これをフッサールは「実践的領野（praktische Sphäre）」と呼ぶ――が画定されていることを必要とする。つまり、実践的領野の変化（特に拡張）を考慮に入れないかぎりでのみ、何がなすべき行為なのかは定まる。

以上を踏まえて、客観的に正しい意志の条件を定式化するなら、こうなる。行為者が正しく意志するのは、選択の時点で可能なあらゆる行為のうち、最も価値のある行為を意志するとき、かつそのときにかぎられる。

フッサールはこれと同じことを、命令法で表現している。「汝のそのつどの実践的領野全体のうちで達成可能な善のうちの最善をなせ」（XXVIII, 142）。これは、「正しい目的とは何か」という問いに対する唯一の正しい答えとしてブレンターノが掲げた命法（「達成可能な最善のことをなせ」（Brentano 1921, 16））に改良を加えたものであると同時に、フッサールの形式的実践論の到達点をなすものである。すなわち、この命法は絶対的当為の形式的条件を表している。

このように、形式的実践論においては、絶対的当為と実践的最高善が同一視される。絶対的当為に対するフッサールのこうしたアプローチは、価値と当為が連続的であるという考えのもとに成り立っている(7)。ある状況のもとで可能な行為の全体が与えられ、個々の行為がもつ価値が決まれば、絶対的当為はおのずと決まる。この意味で、当為は価値に還元される。こうした考えのもとでは、絶対的当為についての意識もまた、価値についての意識にほかならないということになるだろう。結局のところ、道徳的判断は一種の価値判断、実践的最高善についての判断にほかならない。

このようなゲッティンゲン時代のフッサールの理論は、先ほどの予備考察の中で挙げた道徳的判断の特徴を説明してくれるだろうか。客観性については問題ないだろう。道徳的判断はある状況のもとで可能な行為がもつ価値についてのものであり、誰が下すかとは無関係に正しかったり間違っていたりする。第一部で見たように、フッサールは価値判断一般の客観性を説明可能にする枠組みを手にしている。

規範性についても問題ないように思われる。フッサールの理論によれば、道徳的判断は可能な行為のうちで最も善い行為を選び取ることである。そのような行為を選び取っていながら、それを実行しなかったとしたら、行為者は不合理とみなされることになるだろう。

では、実践性についてはどうだろうか。また、行為の道徳性に対する道徳的判断の説明役割についてはどうだろうか。これらの点には留保を付けなければならない。フッサールによれば、道徳的判断を下すことは、可能な行為のなかから一つのものを選ぶことである。しかし、そうした選択は、必ずしもそれぞれの選択肢がもつ価値を比較衡量してなされるとはかぎらない。でたらめにどれかを選ぶことも、一つの選択である。そして、何が最高善であるかは客観的なことがらなのだから、でたらめの選択もたまたま最高善を選びとることがありうる。こうしたでたらめの選択にもとづく意志も、「そのつどの実践的領野の中で達成可能な最善の行為」に向かう意志なのだから、正しい意志の条件をみたしている。だが、でたらめの選択を道徳的判断とみなすわけにはいかない。そのような選択はそもそも、行為者の当為の意識を表現するものではないからである。絶対的当為の形式的条件だけでは、道徳的行為の道徳性を、つまりカントのいう意味での「義務からの行為」の道徳性を説明できないように思われる。

フッサールもこの点に気づいており、問題を解消するために、盲目的な意志と洞察的な意志の区別を導入している。

〔意志の〕完全な正しさについての客観的命法の意味を規定する際のわれわれの導出においては、意志主体の理性は前提されていなかったし、それどころか、意志主体が熟慮ないし考量をおこなっているかどうかも前提されていなかった。しかし、そのような前提がない場合には、意志はまったく盲目的であってもよいことになる。意志主体がいかなる洞察もなしに、盲目的な衝動にしたがって、たとえば慣習的な教育から生じた盲目的な習慣にもとづいて、たまたま、それ自体で最善のもの、唯一の正しいものに的中することがありうる。理性的な判断者がまったき洞察をもって認識するのと同じものに、である。だが理性的な判断者は、理性的考量を、つまり与えられた状況において妥当な評価と根拠づけを遂行する。これらは、〔盲目的な〕意志主体は自ら遂行しなかったものである。

(XXVIII, 142)

洞察的な意志とは、ここでいう理性的な判断者が、自らの評価と根拠づけにもとづいてもつような意志である。それはたんにすべきことを意志するだけでなく、それがまさにすべきことだということを、つまり可能な行為のうちで最善のものだということを、十分な根拠にもとづいて洞察しつつ、すべきことを意志するような意志である。

この区別は、カントによるたんに義務にかなう行為と義務からの行為の区別に対応するものとみなすことができる。[8] 本章1－3で述べたように、カントの要求によれば、道徳的判断の理論は、正しい道徳的判断に動機づけられた行為が、そしてそのような行為だけが道徳的に善いということを説明しなければならない。フッサールも、洞察的な意志だけが道徳的に善い意志だと考えている。「あなたの意志が正しいからといって、まだそれが十分な価値をもつということにはならない。理性的な意志だけが十分な価値をもつ」(XXVIII, 153)。道徳的判断が意志と行為の道徳的な善さを説明するものであるためには、道徳的判断の特徴づけに、でたらめの選択を排除するような条件を付け加える必要がある。つまり、客観的命法をみたす選択がすべて道徳的判断の資格をもつわけではないといわなければならない。

そのためには、洞察的な意志の根拠になりうるような判断だけが道徳的判断だという条件を付け加えればよい。つまり、実際に可能な行為の価値を比較衡量したうえで最高善を選びとるような判断だけが道徳的判断であるというように、道徳的判断の条件を強めてやればよい。そうすると、道徳的判断とは、可能な行為の価値を実際に比較衡量したうえで、ある行為を最善とみなす判断であるということになる。

こうして得られた条件をみたす判断は、たしかに実践性をみたし、道徳的行為に対する説明上の役割を果たしうるように思われる。可能な行為を比較衡量し、最善のものを選ぶプロセスを、熟慮と呼ぶことにしよう。自分自身の熟慮にもとづいてなすべきと判断した行為をしないならば、たんに(不整合だという意味で)不合理なだけでなく、それをしなかったという点において道徳的に間違っていたことになるのである。逆に、熟慮にもとづいてなすべきと判断した行為をした場合には、その行為は道徳的であるといえる。

しかし、これで道徳的判断の実践性が本当に保証されているのかどうかは、実はそれほど明らかではない。熟慮の結果としてある行為を最善と判断したとしても、それを意志しないことはありうる。それは不合理なことかもしれないが、不可能なことではない。実際、人はあらゆることを考慮したうえで最善と判断したことを実行しないことがある。

このように道徳的判断が動機との必然的な結びつきをもたないことは、道徳的判断を価値判断の一種とみなし、意志から区別することの当然の帰結だといえる。このことは、フッサールの理論の欠陥ではない。なぜなら、道徳的判断の実践性は、「道徳的判断は必然的に行為の動機になる」と述べているわけではないからである。実践性の内実は、「誠実な道徳的判断は、それに応じた動機を生じさせる」というものだった。これ自体は必然性を述べてはいない。フッサールにしたがって道徳的判断を熟慮にもとづく価値判断とみなしたとしても、それが場合によっては行為の動機になると認めることはできる。理性的に意志する人は道徳的判断にもとづいて意志を形成し行為するし、そうでない人は道徳的判断に反して意志し行為することもある、というわけである。

問題は、このように考えたときに、理性的な意志だけが道徳的に善い意志だということをどのようにして主張するかである。フッサールはカント的精神にのっとって、「理性的に意志し、行為せよ」(XXVIII, 153) という命法を立てている。これをフッサールはカントにならって、「定言命法」と呼んでもいる(9)。しかし、これだけでは宙に浮いた要請にすぎない。なぜ理性的な意志だけが道徳的に善い意志なのかは、説明を必要とする。ゲッティンゲン時代のフッサールから取り出すことのできる道徳的判断の理論は、このことを説明してくれない。突破口は一九二〇年代の倫理学に見いだされる。

3 倫理的生と真の自我

倫理学の問いは、人がそのつどどのように行為すべきかという問いにつきるわけではない。道徳的に善いかどうかが問題になるのは個別の行為だけではなく、人の生き方そのものもそうである。フッサールの一九二〇年代の倫理学がそれ以前と異なる点の一つは、生全体の善さを主題的に論じている点である。

われわれが「倫理的」と呼ぶものには、意志と行為と目標だけでなく、習慣的な意志の方向という、人格性のうちで持続する性向も含まれる。あらゆる習慣的な心情的性質、生得的なものであれ獲得したものであれ、人格の全「性格」は倫理的であるとか倫理的に非難されるべきであるといった判定の対象になるし、結局のところ人格それ自体がそのような判定の対象になる。(10)（XXXVII, 8）

一九二〇年代前半の倫理学関係のテキストには、倫理的人格や倫理的生といった概念をめぐる興味深い考察が含まれている。とはいえその際、道徳的判断と絶対的当為というゲッティンゲン時代の倫理学の主題が放棄されたと考える必要はない。むしろ、一九二〇年代前半のフッサールの倫理学は、人間の生全体の倫理性を考えることを通じて、「なぜ理性的な意志だけが道徳的に善い意志なのか」という、ゲッティンゲン時代に突き当たった問題にあらためてアプローチしているとみなすことができる。以下ではこのことを、この時期の重要なテキストである『改造』論文と『倫理学入門』講義を手がかりにしながら、示していきたい(11)。

一方では、人はそのつどの状況において、「何をなすべきか」という問いを立てる。しかし他方で、人は自分の人生そのものに目標を設定することがあり、「どう生きるべきか」という長期的な問いを立てることもある。人生のなかのそのつどの場面で人が何をすべきだと判断し、どのような行為を選びとるかは、多くの場合、その人が何を人生の目標としているのかによって左右される。また、個々の場面で意思決定する際に、人生の目標を特に意識しない場合でも、習慣として身についた人生観が暗黙のうちにその人の意思決定を左右することもあるだろう。生全体にかんする目標を設定し、それに応じてそのつどの意思決定をおこなう能力は人間に特有のものである。人間の本質には、「自己認識、自己評価、実践的自己規定(自己意志と自己形成)」の能力が属している(XXVII, 23. Cf. XXXVII, 9)。

また、人間はそのつど自分にとって価値のあるものを求めるだけでなく、あるタイプの価値をいつでも無条件に求めるような傾向をもつことがある。人がこうした無条件的な傾向をもっている場合には、それにもとづいて自己形成がなされ、それに応じた人生が送られることになる。

未来の可能な生を概観し評価する際、〔……〕特定の種類の価値が、その人にとって無条件に欲求されるという性格をもつことを確信していることがありうる〔……〕(こうした意味で、ある人にとっては権力の価値が、他の人にとっては名誉や隣人愛等々の価値が、絶対的に最優先される価値として妥当する。この際、それらが真に善いものなのか、それともたんにそう思い込んでいるものにすぎないのかは問われない）。（XXVII, 27）

特定のタイプの価値を一般的に目指す態度、あるいはそこで目指される価値タイプのことを、フッサールは「使命（Beruf）」と呼んでいる。[12] 使命にしたがって生きる人にとっては、特定のタイプの価値を実現することが最も満足を与える。「こうして、真の芸術家にとっては芸術が、真の学者（〔「知を愛するものという本来の意味での〕哲学者〕）にとっては学問が、『使命』である。真の学者にとっての学問は、彼がそれに向けて『使命を負っている（berufen ist）』と知っているような精神的活動の領分である。それゆえ、その領分に属する善を生み出すことだけが彼を『最も内的』で『最も純粋な』満足へともたらす〔……〕」（XXVII, 28. Cf. VIII, 16）。

だが、使命にしたがう生き方は、なぜそうでない生き方よりも満足のいくものだといえるのだろうか。フッサールによれば、それは使命がたんにあるタイプの価値を一般的に欲求することではなく、特定の価値領域を「全身全霊をかけて」（XXVII, 28）、「私の人格の最も内なる中心から」（VIII, 16）愛することを意味するからである。「〔特定の価値領域に対して〕使命を負うこと、すなわちその価値領域に属する諸価値を実現することに生を排他的に捧げることとは、当該の主体がまさにこの価値領域に〔……〕個人的な愛のうちで排他的にコミットしている（ausschließlich zugetan ist）ということを意味する[13]」

(XXVII, 28)。ある人が使命として選びとった価値は、その人にとってたんに善いものではなく、それに人生を捧げているといえるような価値、それを実現することなしには自分自身でいられないと思えるような価値である。いいかえれば、使命はそれを追求する人のアイデンティティを形成するのであり、だからこそ、使命を実現することがその人に深い満足を与えるのである。(14)

しかし、人間が自らの生全体を批判的に反省する能力をもっているかぎり、使命もまた自己批判にさらされうる。他のものと比較しえないほど大事に思っているものが、あるとき本当に重要なのか疑問に思えてきたり、突如として重要性を失ったりすることは、誰の身にも起こりうる。この意味で、使命にしたがう生は「唯一絶対に価値のある」生き方としての「倫理的人間の生活形式」から区別される(XXVII, 29)。

では、倫理的人間の生活形式とはどのようなものなのだろうか。この生活形式を特徴づけるのが、「真の自我」という概念である。

前述のように、人間には、たえず自らの生を反省し、それを新たに作り変えていく能力がそなわっている。この能力を完全なかたちで発揮し、未来も含めた生の全体を理性的に正当化することができたとき、人は「真の人間」(XXVII, 33; XXXVII, 251)あるいは「真の自我」(XXVII, 34; VIII, 16; XXXVII, 240, 341)であることができる。だが実際には、人間は有限な存在者であり、未来の生全体を完全に見通すことはできない。それゆえ、いくら自分の生を理性的にコントロールしようとしても、自分の目指してきたものが実は価値のないものだったという「幻滅」の可能性が残り続ける(XXVII, 32)。したがって、真の自我というのは「理念」であり、「極限」である（XXVII, 33)。

しかし、それが現実には到達不可能だからこそ、真の自我という理念は倫理的生を特徴づけるものなのだとフッサールは考える。「倫理的生とは、本質上、革新（Erneuerung）の理念に意識的にしたがい、それによって意志的に導かれ形成される生である」（XXVII, 20)。

倫理的な生き方とは、真の自我という到達不可能な理念に向かってたえず反省を繰り返し、自分自身をつくり変えていくような生き方である。これに対して、使命にしたがう生はつねに特定の価値タイプに方向づけられ、安定したものであるがゆえに、このようなたえざる自己批判の態度をそれ自身のうちに含んではいない。前述のとおり、自己批判によって使命に疑いがかけられることはありうるが、そうした可能性は使命にしたがう生にとってあくまで外在的である。それゆえ、使命にしたがう生からは、「もししかじかの種類の価値を追求することが正しいならば、かくかくのことをなせ」という仮言命法、つまり相対的な当為しか出てこない。

真の自我ないし真の人間という理念は、それぞれの人間がそれぞれに追求する目標を規定する個々の使命とは別のレベルにある。それは、理性的であるかぎり、すべての人間が引き受けるべき使命であり、この意味で「普遍的使命（Universalberuf）」と呼ばれる[15]（XXXVII, 251)。この普遍的使命にしたがうことは、個々の状況においてなすすべての行為を、理性的に正当化可能なものにしようとする高次の意志的態度をとることにほかならない[16]。

理念の普遍性のゆえに、真の自我を目指して努力することは、あらゆる人にとって妥当する定言的な要求とみなされる。ここでフッサールは、ゲッティンゲン時代の定言命法（「理性的に意志し、行為せよ」）に代わる新たな「定言命法」を次のように定式化する。「真の人間であれ。汝が完全に洞察的な仕方で正当化できるような生を、すなわち実践理性にもとづく生を送れ」（XXVII, 36）。

カントの用法からしても、ゲッティンゲン時代のフッサールの用法からしても、定言命法と呼ばれるのは、道徳的であることの意味を表現するような命法である。では、フッサールの新たな定言命法も、道徳性を定義するものになっているのだろうか。だとすれば、どのようにしてだろうか。

新たな定言命法は、道徳的行為者性を説明するものであると同時に、個々の行為が道徳的であることの意味をも明らかにするものである。真の自我の理念は倫理的生の形式を特徴づけるものであるから、そのもとでなされた行為でなければ、本当の意味で道徳的な行為ではありえないとフッサールは考えている。

倫理的な意志および行為には、とりわけ次のことが属する。すなわち、それが素朴な行為でなく、また素朴に倫理的な意志でもないこと、同じ理性的な意志が規範性の意識のうちで意志され、規範性によって動機づけられてもいること。しかし、これだけでは十分ではない。「最良の知と良心にしたがって（nach bestem Wissen und Gewissen）」行為するだけでは十分ではない。個々の状況でそのように行為しているというだけで、ただちに道徳的に行為していることになるわけではない。道徳的行為には、次のような高次の段階が属する。すなわち、普遍的意志にもとづいて、また道徳的に行為しようという、習慣になった意志の性向（Willensgesinnung）のうちで、個々の状況において そのように行為するという段階が属している。（XXXVII, 246-7）

「素朴な行為」とは、道徳的判断にもとづかずに盲目的になされ、たまたま正しかったり間違っていたりするような行為を意味する。道徳的行為はまず素朴な行為から区別される。行為が道徳的であるためには、何をなすべきかにかんする熟慮の結果としての道徳的判断によって動機づけられていなければならない。ここまでは、ゲッティンゲン時代にすでにいわれていた。だが、いまやフッサールは、より強い条件を道徳的行為に課している。そのつどの状況において道徳的判断にもとづいて行為するだけでは、道徳的に行為していることにはならない。つねに道徳的判断にもとづいて行為しようという普遍的意志をもった行為者だけが、個々の状況で道徳的に行為することができるというのである(17)。

本章第2節で述べたように、ゲッティンゲン時代の倫理学は、「そのつどの実践的領野のうちで達成可能な善のうちの最善をなせ」という客観的命法を立てることをその到達点としていた。なぜこの客観的命法にしたがう行為が道徳的なのかについては、その根拠として「理性的に意志し、行為せよ」という要請に訴えるしかなかった。

一九二〇年代前半の「真の自我」を中心概念とする倫理学は、この要請に内実を与える試みとみなすことができる。個々の状況において自分がなすべきことを熟慮し、その熟慮にもとづいて行為することは、倫理的な生の形式によって要求される。そして、倫理的な生を生きることは、人間の本質をなしている生全体にかかわる反省の能力によって要求される。人間は本質的に、自分がなしたことやこれからなすことを評価し、根拠づけ、最も正当化可能な生へと自らの生をかたちづくっていく能力をもつ。こうした能力を一貫して発揮する生が、倫理的な生にほかならない。そして、倫理的な生を生きようとする人は、そのつど達成可能な最善のことをなせという要求のもとに服する。なぜなら、そうした要求にかなう行為が最も理性的な行為だからである。

このように考えるなら、ゲッティンゲン時代の倫理学と一九二〇年代の倫理学は、道徳的であることの必要十分条件を求める一貫した探求の二つの段階とみなすことができる。また、フッサールは一貫して、道徳の根拠に人間の反省能力を置いているということがわかる。ゲッティンゲン時代においては、個別の行為の場面で行為の価値を中立的観察者の視点から反省する能力が、道徳的に善い意志の条件を考えるうえで重要な役割を果たしていた。これに対して一九二〇年代の倫理学では、道徳的判断に動機づけられた行為だけが道徳的に善いといえるのは、自らの生全体の価値を問う反省が、倫理的生を生きることを要求し、そのことを通じて結局は、個々の状況において道徳的判断にもとづいて行為することを要求するからだとされる。道徳的行為がもつ善さは倫理的生の善さに由来し、倫理的生の善さはそれが実践的反省能力の究極的な発揮の産物であることに由来する。こうした一九二〇年代のフッサールの見解は、道徳性の意味にかんする探求の前進を表しているといえよう。

もし、この到達点において、さらに根拠の問いを立てるなら、「人間が実践的反省能力をもつこと自体はなぜ善いといえるのか」と問うことになる。しかし、この問いに答えはない。実践的反省能力は人間の本質に属しており、人間の本質がそのようなものであること自体は端的な事実である。少なくとも、本節で取り上げたフッサールの真の自我の倫理学の立場からいえることはそれだけである。

まとめと展望

本章ではフッサールの倫理学を、道徳的判断と行為の関係をどのように説明するかという観点から解釈し、検討してきた。道徳的判断の理論は、道徳的判断がもつ規範性と実践性、そして客観性を説明するものでなければならない。ゲッティンゲン時代のフッサールの倫理学から取り出すことのできる道徳的判断の理論は、それらの特徴に一定の説明を与えてくれる。それによれば、道徳的判断は熟慮の結果として得られる、可能な最善の行為についての判断である。そして、行為者が理性的に行為しようという意志をもつときには、道徳的判断はそれに応じた動機を生じさせる。

しかし、理性的に意志し行為することは、何によって要求されるのか。ゲッティンゲン時代のフッサールが実質的な答えをもたなかったこの問いに対して、一九二〇年代前半のフッサールは、生そのものの倫理性を考えることによってアプローチする。倫理的生とは、真の自我という理念によって特徴づけられる生、すなわち、自らの生全体を洞察的に正当化可能なものにしようとするたえざる自己批判の態度のうちで生きられる生である。このような生は、人間の本質をなす実践的反省の能力によって要求される。この能力を一貫して発揮することが、倫理的生を生きることにほかならない。

しかし、彼はここで立ち止まろうとはしなかった。『改造』論文以降のフッサールは、道徳の根底にあり、ときに道徳をおびやかす事実性をさらに掘り下げようとする。次章では、そのようなフッサールの後期倫理学について論じる。

第六章　有限性、愛、人生の意味——生の事実性をめぐって

前章までの解釈から浮かび上がってきたフッサール倫理学の全体像は、合理主義的な色彩を強く帯びている。一言でいってしまえば、フッサールにとって倫理的な生き方とは、理性的であろうと努める生き方である。

しかし、理性的に生きることがよく生きることだといい切ってしまってよいのだろうか。人間が自分の生き方を、つまり何をどう評価し、何を行為の目的にするかといったことを完全にコントロールでき、そのうえで思ったとおりに目的を実現できるのだとしたら、そういい切ってもいいだろう。だが、人生は思い通りにならないものである。ストア派の哲学者たちの言葉や、人間とその生の「脆さ(vulnerability)」をめぐる近年の活発な議論を引き合いに出すまでもなく、私たちは意のままにならないことに取り囲まれており、そのなかでしか生きることができない。

フッサールも、この当たり前の事実を無視しているわけではない。特に『改造』論文以降のフッサー

ルの倫理学的考察は、人間を取り巻くさまざまな事実性・偶然性を考慮に入れることで、それまでに築いてきた自らの倫理学を乗り越える試みとして理解できる。

とはいえ、彼はそこで合理主義的倫理学を放棄しているわけではない。最終的に彼は、徹底した自己批判によって、それまでの自らの倫理学が依拠していた前提の一部を放棄することになるが、「倫理的な生き方は理性的であろうと努める生き方にほかならない」という大局的な見方までは捨てていない。むしろ、彼はそれまで主題的に考慮してこなかった「生の事実性」を考慮に入れることによって、自らの倫理学をより現実味のあるものにしようと試みている。本章では、そのようなフッサールの後期倫理学の意義と内実を明らかにする。

本章では、フッサールが取り上げている生の事実性の問題を、人間の有限性にかかわるものと、当為の個別性にかかわるものとに分け、この順番で論じる。いずれの種類の事実性も、フッサールは合理主義的倫理学にとって脅威をなすものとして受け止めている。しかし、そのどちらにかんしても、フッサールによる問題のとらえ方とそれへの対応の仕方はやや問題含みである。筆者はそれぞれについて、フッサールの見解を批判的に検討し、生の事実性が合理主義的倫理学にとって、彼が考えたほどには脅威でないことを示す。結論として、生の事実性に目を向けることは、フッサール倫理学を危うくするよりは、むしろそれを現実に即した豊かなものにするものであることを明らかにする。こうした本章の考察は、第二章の末尾で触れたフッサールにとっての真正の形而上学の問題としての事実性を、超越論的現象学の枠内であつかう可能性を示すことにもつながる。

1　人間の有限性の問題

倫理学に直接関係するフッサールの唯一の生前公刊著作である『改造』論文では、人間の生を条件づけている事実性・偶然性の問題はあつかわれていない。しかし、同論文が書かれたのと同じ時期に、彼はすでにそうした主題を考慮に入れた倫理学的考察をおこなっている。そうした考察が展開されている最も早い時期のテキストは、一九一九／一九二〇年冬学期の『哲学入門』講義であり、それに「生の価値、世界の価値、道徳性（徳）と幸福」と題された一九二三年の草稿（以下、「生の価値」草稿）が続く[1]。後者と同じ時期から一九三〇年代にかけて書かれた未公刊草稿には、関連するテーマをあつかったものが数多くあり、そのなかで特に重要なものは、著作集第四二巻『現象学の限界問題』に収められている。以下ではこれらのテキストを参照しながら議論を進める。

フッサールの後期の倫理学的考察は、実践理性に即した生き方を制約するさまざまな事実性を主題としているが、そこで考察されている事実性には、大きく分けて二種類のものがある。おおまかに特徴づけるなら、第一の事実性は人間の有限性にかかわり、第二の事実性は当為の個別性にかかわる。以下ではまず、第一の事実性について論じる。第二の事実性については、第3節以下で論じる。

前章で論じたように、フッサールによれば、人間は本質的に、自分がなしたことやこれからなすことを評価し、根拠づけ、最も正当化可能な生へと自らの生をかたちづくっていく能力をもつ。そして、こうした能力を一貫して発揮する生が、倫理的な生にほかならない。しかし、自分の生を合理的にコントロールする能力の発揮を妨げるさまざまな要因が、誰の人生にもつきまとっている。

人間が理性の力によってはどうにもできないもの、人が「不条理」と呼ぶもののうち、最たるものは、仏教でいうところの四苦、つまり生老病死だろう。これらは、人がよく生きることを困難にし、場合によっては不可能にする要因となる。死はたいていの場合いつ訪れるか予測できず、訪れたときには生を送ることそのものを不可能にする。老いや病気は、人の身体的・精神的能力を多かれ少なかれ低下させる。また、どのように生まれるかということも、本人にはどうしようもないことでありながら、その後の人生をどのように送ることができるかを大きく左右する。場合によっては、生を合理的にコントロールする能力が生まれながらの障害によって厳しく制限されることもある。いわゆる生老病死には含まれないが、よく生きることに重大な制約をおよぼす要因には、後天的な障害、貧困、(階級、人種、宗教、ジェンダーなどにかかわる)社会的抑圧も含まれる。

生の合理的なコントロールを制限するこれらの要因は、やや乱暴かもしれないが、人間の有限性という言葉でまとめることができるだろう。有限性のゆえに、人間は自らの生全体を完全に合理的なものにすることができない。

もっとも、これはすでに『改造』論文のフッサールが見てとっていたことである。前章で述べたように、完全に合理的にコントロールされた生は、人間には到達不可能な理想である。にもかかわらず、人間はそうした到達不可能な理想に導かれて、そのつど反省を繰り返し、可能なかぎり合理的な意思決定をおこなおうと意志することはできる。そして、そのような人生全体にかかわる意志こそが、倫理的な生き方を特徴づけるものだ、というのが『改造』論文のフッサールの主張だった。

しかし、ほぼ同時期に書かれた「生の価値」草稿では、フッサールは生の有限性をより重く受け止めている。「生が無価値だとしたらどうだろうか。生が私自身によってよいものになるということがそもそもありえないとしたら、それが私の力のおよぶ範囲の外にあるとしたら、どうだろうか」(XLII, 306)。よく生きることが完全に合理的な生という理想に向かって努力する生を意味するとしても、そのような理想にどれだけ近づけるかは、生老病死のような、自分にはどうすることもできない要因によって左右される。だとしたら、よく生きようとすることなど虚しく、無意味なのではないか。フッサールが立てているのはこのような問いである。

ここでフッサールが問題にしていることがらは、一見、道徳性と幸福の関係をめぐる伝統的な問題と関連しているように思える。フッサール自身、「道徳性(徳)と幸福」という文言を「生の価値」草稿のタイトルに含めている。だが、実際にここで問題になっているのは、少なくとも直接には、「道徳的に生きれば幸せになれるのか」ということではない。そうではなく、フッサールは「そもそも道徳的に生きようとすることは意味のある企てなのか」という問いを立てているのである。というのも、ある人の生全体がどれだけ理性的に正当化可能なものになりうるかが、当人の意志とは関係なく決まってしまうのだとしたら、理性的に正当化可能な生を生きようという意志をもつこと自体が、不合理なことだということになってしまうからである。あるいは、意志という概念が、目標が実現可能であるという信念を含意するとしたら、道徳的に生きようとする意志をもつことはそもそも人間には不可能だとすらいえるかもしれない(2)。

ただし、フッサールのこうした問いは、道徳性と幸福の関係の問題とまったく無関係だというわけでもない。カントは、道徳性と幸福はどのような関係にあるのかという問題に対して、道徳的な人が幸せになれる保証は「道徳法則のうちにはまったく存在しない」(Kant 1913, 124)と答えたうえで、「では、なぜ道徳的に生きなければならないのか」という問いに対しては、神の存在の要請によって答えようとした。私たちがこの世界でよく生きることを義務として引き受けるためには、道徳性と幸福の必然的な結びつきをもたらすような、世界の外にある原因、すなわち神の存在を前提としなければならない、とカントは考えたのである。「神の存在を想定することは道徳的に必然的なのである」(Kant 1913, 125)。フッサールもまた、道徳的な生への動機づけを、世俗的な幸福にではなく、信仰の領分に求めているように思われる。これについては、次節で詳しく論じる。

2　人生の無意味さと理性信仰

人生につきものの意のままにならない要因を考慮に入れるなら、(道徳的な意味で)よく生きるというプロジェクトを追求することは、無意味であるように思われる。なぜなら、完全に合理的な生の全体という理想にどれだけ近づけるかは、当人の力の及ばない要因によって大きく左右されるからである。自ら実現することのできる見込みのないプロジェクトを追求することは、不合理であり、意味のない試みではないのか。本節では、この「道徳的生の無意味さ」の問題に対するフッサールの対応を検討する。

2-1 無意味さを克服する力としての信仰？

右のような問いを立てたうえで、フッサールは、道徳的に生きることの意義のありかを、ある種の信仰に求めている。人間の有限性と世界の無慈悲さを考慮するなら、人が自らの意志で生全体を理性的にコントロールすることは不可能に思える。この苦境のなかで、それでも道徳的に生きようとすることができるとしたら、不可能なことを可能だと信じる決断、いわば「決死の跳躍」が必要となる。「信仰は浄福をもたらす。信仰は本来的に克服する力である。なぜなら、それこそが、死や運命、予見不可能な悲惨、意志を挫く弱さや罪に直面したときに、あらゆる力の源になるものだからである」(XLII, 406-7)。人生の無意味さの克服のために要求される信仰は、文字どおりの意味での信仰であって、理論的な信念ではない。なぜなら、それは合理的な根拠をもたないし、もちえないからである。「私は、人間共同体と世界における私の生を究極的に肯定することはできない。そのようなことができるとしたら、私が世界の意味を信じる場合だけである。『理論的には』、それを信じる根拠を私はもたない」(VIII, 354)。

人生と世界の意味を信じるとは、具体的には何を信じることなのだろうか。それは、完全に理性的な生、それも個人だけでなく人類全体のそのような生の実現可能性を信じることであり、そのような生の相関者として、完全に理性的な世界の実現可能性を信じることでもある。[3] しかも、ここでいう実現可能性とは、たんに「いつかそうなるかもしれない」ということではなく、私（たち）が自らの意志で実現できるということを意味する。このような実現可能性を信じることによってのみ、それに向かって努力することが可能になる。すなわち、道徳的に生きることが可能になるのである。しかし、それを信じる理論的な根拠はない。むしろ、人生と世界を見渡せば見渡すほど、その反対の根拠ばかりが積み重なっていく。完全に理性的な生と世界の実現可能性を信じることは、きわめてゼロに近い蓋然性しかもたない命題を信じることである。

このような性格をもつ信仰を、フッサールは「理性信仰」とよび、「倫理的な『かのように（als ob）』」として特徴づけている。

> 理性信仰。世界が人間の目的に「適う」というリアルな可能性をごくわずかしかもっていないとしたら、私はこの推定性（Vermutlichkeit）をあたかも確実性のように受け取り、そのうえで行為しなければならない。そのようにして私はいつでも可能なかぎり最善のことをおこないうる。〔……〕倫理的な「かのように」。倫理的意志から力を得る信仰。
>
> （XLII, 317 n.）[4]

だが繰り返すように、このような信仰を支える理論的な根拠はない。ゼロに近い蓋然性を確実なものであるかのように受けとることは「過大評価」であり、「理論的には非難されるべき」ことである。にもかかわらずそれが要請されるのは、倫理的な生を可能にするという意味で「実践的には善」だからである（XLII, 323）。

本章第1節ですでに示唆したように、人生の無意味さの問題に対するフッサールのこうした対応は、道徳性と幸福の関係の問題に対するカントの対応に似ている。カントもまた、理性によっては証明できない神の存在が、道徳的な生を唯一可能にする前提として要請されると考えたのである。(5) この点においてフッサールは、ルフトがいうように、「真のカント主義者」であるように見える（Luft 2007, 386）。だが、あつかっている問題とそれへの対応に類似が見られるからといって、フッサールを安易にカントと重ねるのは避けなければならない。以下では、右のようなフッサールの対応が彼自身の倫理学全体においてどのような意義をもつのか、そしてそれが、はたして適切な対応なのかどうかを検討したい。

2-2　人生の無意味さはなぜ問題になるのか

人生の無意味さを乗り越える手段として理性信仰に訴えることは、フッサール倫理学全体に対してどのような帰結をもつのだろうか。この訴えは、以下で述べる二つの点で、問題含みであるように思われる。

第一に、すでに述べたように、理性信仰は、もしそれだけが倫理的な生を可能にするのだとしたら、そのかぎりで実践的な必要性はもつかもしれないが、私たちは信仰の内容に正当化を与えることができない。ところで、フッサールは倫理的な生を、生全体を完全に正当化可能なものにすることを目指す意志によって特徴づけていた。したがって、もし倫理的な生が正当化できない信仰を支えとしなければならないとしたら、フッサールの倫理学は根本的な矛盾を抱え込むことになるのではないだろうか。

第二に、理性信仰が本当に人生の無意味さの克服につながるのかどうかも、議論の余地がある。理性信仰は、人間が完全に理性的な生という理想に近づくことができるという保証を与えてくれるわけではない。完全に理性的な個人と共同体の生、そして完全に理性的な世界の実現可能性を信じるという決断を下したとしても、実際には、私たちはこの決断を裏切るような出来事にたえず直面せざるをえない。そうした現実のなかで理性信仰をもち続けることは、事実性を克服することではなく、そこから目をそらすことなのではないだろうか。[6] 理性信仰の要請をフッサールが不満足の「括弧入れ」の要請として特徴づけていることも、こうした疑念を深める。「次々にやってくる危険と幻滅による避けがたい不満足を括弧に入れよ。定言的に要求される努力がこの次もまた同じことになるだろうという経験的予期を放置せよ」(XLII, 323)。この括弧入れとは、現実の無慈悲さに対して目をつぶることでないとすれば、何だというのだろうか。

以上のような疑念を考慮に入れるなら、理性信仰に訴えることは最後の手段と考えるべきだろう。もしフッサール倫理学のなかに、別の仕方で人生の無意味さの問題に対処する道が見いだせるなら、それに越したことはない。結論を先取りしていうなら、私たちは理性信仰に訴える必要はない。なぜなら、道徳的な生き方についてのフッサールの合理主義的な立場を徹底すれば、人生の無意味さは深刻な問題ではなくなると考えられるからである。

まずは、人生の無意味さの問題がどのような意義をもち、なぜ問題になるのかをあらためて考えてみよう。人間の生と、それが営まれる世界に、私たちの思い通りにならないさまざまなことがらがあるというのは、端的な事実である。そうした偶然的で予測不可能なことがらのなかには、生を合理的に統御することを妨げるものが含まれているのも確かである。しかし、このことは本当に道徳的な生の可能性にとって脅威になるのだろうか。それが脅威になると考えられるのは、生全体を理性的なものにするというプロジェクトが、結局のところ実現不可能な目標に向かう努力を意味するからだった。だが、世界と生が意のままにならないということから、生全体を理性的なものにすることが不可能性であるという結論を導き出すことは、はたして妥当なのだろうか。

問題になっているのは、倫理的な生き方の実現可能性である。倫理的な生き方とは、生全体を洞察的に正当化可能なものにしようと努める生き方である。第五章第3節で論じたように、フッサールは倫理的に生きること、つまり真の自我という理念を追求することを、「普遍的使命」と呼び、個別の使命から区別していた。普遍的使命は、素朴な行為から区別される道徳的行為を可能にし、個別の使命を盲目的に追求するのではなく洞察的に正当化することを可能にするような、反省的・批判的態度を意味する。個別的な使命は、それにしたがう人の生き方を内容的に規定する。これに対して、普遍的使命は生き方の形式にかかわるものであって、具体的に人がどのような環境で何をして生きるかを直接に規定するものではない。

したがって、複数の人がそれぞれ異なる人生の目的ないし使命をもっていながら、どちらも等しく倫理的に生きているということがありうる。

こうした〔倫理的な生の形式のうちで生きる〕人間はみな、同じ倫理的完全性を有する。なぜなら、倫理的完全性とはまさにその本質からして、形式的要求の充足をあらわすものであり、あらゆる個々の人格にかかわるものだからである。アプリオリに、この倫理的完全性は、人格に応じてつねに新たな内容をもつ。(Mat. IX, 166)

カントのような人も農夫も、どちらも倫理的に完全だと仮定するなら、すなわちどちらもたえず最良の知と良心にしたがって最善のことをなしていると仮定するなら、倫理的には互いに等しいのであって、同等の倫理的賞賛に値する。(ibid.)

このように、倫理的生がたんに生き方の形式によって特徴づけられるものだとするなら、その「実現可能性」を云々することは意味をもちうるのだろうか。人がどのような環境に生まれ、人生を送るかによって、その人に何ができるのかは変わってくる。フッサールの用語でいえば、実践的領野は人によって異なるし、同じ人にとっても刻一刻と変わっていく。しかし、倫理的生の形式的特徴づけにしたがうなら、ある人にとってどのような行為が可能であり、内容的にどのような生を送ることができるのかにかんする違いは、その人が倫理的生を送ることができるかどうかには関係がない。その人にできることの範囲内で、洞察的に判断し、正当化可能な生を送ろうとするかぎりで、その人は倫理的に生きているといえる。したがって、誰もがつねに、倫理的に生きることができるのである。

フッサールにしたがって倫理的生をこのように形式的に特徴づけるなら、彼自身の考えに反して、人生の無意味さの問題は倫理的生の不可能性を突きつけるものではない。たしかに、人間の生は有限であり、意のままにならないさまざまな要因に取り巻かれている。それゆえ、完全な合理性という理想が到達不可能なのはいうまでもなく、いくらかでもその理想に近づくことすら、絶望的であるように思われる。しかし、生の全体を正当化可能なものにしようとする批判的態度こそが倫理的生をかたちづくるという、第五章で私たちがフッサールに帰した立場を徹底するなら、「倫理的生は、人生のなかで何が達成できるのかによって、それを生きることが可能になったり不可能になったりするようなものではない」といわなければならない。どんなに悲惨で、無意味に思える人生でも、倫理的な生でありうる。このように考えるなら、人生の無意味さは倫理的生にとって脅威ではなくなり、倫理的生の意義を守るために理性信仰に訴える必要もなくなる。

しかし、以上の議論は過度の形式化を犯しているのではないだろうか。倫理的な生き方が生き方の形式にのみかかわるのだとしても、私たちが生きることができるのは、具体的な内容をもった生だけである。日本人として、親として、教師として、芸術家として等々の内容的な規定をいっさい離れて、ただ純粋に倫理的に生きるということはできない。なんらかの人生の目的をもち、具体的な状況のなかで行為することを通じてのみ、私たちは倫理的な生を送ったり送らなかったりすることができる。だとすれば、あらゆる人生の目的の追求が不可能な場合には、倫理的に生きることも不可能だといえるのではないか。

倫理的に生きるためにはなんらかの具体的な人生の目的をもって生きなければならないというのはたしかである。だが、このことを認めたとしても、人生の無意味さが倫理的生を送ることを不可能にすると考える必要はない。なぜなら、人間の生がいかに予測不可能で意のままにならないことがらに取り囲まれていたとしても、人生の目的ないし使命を追求することが一般に不合理になるわけではないからである。次にこのことを示そう。

個別の行為についていえば、目的が実現不可能な場合には、それを実現しようとする行為は不合理だといえる。それどころか、目的が実現不可能であると行為者が知っている場合には、その目的を実現しようとして行為することは不可能ですらある。ところで、もし人生についてもこれと同じことがいえるとしたら、たしかに生の有限性・不合理性は倫理的に生きることを不可能にするように思われる。だが、人生の全体をひとつの行為であるかのようにみなしてしまってよいのだろうか。

フッサールがはっきりと区別しているわけではないが、個別の行為と人生全体は、「目的」をもつという点では同じだとしても、その意味合いに大きな違いがある。行為の目的は、実現されたりされなかったりするし、実現された場合にはいつ実現されたのかを特定することができる。目的を設定し、その実現に着手し、実際に実現し終えるまでの期間は、長かったり短かったりするが、いずれにせよ行為には始まりと終わりがある。目的が実現されれば行為は終りを迎える。これに対して、人生はやはり始まりと終わりをもつが、それらと人生の目的のあいだの関係は、行為の場合とは異なる。人は人生の目的をもって生まれてくるわけではないし、人生の目的を実現したときに死ぬわけでもない。

そもそも、人生の目的とは、いつ実現されたのかを特定できるものではないように思われる。人生全体にかかわる目的、たとえばよい市民であること、よい親であること、よい実業家であること、よい芸術家であること、よい学者であること、よい農夫であることなどは、それを目的とする人の人生を貫くものであって、いつか実現されて雲散霧消するものではない。ある人生の目的が目的でなくなることはたしかにありうる。しかしそれは、その目的がそれをもっていた人にとって意義を失ったり、新たな目的に取って代わられたりしたときであって、行為の目的のように、もう達成されたから目的でなくなるということはない。

いま例を挙げたような人生の目的（フッサールのいう「使命」）は、それを追求する人の生き方を規定するものである。人生の目的に応じて、人は個々の場面で異なる意思決定をし、自分の環境を異なる仕方でかたちづくっていく。たとえば、よい学者であることを人生の目的としている人と、よい農夫であることを人生の目的としている人では、どのような場所でどのような暮らしをするかという選択が大きく変わってくるだろう。そのように人生の目的に応じた生活が営まれることを、人生の目的の「実現」と呼ぶことができるかもしれない。しかし当然ながら、それは行為の目的の実現のように、どこかで完遂されるようなものではない。

別の例を使ってもう少し具体的に考えてみよう。「よい芸術家であること」や「よい父親であること」は、何をすれば実現したことになるのかが明確ではないし、達成したといえる場面を想像することすら難しい種類の目的である。これに対して、「画家として名声を得る」とか「子供を成人まで立派に育てる」といった目的なら、達成条件はそれほど明確ではないものの、達成された場面を想像することができる。後者のような種類の目的も、人生の目的と呼ぶことはできるかもしれないが、少なくともフッサールが「使命」と呼ぶのは、前者の種類にかぎられる。ある人の生の全体にわたって生き方を規定するような「使命」は、「よい芸術家であること」や「よい父親であること」のような種類のものでなければならないとフッサールは考えている。なぜだろうか。

使命はある意味では人生の目的と呼びうるものだが、ある時点で実現されたといえるようなものではない。使命とはむしろ、それに合致した生き方をしているかどうかがつねに問われうるという仕方で、人生を方向づけるものである。芸術家として生きるという使命に合致しているといえるのは、作品の制作に打ち込んでいるときや、身の回りのものを「芸術家の目」で、作品に生かすことを考えながら見ているときだろう。人の親として生きるという使命に合致しているといえるのは、子供に気を配り、子供のそばにいないときも子供から尊敬されるような人間であろうと努めているときだろう。使命の「実現」について語ることができるとしたら、このような仕方で使命に合致して生きることを「実現」と呼ぶべきだろう。それを人生の目的の実現と呼んでも不自然ではない。ただし、この意味での「実現」は、具体的な行為の目的の実現や、「画家として名声を得る」といった人生の下位目的の実現とは、明らかに異なる意味をもっている。

このように、フッサールが使命と呼ぶ人生の上位目的とその実現という概念が、行為に適用される場合とは異なる意味をもつとするなら、目的が実現不可能だという理由で、それを追求する人生を不合理とみなすのは適切ではない。そもそも、ある人生の目的がある人にとって実現可能かどうかを一義的にいうことはできない。なぜなら、人生の目的の実現は、行為の目的の実現のように明確な輪郭をもつわけではないからである。(7)

ある人生の目的をもつことが不合理だといえるとしたら、それが他の人生の目的と両立不可能な場合にかぎられるだろう。実際、二つの人生の目的が互いに両立不可能な場合というのは考えられる。たとえば、よい軍人であることと平和主義者であることはおそらく同時には両立しない。(8) このとき、両立しない二つの人生の目的を同時にもつことは不合理である。しかし、人間の生を取り巻く不合理性を最大限に考慮したとしても、あらゆる人生の目的が追求不可能になることは考えられない。

以上のように考えるなら、人生の無意味さの問題が倫理的生にとって脅威になると考えるべき理由はない。フッサール自身、人生の無意味さの問題に対して以上のように対応することもできたはずである。その場合、当然ながら理性信仰に訴える必要はない。

人生の無意味さの問題に対するこうした対応は、あっさりしすぎているように思われるかもしれない。問題はもっと深刻なのではないか。実際、フッサールが明示的に立てているよりも、もっと深刻な仕方で人生の無意味さの問題を立てることができる。たとえば次のように問うことができる。人生の上位目的、たとえば芸術に身を捧げることや、よい父親であろうとすることは、本当に価値のあることなのだろうか。どんな芸術作品も、いつかは失われ、忘れ去られるだろう。子供は突然この世を去るかもしれず、運良く親が死ぬまで生き延びてくれたとしても、いつかは死ぬだろう。こうしたことを想像すると、どんな人生の目的も虚しいものに見えてくる。永遠の相のもとで価値をもつような人生の目的など、存在しないのではないか。そして、永遠の相のもとで価値をもたないような目的は、追求するに値しないのではないか。[9] だとすれば、どんな人生も生きるに値しないのではないか。

「人生全体を方向づける使命は客観的に価値のあるものであるべきであり、そうでない場合には、それによって規定された人生も生きるに値しないものになる」という考えは、少なくとも理解可能な考えである。そして、「どんな使命にも客観的価値が保証されておらず、決して保証されえない」という、これも理解可能な主張が付け加わることによって、「どんな人生も生きるに値しない」という結論が導かれる。この一見して望ましくない結論は、フッサール倫理学にとっても乗り越えるべき障壁となるように思われる。

次節以下では、第二の事実性、つまり当為の個別性に対してフッサールがどのように対処しているのか、そしてその対処が適切なのかどうかを論じる。第二の事実性は、第一の事実性と根底においてつながっている。それゆえ、以下の検討を通じて、人生の無意味さの問題にフッサール倫理学の立場から最終的にどのような対処が可能なのかも明らかになるだろう。

3　当為の個別性——愛と触発

第五章で述べたように、ゲッティンゲン時代のフッサールの倫理学は、洞察的な意志、つまり価値の比較衡量にもとづく意志だけが、道徳的に善い意志でありうるという見解をとっていた。この見解を支えているのは、行為者のなすべきことと、行為者の実践的領野における最高善を同一視する考えである。個々の行為者は、可能な行為のうちで何が最も善いのかについて、迷ったり誤ったりすることがあるが、中立的観察者の視点から見れば、最も高い価値をもつ行為は一義的に決まる。そのような行為こそが、そのつどの状況において行為者に対して定言的に要求される行為である。

こうした「最高善の倫理学」は、あらゆる価値が客観的な観点から比較可能であることを前提としている。しかし、この前提をとると、価値にかんする根本的な事実を無視することになるのではないか。のちのフッサールはこのような問いを立て、以前の自らの倫理学に対する自己批判をおこなっている。たとえば、一九一九／一九二〇年冬学期『哲学入門』講義の草稿の余白に、彼は次のような註記を書き付けている。

私は、定言命法の学説全体を放棄しなければならないか、あるいは新たに制限を加えなければならないだろう。①善価値（善いもの）という観点から見た善（bonum）と最高善（summum bonum）。

善いものの領野は私にとって、実践的に実現可能な部分をもつ。私の実践的に最高の「善いもの」。②それは私にとって絶対的になすべきものだろうか。最高の実践的善が私にとって絶対的になすべきものだということは、疑いうるのではないか。[10]

(Mat. IX, 132 n.)

実践的最高善と絶対的当為を同一視するゲッティンゲン時代の立場に対するこうした自己批判を動機づけているのは、一九二〇年代のフッサールが重視する「客観的価値」と「愛の価値」のあいだの区別である。同じ講義草稿の別の箇所への欄外註記で、彼はこの区別を次のように定式化している。

①客観的価値。すなわち、当該の事象内実を基礎として共有していて、価値論的に理性的であれば、誰もが感情と価値覚を通じて原的に把握できるような価値。②同じ客観的価値が、個人的・主観的な愛の価値にもなりうる。〔……〕一般に「価値がある」ものは、当然ながらそれ自体で価値をもつ。「理性的な人」は誰でも、価値を感情的に追体験したり(nachfühlen)、価値覚を通じて把握したりできる。しかしながら、同じ価値がある人にとっては、他の人にとってそれがもつのと比べて無限に大きな「意義をもつ」ことがありうる。[11]

(Mat. IX, 146 n.)

客観的価値とは、理想的な価値覚の相関者である。いいかえれば、中立的な評価者の観点から、事物や行為に帰属される価値である。状況が同じなら、同じ対象は誰にとっても同じ客観的価値をもつ。これに対して、愛の価値は個人的なものであって、同じ対象が誰にとっても等しくもつようなものではない。

これを例示する際にフッサールがしばしば引き合いに出すのは、母親にとって子供がもつ価値である(Mat. IX, 146 n; XLII, 310)。一人の子供がその母親にとってもつ価値は、その子が他人にとってもつ価値とは根本的に異なる。このことは、母親と他人のそれぞれが、一人の子供を気遣うべきものとみなす場面を考えてみるとわかる。他人にとってその子がもつ価値は、他と比較可能なものでしかない。まさにその子供を気遣うべきだという義務が他人に生じる場合もあるかもしれないが、それは、その他人にとって、その子供が他の子供と比べて、なんらかの尺度において相対的に最も高い価値をもつ場合だろう。しかし、母親が自分の子供を気遣うべきなのは、その子が他と比べて相対的に最も高い価値をもつからではない。母親の子供に対する義務は、理性的な価値比較にもとづくのではなく、母親にとって子供がもつ比較不可能な愛の価値に由来するのである(12)。

客観的価値と愛の価値の区別を理解するうえで重要なのは、それが分類的な区別ではないということである。価値というクラスのなかに、客観的価値と愛の価値という下位クラスがあるわけではない。そうではなく、問題になっているのは、ある対象が価値をもつというときの「もち方」の違いである。先に引用した文中にある「同じ客観的価値が、個人的・主観的な愛の価値にもなりうる」という表現がこのことを示唆している。客観的価値は、それを担っている対象の非価値的性質が同じなら誰にとっても同じであるという意味で、客観的である。つまり、客観的価値とは、対象が評価主体に依存しない仕方でもつ価値である。これに対して、愛の価値は、評価主体の個別性に依存した価値である。子供は母親にとって、赤の他人にとってはもたないような愛の価値をもつが、このことは、母親が子供を愛する仕方、あるいは子供が母親を触発する仕方に由来する。愛の価値とは、「対象が個々の自我を評価的に触発する固有の仕方、すなわち自我の適意（Gefallen）を惹き起こす固有の仕方」に依存した価値である（XLII, 351）。

客観的価値と愛の価値を区別することの重要な帰結は、フッサールのいう吸収則に広範な例外が存在するということである。吸収則とは、前章で述べたように、「合理的な選択において、より高い価値をもつ選択肢はその他の（それ自体としては価値のある）選択肢を無効にする」という法則である。ゲッティンゲン時代のフッサールはこれを普遍的に妥当する法則とみなしており、彼の最高善の倫理学はこれに立脚していた。しかし、愛の価値を考慮に入れるなら、吸収則が当てはまらないケースを認めなければならない。なぜなら、ある対象が行為者にとって、客観的価値に加えて愛の価値をももつ場合、より高い客観的価値をもつ対象が他にあったとしても、前者の対象がもつ愛の価値は無効にはならないからである。ある草稿では、愛の価値が「絶対的価値」といいかえられ、次のようにいわれる。「あらゆる絶対的価値は、絶対的に善い。〔……〕絶対的ないし本来的な価値は、吸収則に服さない」（XLII, 346）。

吸収則が当てはまらないケースでは、行為者が何をなすべきかは客観的な価値比較だけでは決まらない。たとえば、子供を愛する母親は、子供を気遣うべきである。この母親にとっての当為は、価値の比較にではなく、まさに彼女の愛に由来する。そしてこれと同様のことは、母子のケースだけでなく、きわめて広範なケースにあてはまる。愛の対象は人によってさまざまであり、「母の愛、友人の愛、隣人愛、芸術一般への特殊な愛」（Mat. IX, 132 n.）など、さまざまな愛が当為の源泉になる。それどころかフッサールは、前章で論じた「使命（Beruf）」を、愛の価値に由来する当為と同一視しさえする。「最も広い意味での使命（Berufung）の概念は、この絶対的に人格的に生じてくる当為と一致する。それゆえ、母親の使命（mütterlicher Beruf）といういい方さえできる」（XLII, 354）。

使命とは、人がそれに身を捧げるというかたちでコミットしている価値タイプ、あるいは「生を内容的に貫く一般的な実践的主題」（Mat. IX, 139 n.）を意味する。人が使命をもつことは必然的ではないだろうが、現実には多くの人がなんらかの使命をもって生きている。もし、愛の価値について先に述べたことが使命にもあてはまるとしたら、吸収則が妥当しないケースはきわめて広範にわたって存在することになる。

このことは、行為者がある状況において何をなすべきかという問いに対して、たいていの場合、中立的な観点からの価値比較によっては答えが出せない、ということを意味する。「誰もが絶対的当為をもっており、〔そのような行為者の〕選択は『私は何をすべきか』という問いのうちでなされる。そして、私がなすべきことが複数ある場合には、『どれがいま私にとって必ずなすべきことなのか』という問いのうちでなされるのであって、たんに『善いものの比較においてより善いものはどれか』という問いのうちでなされるのではない」（XLII, 390. 強調、八重樫）。このように考えるなら、当為は客観的価値に還元できないどころか、たいていの場合は個人的なコミットメントが当為の真の源泉なのであって、実践的当為についての問いは結局のところ個人の生き方の問いだということになる。

これは由々しき帰結である。これを受け入れることはフッサールにとって、ゲッティンゲン時代の倫理学全体を放棄することを意味する。しかし、前章で見たように、『改造』論文のフッサールは、使命の概念を導入しながらも、基本的にはゲッティンゲン時代の倫理学の延長線上で、合理主義的な倫理学を展開していた。そこでは、絶対的当為の問題が、理性的に生きようとする態度の問題としてとらえ直されていた。それと同時期のフッサールが、一方で、先に述べたような帰結をもつ客観的価値と愛の価値の区別を導入していたことは、一見したところ不整合に思える。この見かけ上の不整合はどのように解釈すべきなのだろうか。フッサール倫理学にとって結局のところ、「何をなすべきか」の問いは合理性の問いなのか、それとも個人の生き方の問いなのか。次節ではこの問題について論じる。

4　愛の価値と絶対的当為

4-1　理性と愛の緊張

前節ですでに述べたように、フッサールは私たちが価値にかかわる二通りの仕方を区別している。ひとつは価値覚を介したかかわり方である。人がある対象にどのような価値を見いだすかは、客観的な観点から批判可能なことがらである。つまり、価値覚については正当性を問うことができる。というよりも、価値覚というのは正当性の文脈の中でのみ意味をもつ概念である。これに対して、愛するというかたちでの価値へのかかわり方は個人的なものであり、客観的な批判可能性を欠いている。これがフッサールによる客観的価値と愛の価値の区別の意味するところだった。

フッサールは愛の価値を「絶対的触発」によって特徴づけ、それが無条件的な当為の源泉になると考えている。「人格に向けられる無条件的な『汝なすべし、なさざるべからず（Du sollst und musst）』というものがある。それは、この絶対的触発をこうむる人にとっては、合理的な根拠づけに服さず、またそれに依存することなく正当な拘束力をもつ。絶対的触発は、あらゆる合理的な説明に――たとえ合理的な説明が可能だとしても――先立つ」（XLII, 392）。たとえば子供を愛する母親にとって、子供にミルクを飲ませることが、無条件的な強制力をもつことがある。彼女にとって、それをしないことはほとんど不可能である。他にどんなにやりたいことややるべきことがあっても、子供にミルクをやるまでは落着いて取り掛かることができず、結局後回しにしてミルクをあげてしまう。このような合理性を超えた当為があるという考えには、たしかに説得力がある。

他方でフッサールは、倫理学を普遍的なことがらをあつかうものとして特徴づけている。「学としての倫理学は、特定の個人や、個人の実践の個々の事例をあつかうことはできない。倫理学にできるのは、普遍性において、しかも超経験的な理念性という意味での普遍性において、意志し行為するもの一般の本質と、実践的な状況と選択の領野一般の本質と、行為者の意志を倫理的なものとして特徴づけるような動機づけ一般の本質について説くことである」（Mat. IX, 136）。こうした倫理学の特徴づけを一貫させるなら、愛の価値や、それに由来する当為は、倫理学の範疇の外にあるということになる。だがこのことは、倫理学ではあつかうことのできない当為の存在を認めることを意味する。

仮にこうした倫理学の守備範囲の問題を脇に置いたとしても、絶対的触発に由来する当為を認めることは、もう一つのより実質的な問題を生じさせる。それは、道徳的な当為と触発に由来する当為がどのように関係するのかという問題である。

フッサールによれば、道徳の要求、つまり彼のいう定言命法は、行為者が自らの生全体を洞察的に正当化可能なものにするという普遍的な意志の態度のうちで、熟慮にもとづいてそのつど達成可能な最善のことをなすよう命じる。しかし、先に述べたように、絶対的触発は合理的な根拠づけから独立した拘束力をもつとされている。これにしたがうなら、倫理的な人が熟慮して自らのなすべきことを決めたとしても、そうした道徳的な当為は、その人の愛に由来する当為によって打ち負かされうるということになる。つまり、主観的な絶対的当為が道徳的当為に対して優位を占めることになる。

これがフッサールの立場だとすれば、彼は『改造』論文などでとっていた自らの合理主義的な立場をたしかに放棄していることになる。前章で述べたように、『改造』論文では、たんに使命にしたがっているにすぎない生は倫理的生によって乗り越えられなければならないとされていた。使命はそれにしたがって生きる人のアイデンティティをなす。しかし、たんに使命にしたがっているにすぎない人は、自らの使命に対して批判的な態度をとることができない。使命がたまたまそれを自らの使命としている人にとってしか当為の源泉にならず、人によって異なるものである以上、正当化を欠いた使命からは普遍的な要求は導き出せない。そして、使命の批判的正当化を可能にするのは、生全体にかかわる批判の態度としての倫理的生の形式にほかならない。これが『改造』論文の立場だった。ここでは、道徳的な当為が主観的な絶対的当為に対して優位を占めているといえる。

フッサールの一九二〇年代の倫理学には、このように、道徳的当為と絶対的触発に由来する当為とのあいだの緊張が見られる。メレはこれを理性と愛のあいだの緊張として特徴づけ、それはフッサールにとって「究極的には神への理性信仰によってのみ解決されうる」ものだったと述べている（Melle 2007, 3）。ここでふたたび信仰が登場する。なぜ理性信仰が解決の手段になるのだろうか。

理性と愛の緊張は、道徳の普遍性と愛の個別性をどう調停するかという問題である。完全に合理的な生と世界が人間の意志によって実現できるという保証がないのと同様に、個別的な愛の価値と客観的な価値が一致するという保証もまたない。いいかえれば、愛の価値を追求することが道徳的にも正しいといえる根拠は、人間の事実的な生の中には見いだせない。では、人が道徳的であるためには、愛の価値の追求をあきらめなければならないのだろうか。しかし、それは自らのアイデンティティを捨てることを意味する。

> 私自身に由来する価値、まさにこの私が根源的な愛の献身によって選びとった価値は、実践的には、無条件的な価値、絶対に実現すべき価値であり、まさにこの私を拘束する。それに反した決断をすることは、自分自身に忠実でなくなること、自分自身を失うこと、罪を背負うこと、自らの真の自我を裏切ること、自らの真の存在に反して行為することである（絶対的な実践的矛盾）。〔……〕個別的な人格的価値こそが、人格に尊厳を与えるものである。
> （XLII, 356. 強調、八重樫）

すでに何かを愛している人にとって、愛の価値に由来する当為を放棄することは、自分自身に背くことであり、自らの人格の尊厳をそこなうことなのである。

このような仕方で愛の価値によってアイデンティティを規定されている人格的主体が道徳的に生きるためには、つまり生の理性的な正当化を目指す態度のうちで生きるためには、理性信仰が要求されるとメレは主張する。ここでいう理性信仰とは、たまたま私たちがある対象に触発されたという事実に由来する愛の価値が、客観的価値と一致するはずだという、理論的な根拠を欠いた信仰である。これは神による予定調和を信じることとしても特徴づけられる（Melle 2007, 14-5）。

しかし、ここでも、理性信仰に訴えることは問題の解決にはならない。それはむしろ、自らの愛ないし使命を無根拠に絶対化することにつながるように思われる。したがって、メレの提案はフッサール倫理学の正当化としては不十分といわざるをえない。しかし、彼が指摘した問題は、解釈者が真剣に取り組むべき類のものである。フッサールの一九二〇年代の倫理学には、不整合ないし緊張が実際に見てとれるからである。道徳的当為と主観的な絶対的当為のあいだの緊張に対して、理性信仰に訴えるのとは別の解決が模索されなければならない。

ロイドルトは、間主観的なコミュニケーションを通じた解決の道を示唆している（Loidolt 2010, 499-501）。愛の価値は対象が個別の主観を触発する仕方に依存した価値だが、主観が対象を愛する仕方には、類型的な一般性が見いだせる。ある母親がその子供を愛する仕方と、別の母親がその子供を愛する仕方は、まったく同じではないにせよ、共通の類型をもつと想定できる。フッサール自身このことを認めており、そうした類型的一般性のうちに共通の規範の源泉があると考えているふしがある。「私以外の人は誰も私と同じ個人的評価をもつことはない——さもなければその人は私自身だということになるから——としても、私と同じ形式で（同じ類型で）——他の対象に対してではあれ——個人的評価をすることはありうる。〔……〕個人的な使命の形式ないし愛の形式がもつ一般的な類型が、一般的な規範を定める」（XLII, 355. Cf. XXXIX, 161-2）。

ロイドルトが可能性を見いだしているのは、主観的な愛の価値がもつ形式の一般性から、コミュニケーションを通じて、間主観的な規範を練り上げていくという道である。具体的には、たとえば子供をもつ母親同士は、自分たちにとって子供がどのような意義をもつのかを理解し合い、子供にいかにかかわるべきかについて合意を形成することができる。このようにして形成される規範は、理想的には、同様の境遇にあるすべての母親にとって妥当するという普遍性をもつことが想定される。

しかし、このような解決の道は、愛の価値を客観的価値に回収し、個人的な絶対的当為を道徳的当為に回収することを意味するのではないだろうか。そもそも愛の価値は、合理的熟慮に依存しない拘束力をもつものとして特徴づけられていた。もし母親が、「母親というものは子供に対してしかじかのようにかかわるべきだ」という一般的な規範にしたがって子供を気遣うとしたら、彼女はもはや愛の価値によって規定されてはいないことになる。彼女の行為を動機づけているのは、子供への愛ではなく、合理的な熟慮である。ロイドルトの提案は、フッサールによる客観的価値と愛の価値の区別の眼目を失わせるものである。

とはいえ、これ自体は害のある帰結ではないかもしれない。というのも、問題の区別が本当に生の現実をとらえた妥当な区別なのかどうかは、疑う余地があるからである。以下では、客観的価値と愛の価値の区別が維持可能なものなのかどうかをあらためて問題にする。

だがその前に、ロイドルトの提案がはらんでいるもう一つの問題点を指摘しておきたい。彼女は個人的な愛がもつ類型的一般性が、規範の源泉になりうると考えているが、そこからどのようにして規範が導出されるというのだろうか。たとえば、母親が子供を愛する仕方に一般的な形式が見いだせたとして、どうやってそこから「母親はしかじかのように子供にかかわるべきだ」という規範が出てくるのだろうか。そこには大きなギャップがあるように思われる。このギャップを埋める方法について、ロイドルトは「間主観的な正当化によって」という以上のことを述べてはいない。以下の議論によって、愛と規範のあいだには、ロイドルトが類型的一般性を持ち出すことによって埋めようとしたギャップは存在しないことが明らかになるだろう。

4-2　愛の価値と客観的価値の区別は妥当なのか

道徳的当為と主観的な絶対的当為のあいだの緊張は、どのようにして解消されうるのだろうか。この緊張はそもそも、フッサール自身が導入した客観的価値と愛の価値の区別から生じてきたものだった。そこで、この区別そのものの妥当性を問いなおすことから始めよう。

前節で述べたように、問題の区別は、対象が価値をもつ仕方にかんする区別である。愛の価値は対象が個別の主観に相対的な仕方でもつ価値であり、客観的価値は非相対的な仕方で、つまり同じ対象ならどんな主観にとっても同じ価値をもつといえるような仕方で、対象がもつ価値である。この区別は本当に妥当なのだろうか。

第四章で論じたように、ある意味では、価値はつねに相対的なものである。それは価値が感情の相関者だからである。人がある対象に感情的にかかわる仕方は、文化相対的なだけでなく、個人においても変化する。にもかかわらず、感情は客観的な正当化に服するものであり、そのかぎりで、私たちは価値の客観性について語ることができる。

このことは、あらゆる価値に、したがってフッサールが愛の価値と呼ぶものにもあてはまるのではないだろうか。フッサールは、子供がその母親にとってもつ価値と、他人にとってもつ価値とでは、あり方が異なるという。しかし、母親であったことがなく、母親になることができない人でも、母親にとって子供がどのような意義をもつのかを理解することができるのではないだろうか（母親にとって子供がもつ愛の価値について語るフッサール自身、父親ではあったが、当然ながら母親であったことはない）。そうした理解が可能だとすれば、何がそれを可能にしているのだろうか。

フッサールが感情移入と呼ぶ他者経験の基礎をなす作用や、社会的作用と呼ばれるコミュニケーション的作用が必要なのはいうまでもないだろう。[13] しかし、感情移入を通じた他者経験やコミュニケーションを通じて、他人にとっての愛の価値を理解することができるためには、何かを愛し、そのことによって当為を受け取る能力を、他人と共有していなければならないように思われる。フッサールの価値論によれば、一般に、特定のタイプの価値を対象に帰属するためには、特定のタイプの感情をもつ能力が必要だといえるが、これとまったく同じことが愛についてもいえる。結局のところ、愛は感情の一種なのである（とはいえ、あらゆる感情が無条件の当為を生じさせるわけではないから、この点で愛は特殊な感情だといえるだろう）。

何かを愛したり、何かに対して使命を負ったりする能力は、人間的行為者の基本的な能力である。このことを理解するには、そうした能力を欠いた行為者を考えてみればよい。そうした行為者は、自分の生に一貫した方向づけを与えることができず、行為者としての一貫した自己理解、つまりアイデンティティの意識をもつこともないだろう。

コースガードは、自分の生き方に一貫性を与えるような自己理解を、「実践的アイデンティティの理解」と呼んでいる。実践的アイデンティティとは、「あなたが自分自身に価値を認めるさいの自己の記述、すなわち、自分の人生が生きるに値し、自分の行為が行うに値すると思うさいの自己の記述」（Korsgaard et al. 1996, 101）である。コースガードは、自分自身を「目的の国の市民」とみなしたり、「誰かの友人や恋人、あるいは、家族、民族、国家の成員」をみなしたり、「利益の奉仕者」や「情念の奴隷」とみなすことが、実践的アイデンティティの理解の例として挙げている（ibid.）。

実践的アイデンティティの理解は、行為者にとって無条件的な義務の源泉になる。「無条件的な義務が生じるのは、われわれにとって最も重要な自分自身の理解からである。なぜなら、それを損なうことは、自分の統合性を、したがって自分のアイデンティティを失うことであり、もはや自分ではないということだからである。つまり自分自身に価値を認め、自分の人生が生きるに値し、自分の行為が行うに値すると思うような自己の記述の下で、自分のことを考えることがもはやできなくなってしまうのである」(Korsgaard et al. 1996, 102)。

実践的アイデンティティによって無条件的に義務づけられるという構造は、人間にとって本質的な反省能力と一体になっている。「人間の意識の反省的な構造が、自分の選択を統制するなんらかの法則や原理に自分自身のアイデンティティを見いだすことを要求する。それは、自分が自分自身にとって法則であることを要求する」[14] (Korsgaard et al. 1996, 103-4)。

私たちはフッサールにおける愛の価値と実践的反省能力の関係を、こうしたコースガードの立場に引き寄せて解釈することができる。前章では、一九二〇年代のフッサールが、生全体にかかわる実践的反省能力を人間の本質をなすものとして考え、それを倫理学の基礎に置いていることを明らかにした。いまや、この実践的反省能力は愛ないし使命をもつ能力も含むと考えられる。なぜなら、生全体にかかわる「自己認識、自己評価、実践的自己規定」(XXVII, 23) が可能であるためには、実践的アイデンティティをもつことが必要だからである。生全体が何かによって一貫して方向づけられていてはじめて、自分の生き方を反省し、正当化し、ときには変えていくことができる。もし広い意味で何かを愛することができないとしたら、自分の人生が全体としてどのような人生なのかを反省的に見いだすことができず、したがってそれを正当化したり批判したりすることもできないだろう。フッサールのいう倫理的な生の形式は、生全体にかかわる批判的正当化の態度を含むものである以上、そこには愛や使命をもつことも含まれているのである。

こうした解釈は、可能な唯一の解釈ではないにせよ、十分な利点をもつ。なぜなら、この解釈を採用することによって、道徳的当為と愛に由来する当為の見かけ上の緊張関係がもはや問題ではなくなるからである。私たちの解釈によれば、道徳的に生きることができるためには、愛ないし使命をもつことができなければならない。愛や使命によって生き方を規定される能力と、生き方をより理性的なものにしようとする態度は、道徳的な行為者の本質にともに属している。このように考えるなら、愛の価値を客観的価値に回収することなく、本節で問題にしてきた緊張関係を解消することができる。

ただしその場合、客観的価値と愛の価値というフッサールの区別は、そのままのかたちでは維持できない。すでに述べたように、愛も感情の一種であり、あらゆる価値は感情の相関者である。愛は生き方にかかわる無条件的な当為の源泉になるという点で、他の感情から区別される。しかし、この区別と、価値にかんする「主観的／客観的」という区別は重ならない。愛は合理的根拠づけを介することなく無条件的な当為を行為者に課すが、批判と正当化を免れているわけではない。

人間の実践的反省能力は、愛ないし使命によって規定される実践的アイデンティティを問いなおし、根拠づけ、ときには作り変える能力を意味する。第五章で述べたように、実践的反省能力を発揮して生きることが倫理的に生きることだとすれば、そこには、自らにとっての愛の価値を批判し、正当化可能なものにしていくことが含まれる。そのような批判の過程を通じて、愛の価値は、場合によっては、客観的価値へと練り上げられていく（そうでない場合は、愛するに値しないものとして破棄されることもありうる）。この点では、愛以外の感情によって与えられる価値も同様である。どんな価値も、はじめから「誰にとっても」という仕方で与えられるわけではない。感情を介して与えられる主観的なものでありながら、批判と正当化を通じて客観的に妥当するものに練り上げられていく可能性に開かれているというあり方は、あらゆる価値にあてはまる。

こうした可能性に開かれているという意味で、愛の価値もその他の価値と同様に客観的だといえる。子供が母親にとってもつかけがえのない価値は、主観的で個別的なものにとどまるわけではなく、批判と正当化に開かれている。たしかに、ガイガーがフッサールに対して指摘したように（Mat. IX, 146 n; XXVIII, xlvii, 419-20）、母親は「子供を世話することは私にとって達成可能な最善のことだろうか」と考えることなく、子供を世話すべしという無条件的な当為に拘束される。しかし、母親にとって子供への愛の正当性を問うことが意味をなさないとか、正当性を問う必要がないと考えるのは誤っている。むしろ、母親の愛が正当化に開かれていないとしたら、彼女は道徳的な主体ではありえないのである。もし、「子供を愛する母親は道徳的な主体である必要はない」というなら、母親を尊厳と責任のある人格として認めないことになる。

フッサールは道徳的当為と愛に由来する当為を緊張関係にあるものとしてとらえ、その緊張が理性信仰によって解決されると考えた。しかし、こうした考えへとフッサールを導いた前提がそのままのかたちでは妥当しないことが、いまや明らかになった。フッサールの誤りは、愛の価値をたんに主観的なものとして考えたことにある。彼が愛の価値や使命という概念を重要視したのは間違っていなかったが、そうした概念が、道徳的であることを理性的であろうとすることと同一視する彼の以前の倫理学にとって脅威になるという考えは間違っていた。愛や使命という現象を重視することは、フッサールの合理主義的倫理学を脅かすどころか、むしろそれを、より生の事実性を考慮に入れた現実的なものにするのである。

フッサールの一九二〇年代の倫理学をこのように解釈することは、彼の哲学全体における事実性の問題の位置づけをとらえなおすことをうながす。第二章の末尾で述べたように、フッサールは事実性の問題への取り組みを形而上学と呼び、超越論的観念論の具体的展開としての超越論的現象学の外側に位置づけていた。しかし、これまで述べてきたような仕方でフッサール倫理学を解釈することが可能だとすれば、彼が事実性に含めたものの一部は、客観的な善さの構成分析の枠内であつかうことができるということになる。誕生や死や眠りといった他の「限界問題」についても同様のことがいえるかどうかは、ここでは未決のままにしておくほかないが、フッサールのいう真正の形而上学の問題に対して、フッサール自身が考えたのとは別の、しかしある意味ではより徹底してフッサール的なアプローチをとる可能性は開かれている。

最後に、愛の価値とそれに由来する当為についてこれまで述べてきたことが、人生の無意味さの問題にどのようにかかわるのかを考えてみたい。何かを、あるいは誰かを愛することは、主観的には生きがいをもたらす。だが、このこと自体は、「どんな人生も生きるに値しない」というニヒリズムを退けるには十分ではない。愛が与えてくれるのは主観的な有意味感にすぎず、愛が向けられている当のものが「永遠の相のもとで」価値をもつことはまったく保証されないからである。

　しかし、本節で述べてきたことによれば、愛の価値とそれに由来する当為は、たんなる主観的な現象にとどまるものではなく、客観的な妥当性を要求する。あらゆる感情がそうであるのと同様に、愛もまた、正当性を問うことのできる作用である。したがって、その相関者である愛の価値も、相対的ではあっても、たんに主観的な性質ではありえない。子供を愛する親や、芸術を愛する芸術家は、「あなたが愛しているものは本当に愛する価値のあるものなのか」と問われれば、「そうだ」と答えるだろう。「なぜ愛する価値があるといえるのか」と問われれば、「私の人生にとって欠くことのできないものだからだ」、あるいは「これを愛さないことは私には不可能だからだ」と答えるだろう。(15)

　もちろん、こうした理由は、当人と同じように他人もまた同じものを同じように愛することの理由にはならない。しかし、当人がそれを愛することにとっては、十分な正当化でありうる。何かを、あるいは誰かを、一貫性をもって愛している人にとって、彼が愛している当のものは、他人にとっては取るに足らないものであっても、現実に愛するに値するものなのである。他の種類の価値と同じく、ここでも、主体に相対的であることと客観的であることが両立する。

　この意味で「愛するに値するもの」をもち、それにかかわる活動に打ち込んでいるとき、人は「そんなことをして意味があるのか」という問いに対して、「ある」と断言することができる。このとき、その人の人生は実際に生きるに値するものになっているとはいえないだろうか。自分にとって本当に愛すべきものをもつことで、人は永遠の相のもとでは無意味な人生を、生きるに値するものにすることができるのではないだろうか(16)。

まとめ

本章では、生の事実性に目を向けたフッサールの一九二〇年代以降の倫理学的考察を取り上げ、そこで彼が展開している議論がどこまで維持できるのかを検討した。第一に、フッサールは、私たち人間が予測不可能な運命に取り巻かれているという事実が、倫理的に生きることを不可能にするのではないかと考え、この問題の解決を理性信仰のうちに見いだした。しかし、そうした考えは倫理的な生き方というものについての自己誤解にもとづいており、実際には深刻な問題は存在しない。したがって、理性信仰に訴える必要もない。第二に、フッサールは、私たち人間が受動的に触発されて何かを愛してしまい、そのことによって、理性を源泉としない絶対的当為を負うような存在者であるということから、合理主義的倫理学には限界があると考えた。しかし、私たちが何かを愛したり、使命を負ったりするということは、実践的反省能力を発揮して理性的に生きることの前提である。理性と愛が互いを排除するような関係にあると考える必要はないし、そのような考えは維持できない。

もちろん、以上の考察は、フッサールの後期の倫理学的考察を無意味にするわけではない。そこで彼が俎上に載せた生の事実性を考慮に入れることは、彼が展開してきた合理主義的倫理学を、より人間の生の現実に即した豊かなものにする。ただ、フッサール自身は行きすぎた自己批判によって、そうした豊穣化の可能性と自らの倫理学の一貫性を見えにくくしてしまったのである。

終章　フッサール倫理学の到達点と展望

本書ではここまで、価値と道徳にかんするフッサールの立場を彼のテキストにもとづいて再構成するという方針にしたがって、個別のテーマを論じてきた。フッサール自身は、倫理学にかんする体系的な著作を書くことはなかった。そのため、彼の倫理学が全体としてどのような倫理学なのかを見通すのは難しい。本書を結ぶにあたって、これまでフッサールのテキストから取り出し、検討を加えてきた主な主張をまとめ、彼の倫理学の全体像を粗描することにしたい。

フッサールの倫理学にかんする考察は、二つの大きなテーマをもつ。一つは超越論的観念論を背景とする価値の構成分析であり、もう一つは実践的反省能力を基盤とする道徳哲学である。本書がとる二部構成はこの二つのテーマに対応していた。

発展史的に見れば、一見したところ、フッサールの主な関心はある時期に第一のテーマから第二のテーマにシフトしたように見える。しかし、注意深く見るなら事情はそれほど単純ではないことがわかる。

第一に、第五章で論じたように、ゲッティンゲン時代の形式的実践論は、道徳の規範性を解明するという問題設定をすでにはらんでいる。また第二に、第六章で検討した客観的価値と愛の価値の区別と、後者にかんする詳細な分析は、フッサールがそれ以前に展開してきた価値の構成分析の見なおしを含んでいる。こうしたことを考慮に入れるなら、二つのテーマは時期にかかわらず、フッサールの倫理学を理解するうえでどちらも欠かすことのできないものだといえる。

では、それぞれのテーマについて、フッサールはどのような見解をもっていたのだろうか。本章では、本書の各部の議論を要約しつつ、フッサール倫理学の主要な主張を整理する。そのうえで、今後のフッサール倫理学研究の課題について述べることにしたい。

1　フッサール価値論の全体像

第二章で論じたように、構成分析とは、あるタイプの対象が存在するということを、それに対応するタイプの作用が根拠づけ連関のうちにあることと同一視し、後者の条件を解明することによって、当のタイプの対象が現実に存在することの意味を明らかにするような探究である。価値に対応する作用のタイプは評価作用である。したがって、評価作用の正当化条件を明らかにすることが、価値の構成分析の課題となる。

評価作用にかんするフッサールの見解のうちで、彼が最も早い時期から一貫して主張しているのは、評価作用が基づけられた作用だというものである。すなわち、評価作用は必然的に、それがかかわるのと同一の対象にかかわる非評価的作用なしには、対象に向かうことができない。『論研』では、ここからさらに、評価作用は非客観化作用だという主張がなされていたが、これはのちに撤回される。この間の理路は、第一章で辿ったとおりである。

『論研』を例外として、フッサールは価値にかんする客観主義をとっている。すなわち、対象についての評価には正しいものと間違ったものがあり、その正しさは客観的に決まる。この主張は、価値にかんする実在論から区別する必要がある。実在論者は、価値は主体の評価的態度から独立した性質だと主張する。フッサールがとっている客観主義は、これよりも弱い主張であって、評価作用が内在的正当性をもちうるということを意味するにすぎない。内在的正当性とは、対象への価値帰属の正当性であり、外在的正当性、すなわち非価値的性質の帰属の正当性から区別される（第四章5‐1参照）。

価値にかかわる作用は基づけられた作用だが、内在的正当性をもつ。次に問題になるのは、価値帰属の正当化において基礎的な役割を果たす作用はどのような作用か、ということである。フッサールはそのような基礎的な作用を価値覚と呼ぶが、第四章で論じたように、価値覚の本性にかんする彼の見解は揺れ動いている。すなわち、フッサールのテキストのなかには、価値覚を感情と同一視する見解と、両者を別の作用とみなす見解の双方が見いだされる。第四章での私たちの議論から明らかになったのは、フッサールの価値覚の理論を前者の方向性で理解する方が、解釈としてより生産的だということである。

したがって、本書で再構成したかぎりでのフッサールの価値論は、「価値の構成において基礎的な作用は感情である」という主張を含む。

以上で挙げた三つの主張、すなわち、①評価作用にかんする基づけテーゼ、②価値にかんする客観主義、そして、③価値構成における感情の基礎性が、本書で再構成したフッサールの価値論の主要な論点をなしている。ここに背景として超越論的観念論が加わることによって、価値の構成分析の一般的な課題が明らかになる。すなわち、価値の構成分析とは、さまざまな感情作用の正当化条件を分析することによって、それらに対応する価値を対象が現実にもつということの意味を明らかにするような探究である。

フッサール自身が立ち入って論じているわけではないが、このような価値の構成分析は、感情の規範の相対性を考慮に入れたものでなければならない（第四章5-1参照）。ある対象にかんしてどのような感情をもつのが正しいのかは、対象の価値がどのような尺度において問題になっているのか、また対象と主体がどのような文脈に置かれているのか、といったことに左右されると考えられるからである。それゆえ、価値の構成分析の具体的な展開は、感情主体の状況拘束性を考慮したうえで、感情作用を支配するきめ細かな規範を明らかにしていくことによってなされる。

フッサールは、そのような価値の構成分析を実際に展開したわけではない。価値にかんするフッサールの考察の重点は、具体的な分析よりは、超越論的現象学にもとづく価値論の一般的方針を示すことにあったといえよう。

本書で十分に展開できなかった課題の一つは、感情の種類による客観性の違いを考慮した分析である。感情の正当性を問うことがどれくらい意味をなすのかは、感情の種類によって異なるように思われる。感覚的な快・不快は、怒りや憐れみや称賛や自尊心に比べて、理由を挙げることが難しく、正当かどうかを判定しにくいように思われる。嫌悪感や恐怖は両者の中間にあるのかもしれない。もしあらゆる種類の感情が客観的ではないとすれば、そして、それゆえすべての感情が価値の構成にかかわるのでないとすれば、どこに線を引くのかが問題になるだろう。明確な線を引くことができないとしても、価値を構成する感情とそうでない感情にはどのような現象学的な違いがあるのかが問題になる。

また、フッサール的な価値論が、他の異なるアプローチによる価値論に対してどのような長所（と短所）をもつのかについても、本書では十分に論じることができなかった。第四章で示したのは、第一に、感情の正当性をモナディックな明証性に訴えてしか説明できないブレンターノの価値論に比べて、フッサールの価値論の方がより見込みがあるということ、第二に、感情と価値感得を区別するシェーラーやヒルデブラントの立場よりも、価値覚を感情と同一視するフッサールの立場の方がもっともらしい、ということである。フッサール価値論の今後の研究にとっては、より多くの比較対象と観点を考慮してフッサール的価値論の利点を示すことが一つの課題となるだろう。この課題に取り組むことは、感情と価値の哲学の歴史と現在のなかに、フッサールの理論を位置づけることを意味する。

2　フッサール道徳論の全体像

では次に、本書第二部で検討したフッサールの道徳哲学の主要な論点を整理する。

フッサールによれば、倫理学がかかわるのは、「私は何をすべきか」という問いの答えになるもの、すなわち道徳的判断の内容をなす当為である。第五章で述べたように、ゲッティンゲン時代のフッサールは、道徳的判断を一種の価値判断とみなし、道徳的当為を価値に還元しようとする。すなわち、行為者が可能な選択肢の価値を比較衡量し、理性的に選びとる行為が、道徳的になすべき行為である。このように道徳的になすべき行為を理性的な判断の相関者とみなす立場を、道徳にかんする合理主義と呼ぶなら、フッサールの倫理学は最後まで道徳にかんする合理主義に貫かれているというのが本書の解釈である。

フッサールのその後の倫理学的考察は、「なぜ理性的に行為し生きることが道徳的だといえるのか」という問いを中心に進められている。これは、道徳の規範性の根拠についての問いである。『改造』論文を中心とする一九二〇年代前半のテキストで、フッサールは人間的行為者に本質的にそなわっている実践的反省能力に、規範性の源泉を見いだしている。人間は、そのつどの行為だけでなく、人生全体についても、反省的に評価し、よりよい方向に作り変えていくことができる。そのような反省とコントロールの能力を最大限に発揮するような生き方が、人間の生の理想的なかたちである。そうした生き方の形式を、フッサールは「真の自我」あるいは「真の人間」と呼び、倫理的な生き方の形式と同一視する。真の自我の理想が倫理的な生き方の形式と同一視されるのは、それがあらゆる人間的行為者が目指すべき普遍的な理念だからである。人間として生きることは、多かれ少なかれ、実践的反省能力を発揮することを意味する。そのように生きることは、すなわち真の自我の理想を引き受けることにほかならない。

したがって、「可能なかぎり理性的に行為し、生きるべし」という要求は、人間的主体にとって唯一の普遍的な規範である。道徳の要求が普遍的な規範性をもつとするなら、それはこの理性的生の要求以外のものではありえない。

こうして道徳の規範性の源泉を実践的反省能力のうちに見いだしたあとで、フッサールは「本当にそうなのか」と自問する。人間の生の事実性・不合理性を考慮に入れるなら、「理性的に生きることがよく生きることだ」と単純にはいえないのではないか。第六章では、フッサールのこうした自己批判について検討した。そこで明らかにしたように、生の事実性・不合理性を考慮に入れたとしても、道徳にかんする合理主義を捨てる必要はない。ただし、そこでの愛の価値をめぐる考察は、道徳哲学におけるアイデンティティの重要性をあらためて浮き彫りにするという結果をもたらす。人間は、特定の価値タイプの実現に向かう長期的な傾向をもつことがある。そうした傾向は、個々の人間が何者であるかを規定する。こうしてアイデンティティをもつことによってはじめて、人間は自分の生き方に責任をもつことができる。したがって、ある意味では、個々の主体のアイデンティティが道徳の規範性の源泉だということができるだろう。

しかし、このことは、道徳が個人の生き方の問題にすぎないことを意味するわけではない。道徳の問題はあくまで正しさにかかわる問題なのであって、正しさはつねに客観的である。第四章で引いたフッサールの言葉をもう一度引くなら、「主観的妥当などというものは妥当ではないのであって、そのようなものは妥当という概念を台無しにしてしまう」（XXVIII, 403）。アイデンティティを重視することは、道徳を主観的なものにすることではない。むしろ、道徳の根拠である人間の実践的反省能力のうちに、アイデンティティをもつことが含まれているというのが、フッサールの辿り着いた（あるいは、辿り着くべきだった）見解である。

アイデンティティをもつことは、広い意味で何かを愛することを含み、そこから発する。しかし、愛が個人的なものだとしても、自分が愛しているものが本当に愛するに値するのかを問うことはつねに意味をなす。この点で、愛と理性は互いに排除し合うものではなく、愛も理性の要求に服するのである。第六章でわれわれは、フッサールの後期のテキストの解釈を通じて、このような結論に辿り着いた。

フッサールの道徳哲学の主な見解を三点にまとめるなら、①道徳にかんする合理主義、②実践的反省能力による道徳の根拠づけ、③アイデンティティの重要性、ということになるだろう。

フッサールの道徳哲学は、フッサール自身によって十分に展開されてはいない。本書第二部では、彼が残したアイディアを可能なかぎり整合的に解釈し、そこから帰結を引き出す作業を通じて、フッサール的な道徳哲学の輪郭を描いた。それを一つの体系的な道徳理論に仕上げるには、まだ多くの課題が残されている。価値論について先に述べたのと同様に、道徳哲学についても、他のアプローチとの比較を通じてフッサールの理論がもつ独自性と利点を明らかにすることが重要な課題となるだろう。

本書では、フッサールの道徳哲学を合理主義として特徴づけた。第六章で触れたように、それはとりわけコースガードのような現代のカント主義的倫理学と親近性をもつように思われる。もちろん両者のあいだには実質的な違いが数多くあるが、それらについては十分に論じることができなかった。また、コースガードに対しては、彼女が本当に道徳的規範性の根拠を説明できているのかをめぐって、さまざまな反論がなされてきた。[1] こうした反論を考慮に入れながら、フッサールの倫理学がそれを乗り越えうるのか否かを検討するといった作業が、今後取り組むべき課題の一つとして挙げられるだろう。さらに、より大きな文脈のもとで考えるなら、現代のカント主義的倫理学に大きな影響を及ぼしているロールズや、その主要な批判者の一人であり、ロールズとともにコースガードに影響を及ぼしたウィリアムズも、議論の俎上にのぼってくるだろう。[2]

価値一般の説明がそうであったのと同様に、道徳の説明においても、フッサールは感情の役割を重視している。彼の倫理学はいわば、「感情的合理主義」の倫理学である。愛すること、何かを自分にとって重要とみなすことはいうまでもなく感情的な態度である。そうした態度が理性的正当化を排除するものでないことは、第六章で論じた。しかし、個別の行為や人の道徳的評価において、つまり、日常的に私たちが下している道徳的判断において、感情がどのような役割を演じているのかについては、フッサールはあまり語っていないし、本書でも論じなかった。この点をなおも掘り下げることは、おそらく可能であり、またフッサール倫理学をより理解可能なものにするためには必要であろう。そうした作業は、一方では、フッサール自身も重要視していたヒュームやアダム・スミスの道徳感情論との比較を通じて、[3] 他方では、現代の倫理学および道徳心理学における理性主義と感情主義の対立のなかにフッサール倫理学を位置づけることとして、今後なされるべきだろう。[4]

註

序章

（1）　以下、フッサール著作集（*Husserliana: Edmund Husserl Gesammelte Werke*）から引用する際には、慣例にしたがって巻数をローマ数字で示し、その後に頁数を示す。著作集・資料篇（*Husserliana Materialienbände*）は「Mat.」、著作集・記録篇（*Husserliana Dokumente*）は「Dok.」と略記し、同様に巻数と頁数を示す。

（2）　フッサールはしばしば意識の働き一般を、デカルトの表現を借りて「コギト」と呼ぶ。コギトには「行為すること（Handeln）」が含まれ（III/1, 59）、また、「私は動く（Ich bewege mich）」の一種としての「私は発話する（Ich spreche）」も含まれる（XX/2, 31）。こうしたものを含むフッサールの作用概念がはらむ問題については、植村 2007 を参照。

（3）　「作用の遂行」といういい方は、私たちが意図的におこなうことだけを指すように思えるかもしれないが、実際にはより広いことがらを意味する。フッサールは、知覚、判断、欲求、感情など、志向的な意識の要素をすべて作用と呼ぶ。そして、個別の作用が生起するときにはかならず自我がその担い手となるため、作用が生起することを「作用が遂行される」もしくは「自我が作用を遂行する」といい表すのである。

（4）　ここで、「道徳的」と「倫理的」にかんする用語上の注意を述べておきたい。本書では、広く受け入れられている用語法にしたがって、「何をなすべきか」あるいは「どのように生きるべきか」にかんすることがらを指すときに「道徳的」という語を用いる。そして、「倫理的」という語はフッサールの用語としてのみ用いる。フッサールの用語法がどのようなものかと言えば、「倫理的」という語を「何をなすべきか」あるいは「どのように生きるべきか」にかんすることがらを表すために使う一方で、「道徳的」という語は文脈によって異なる意味で使っている。つまり、彼は「道徳的」を「倫理的」と交換可能な意味で使う場合と、後者から区別して使う場合がある。区別して使う場合には、「道徳的」を、彼が「隣人愛」と呼ぶところの利他的な行為ないし動機づけを表すために使っている（XXXVII, 10-2）。だが、本書の議論において、こうした「道徳的」と「倫理的」の区別が重要になることはない。したがって、以下ではつねに「道徳的」と「倫理的」を交換可能な意味で用いる。

（5）『改造』論文執筆にかんする事情については、XXVII, x-xi を参照。

（6）フッサール倫理学にかんする二次文献は、吉川 2011 の序章で数多く紹介されているので、そちらも参照されたい。

（7）同講義録の内容については、八重樫 2016b でより詳しく紹介している。

（8）「革新」という主題の由来について、詳しくは XXVII, xi-xiii を参照。

（9）吉川 2011 の拙評（八重樫 2012）も参照されたい。

（10）たとえば以下の箇所を参照。「このような〔ゲッティンゲン時代の〕倫理学の主題は、価値や善の客観性とそれを志向する可能な理性主観であって、個別的状況拘束的な生そのものではない。対象性の構成の探究は作用に目を向け、その正当性を問うが、生そのものの善さを問うわけではない。このような枠組みにおいては、生き方の問いを発することはできないであろう」（吉川 2011, 122）。

第一部

第一章

（1）以下、『論研』からの引用は特に断らないかぎり第一版にしたがう。

（2）　客観化作用と非客観化作用の区別について、より詳しくはMelle 1990; Benoist 2002; Mayer & Erhard 2008を参照。

（3）　作用間の基づけ関係は、客観化作用と非客観化作用のあいだにのみ成り立つというわけではない。『論研』第六研究では、感性的直観とカテゴリー的直観のあいだの基づけ関係が論じられる（XIX/2, 681-5）。だが、本書ではこの種の基づけ関係には立ち入らない。

（4）　意味付与作用を、言語表現を理解する際の作用とする特徴づけは、たとえば以下の箇所によっている。「記号をそれにともなう想像心像の支えなしに理解する場合、われわれに対してあるのはたんなる記号では決してない。むしろそこには理解がある、つまり、〔……〕表現に意味を、したがって対象への関係を付与するこの独特な作用体験がそこにある」（XIX/1, 71）。ただし、フッサールは、有意味な言語表現を自ら使用するときにも、意味付与作用が働いていると考える。たとえば以下の箇所を参照。「意味のなかで、対象へのかかわり（gegenständliche Beziehung）が構成される。したがって、意味をもつ表現を用いることと、表現することによって対象を指示すること（対象を表象すること）とは、ひとつのことである」（XIX/1, 59）。

（5）　ここでは『論研』の充実化の理論をいくらか単純化している。厳密にいえば、フッサールが充実化と呼ぶのは、表意作用と直観作用から区別される第三の作用である。すなわち、充実化とは、そのうちで表意作用と直観作用の対象の同一化的合致が体験されるような意識として特徴づけられる（XIX/2, 566）。だが、評価作用と価値の関係を明らかにするという当面の目的にとっては、ここでの単純化は無害なものである。なお、フッサールが充実化をなぜ二つの作用のあいだの関係ではなく、第三の作用とみなさなければならなかったのかについては、Benoist 2008が説得的に論じている。

（6）　第一研究で意味理解の作用として特徴づけられた意味付与作用は、第五研究では、よりはっきりと意味充実作用との関係のうちに置かれ、「目標を狙うこと（Abzielen）」という比喩をもちいてより一般的な仕方でとらえなおされる（XIX/1, 393）。

（7）　ただし、すべての文の真理がこのような仕方で確証されるわけではない。たとえば、「独身者は結婚していない」のような分析的に真である文は、その意味を判明に理解した時点で確証されているといえる。このようなケースをフッサールは、直観による充実化の特殊なケースとしてあつかう（XXVI, 133-5 および植村 2016、第七章を参照）。
（8） これに対して、表意作用と直観作用が時間的に隔たって生起するケースは「動的合致」と呼ばれる。
（9） もっとも、これは認知主義と非認知主義の対立の一つの特徴づけにすぎず、他にもいくつかの特徴づけが提案されている。詳しくは Roojen 2009 を参照。
（10） 後のフッサールが客観主義的直観を重視する方向にシフトしたことについては、次節および第四章で論じる。
（11） 評価と価値の理論を認識論に回収することに対する疑念は、すでに一九〇七年の草稿でも表明されている（XXIV, 424）。
（12） ここで、「この花は本当に美しいのだろうか」という問いを、価値判断の真偽についての問いとみなしてはならない。なぜなら、本章1-3-2で論じたように、ここで前提されている『論研』の枠組みでは、価値判断の意味の担い手は、評価作用を対象とする客観化作用だからである。

第二章

（1） 「イデーンあとがき」（一九三〇年）の次の箇所も参照。「超越論的現象学的観念論は、他のものと並ぶ個別の哲学的テーゼや理論ではない。そうではなく、具体的な学問としての超越論的現象学は、観念論について一言も述べられていないときも、それ自体で（学問として遂行された）普遍的観念論なのである。〔……〕〔現象学的観念論の〕唯一の課題と成果は、この世界の意味を、すなわちこの世界が誰にとっても現実に存在するものとして妥当し、しかも本当に正しく妥当しているときの、まさにその意味を解明することである」（V, 152）。
（2） 著作集第三六巻『超越論的観念論』に収められた草稿は、一九〇八年から一九二一年のあいだに書かれたものである。つまり、それらはすべて『デカルト的省察』よりも前に書かれたものであり、またいくつかの重要な草稿は『イデーンI』よりも前に書かれている。
（3） この点をめぐってザハヴィとブノワのあいだでなされた論争（Benost 1997, ch. 7-8; 2003; Zahavi 2002; 2004）を参照。
（4） 『論研』のフッサールは、「外界の存在は認識論的には（したがって現象学的には）問題にならない」と考えていたのはたしかだが、それが哲学的にどうでもよいことがらだとは考えていなかった可能性もある。『論研』と近い時期のフッサールは、外界の存在のような形而上学の問題を真正な哲学的問題とみなし、認識論的な探究によってそれらが解決されるという考えをもっていた（植村2016、第一章を参照）。

（5）『論研』の認識論の課題は以下の箇所で最も明瞭に示されている。「外界の存在と本性についての問いは形而上学的な問いである。これに対して認識論は、認識的思考の理念的本質ないし意味の一般的解明なのだから、たしかに次のような問いを含む。すなわち、思考体験のうちで与えられておらず、したがって本来の意味で認識されていないような対象についての知識や合理的推測が可能なのか、またいかにして可能なのか、といった問いである。しかし、われわれが事実的に与えられているデータにもとづいて実際にそのような知識を獲得できるかどうかという特殊な問いや、そうした知識を実現するという課題は、認識論には含まれない」(XIX/1, 26)。

（6）筆者の解釈上の立場は、超越論的観念論は形而上学的実在論の拒否を含意するというザハヴィの解釈（Zahavi, 2002; 2008; 2010）に近い。

（7）「明らかに、『*A*は真である』という命題と、『「*A*は真である」と誰かが明証をともなって判断することが可能である』という命題のあいだには、一般的な同値関係が成り立っている」(XVIII, 187)。

（8）一九〇八年に書かれた草稿の以下の一節は、超越論的観念論が形而上学的観念論ではなく、また常識的実在論と両立するものだということの明確な表明である。「他方でもちろん、あたかもあらゆる他の存在は単に見かけ上のものであり、非現実的な仮象ないし虚構であるかのような意味で、『ただ絶対的意識だけが存在する』と述べるのは有害である。このように述べるのはもちろん根本的に間違っている。自然の客観は当然ながら真なる客観である。その存在は真なる存在であって、自然は真正な、まったき意味での現実である。この存在にそのカテゴリーからして要求されているのとは異なる尺度をあてがうことは根本的に間違っているし、それが意識において『構成されるもの』、意識に根をもつものだからといって、それから信用を奪うというようなことは、根本的に間違っている」(XXXVI, 70-1)。

（9）超越論的観念論が「自然的実在論を丸ごと内に含む」(IX, 254)とか、「どんな普通の意味での『実在論者』も、現象学的『観念論者』である私以上に実在論的かつ具体的であったことはありません」(Dok. III/7, 16. 一九三四年六月八日付、エミール・ボーダン宛）といった後年のフッサールの発言も、こうした文脈において理解されるべきである。

（10）知覚になんらかの（たとえば心的像を介して対象にかかわるというような）間接性を認める立場もある。だが、ここでそうした立場を論駁しようとするとあまりにも脇道にそれることになるため、『論研』以降のフッサールが一貫してそうした立場を鋭く批判していたことを指摘するにとどめたい（以下を参照。XIX/1, 436-40; III/1, 89-91; 207-8）。

（11）ここで意図しているのは、超越論的観念論において重要な役割を果たしているかぎりでの構成概念の特徴づけであって、フッサールの構成概念全般のそれではない。主に時間論の文脈で問題になる意識ないし自我の自己構成の問題を考慮に入れると、構成概念の特徴づけはより複雑になるだろう。そうした問題をも考慮に入れたフッサールの構成概念全般にかんする研究として、Sokolowski 1970 はいまなお参照に値する。また、D. W. Smith 2007, 301 での構成概念の説明も参照。

（12）より厳密にいえば、空間的延長、時間的延長、他の事物との位置関係、静止と運動といった、事物が事物としてもちうる本質的諸形式がいかにして構成されるのかも、事物の構成分析に含まれる。『物と空間』（著作集第一六巻）でフッサールが取り組んでいるのはそのような諸形式にかんする構成分析である。

（13）ビーメルとガダマーは、フッサールのいう構成は存在者の産出ではなく、あらかじめ存在するものの復元（Restitution）、つまりそれが存在するということの妥当性を明らかにすることだと理解した（Biemel 1959, 200; Gadamer 1972, 178）。これに対してザハヴィがおこなった「フッサールは意識における原理的な認識可能性との関連においてしか存在については語れないと考えていたのだから、構成を復元として理解するのも、産出として理解するのも、ともに適切でない」という主旨の批判（Zahavi 1992, 140-3）は正しい。

（14）『論研』第一版にも「構成」、「構成する／される」という語はたびたび登場するし、「対象が作用のうちで（本来的に）与えられる」という意味で使われている箇所もある（たとえば、XIX/1, 169; XIX/2, 748）。しかし、対象の存在を意識における根拠づけの統一と同一視するというような発想はまだそこにはない。

（15）対象の現実存在は言明の真理の条件でもあるが、前者がそれを与える意識連関の相関者にほかならない以上、言明の真理を単純に対応説的に理解することはできない。したがって、言明の真理もまた、対応する判断作用の根拠づけ可能性の相関者として理解され、後者によって分析されることになる。これについてはたとえば以下の箇所を参照。「次の二つの表現、すなわち『ある原信念的〔＝推測や疑念などに変様されていない信念をあらわす〕命題、たとえばある言表命題が真である』と『それに対応する信念作用ないし判断作用に、完全な理性性格が属する』は同値的な相関関係にある」（III/1, 323）。「『Aは存在する』という命題と、『Aの存在の可能的な証示のプロセスが構成できる』あるいは『そのような証示の洞察可能な理念的可能性が成り立っている』という命題は、同値である。こうして、一般的にいって、『真理』の理念と『洞察的証示の理念的可能性』という理念は、同値的な理念である」（XXXVI, 73）。

（16）　いわゆる発生的現象学においては、作用が自我によって能動的に遂行される以前にすでに働いている受動的「先構成」が問題になるため、話はさらに複雑になる。しかし、ここでは構成分析の基本的なアイディアを明らかにすることが目的なので、発生的現象学について立ち入って論じることはしない。

（17）　ただし、世界無化の議論においては、世界が存在しない場合の意識は、いかなる根拠づけ連関も成り立たない混乱した意識として考えられていることに注意すべきである（III/1, 103）。この点をふまえるなら、「世界が存在しないとしても意識はそのまま存在しうる」という主張をフッサールに帰属させる誤りは防げる。この点を指摘してくれた植村玄輝氏に感謝する。

第三章

（1）　同書は、ブレンターノが一八七六／一八七七年冬学期に起草し、変更を加えながら一八九四年まで講義に使い続けたテキストにもとづいている（Brentano 1952, iv-v）。ただし、もとの講義草稿にあまり忠実ではなく、クラウス、カスティル、ヒレブラントによる補足・修正が加えられている。

（2）　一九二〇年の『倫理学入門』でも、同様の論点について述べる際にブレンターノを引き合いに出している（XXXVII, 228-9）。

（3）　フッサールの形式的倫理学について、より詳しくはMulligan 2004を参照。

（4）　心的現象についての他の本質的特徴（内的知覚の対象となりうる（Brentano 1924, 201-3）、志向的に存在するだけでなく現実的にも存在する（Brentano 1924, 129-32）、など）については、ここでは立ち入らない。
（5）　ブレンターノの判断論については、Chrudzimski 2001, 51-8 が見通しのよい解説を与えている。
（6）　正の価値をもつとみなすことと負の価値をもつとみなすことに対するより簡潔な名称として、ブレンターノは「愛」と「憎しみ」を提案している。それゆえ、情動一般は「愛と憎しみの作用」といいかえられる。また、情動のクラスには、対象を単純によいものや悪いものとみなす作用だけでなく、対象を他の対象と比較してよりよいもしくはより悪いとみなしたり、最もよいもしくは最も悪いとみなしたりする作用も含まれる。以下で「正ないし負の価値をもつとみなす」とか「愛したり憎んだりする」という場合には、特に断らないかぎり、これらの作用も含むものとする。
（7）　たとえば、Ehrenfels 1897, 236; Anscombe 1978 を見よ。
（8）　Brentano 1979, 235-240 では、シュトゥンプとの差異に言及しつつ、快と不快の感覚について詳細に述べられている。
（9）　フッサールは『論理学研究』以降も気分や衝動といった非志向的感情についての考察を展開しているが、ここでは議論の本筋から外れるため取り上げない。この主題にかんする研究として、以下を参照。Lee 1998、稲垣 2007、第四章。
（10）　あらゆる感情が正ないし負の誘因価（valence）をもつという主張や、感情の誘因価と価値を同一視する見解については、Mulligan 2010, 492-6 を参照。感情の哲学および心理学における誘因価の概念については、Frijda 1986, 207; de Sousa 2014, sec. 4 を参照。
（11）　この見解の変化はブレンターノ自身の著作によってではなく、孫弟子にあたるクラウスの証言によって知られている（Kraus 1937, 174, 196-7）。
（12）　フッサールは中立的な価値を、ストア派に由来する「アディアフォラ（Adiaphora）」という名で呼んでいる（XXVIII, 84-5）。
（13）　ただし、中立的な価値を認めることには以下のような問題がある。第3節で述べるように、ブレンターノは価値を正しい情動の相関者として考えている。しかし、価値的に中立なものについての正しい情動というものは存在しえない。だとすれば、結局のところ中立的な価値というものは存在しえないのではないか。この点は、正しい情動によって価値を説明するというブレンターノの戦略にとって、一つの大きな困難をなす。とはいえ、あとで述べるように、ブレンターノの理論はこれとは別に、明証の特徴づけにかんする困難を抱えており、いずれにせよ失敗しているとみなさざるをえない。

（14）　少なくとも一時期のフッサールは、理論的判断の領分にもこれと並行的なものがあると考えている（XXXVII, 230-1）。

（15）　この書簡は晩年のものだが、判断についてはかなり早い時期に対応説を放棄し、明証説をとっていたことが、フルヴィムスキによって指摘されている（Chrudzimski 2001, 62-9）。

（16）　人はしばしば、不都合なことがらについては知りたくないと思うものである。だが、そのような場合でも、知ることそれ自体への愛はやはり正しく、知ることそれ自体を憎むのは正しくない。知ることを手段として憎む情動であれば、場合によっては正しいこともある。たとえば、配偶者の浮気について知ることは、平穏な夫婦生活の維持という目的のための手段としてはよくないことかもしれない。

（17）　適切な（賛成的ないし反対的）態度によって価値を説明しようとする理論は、「適合態度理論（Fitting Attitude Account）」と呼ばれる。循環の問題は、あとで言及する不当な理由の問題と同じく、ブレンターノ流の理論だけでなく適合態度理論が一般に直面する問題である（Jacobson 2011）。

（18）　これに類する批判は、Anscombe 1978, 145 に見られる。

（19）「価値があるとみなす」といういい方が依然として引っかかるなら、「肯定的に評価する」、「是認する」、「好む」といった表現に置きかえてもよい。

第四章

（1）　こうしたフッサールの立場は決して彼の倫理学の発展のある時期だけに特有のものではない（ただし、第一章で論じたように、『論研』は例外である）。一九二〇年代においても、彼は道徳的判断に客観性を認めている。「あらゆる道徳的判断は、たんなる主観的感情の表現ではないし、『事実として、正常な人間は誰でもしかじかのように感情的もしくは実践的に振る舞いがちである』という一般的な事実の表現でもない。そうではなく、道徳的判断はそれ自身の意味からして、当該の実践的振る舞いが正しいものであるとか正しくないものであるといったことへのコミットメントを含むのである。道徳的真理には、数学的真理やその他のあらゆる真理と同様に、次のような意味が含まれている。すなわち、『誰であれしかじかのように決断する者は、道徳的（あるいは数学的等々）に正しく決断している』という意味である。同様に、虚偽のうちには、『誰であれしかじかのように決断する者は、誤って（非難されるべき仕方で）決断している』という意味が含まれている」（XXXVII, 149. Cf. Mat. IX, 110）。道徳的判断の客観性については、次章で主題的に論じる。

（2）ここでの立場の分類は、Shafer-Landau 2003, ch. 1 をもとにしている。

（3）錯誤説をとる論者の代表はマッキーである（Mackie 1977）。八重樫 2010a は、フッサールによる倫理的懐疑主義批判が、マッキーの錯誤説に対する批判として機能しうることを論じている。

（4）価値にかんする主観主義に対するフッサールの批判については、Peucker 2011 を参照。また、フッサールが主観主義をとっていないことについては、本章**5-1**でふたたび触れる。

（5）したがって、意識から独立した価値について語ることは意味をなさない。事物についての形而上学的実在論を拒否したのと同様に（第二章第2節参照）、フッサールは価値についても形而上学的実在論を拒否する。

（6）このことに関連して、非価値的定立が可能的・蓋然的といった様相化を許容するのと同様に、価値的定立もそうした様相をともないうる。なお、対象が現実にしかじかの性質をもつことへの様相化されていない信念的定立は、「原信念（Urdoxa / Urglaube）」と呼ばれる（III/1, 241）。

（7）筆者が確認しえたかぎりでの「価値覚」という語の最初の用例は、一九〇七年のものである（A VI 3, 70a [1907]）（未公刊草稿への参照指示の方法については本章註（9）を見よ）。しかし、フッサールの初期の倫理学講義には草稿が現存していないものが多いため、その中でこの語を用いていた可能性は残る。
ヒルデブラントは、フッサールが一九〇二年から講義で価値覚という語を用いていたと証言しており（Hildebrand

1916, 205)、これが本当だとすれば、『イデーンII』の引用箇所でのフッサールの回顧は正確だということになる。もっとも、ヒルデブラントがフッサールのもとで学び始めたのは一九〇九年のことなので、この証言の信頼性には疑問が残る。

（8）『イデーンII』はさまざまな時期に書かれた草稿が入り組んだかたちで編集された著作であるため、引用箇所の推定執筆年をページ数の後の［ ］内に示す。同書の成立史については榊原 2009、第II部第一章を参照。

（9）以下、未公刊草稿からの引用に際しては、フッサール文庫の草稿整理番号とページ数、そしてそれが書かれたと推定されている年代を示す。また、ドイツ語原文を脚註に示す。なお、『意識構造の研究』の成立過程と概要については、Vongehr 2004; 2011; Melle 2015 を参照。また、同草稿群も含めたフッサールの初期から中期までの感情論についての詳細な文献研究として、Melle 2012 がある。

（10）„Wenn ich nun die Zigarre sehend, sie als so und so schmeckend auffasse, z.B. eine Sumatra als so, als von leichtem und flüchtigem Aroma, eine Havanna als "schwer", so ist diese Auffassung nicht mehr Sache der Wahrnehmung. Und wenn sie sich zunächst in der klaren Vereigentlichung aufgrund der Anschauung（eine Art Erinnerung）und dann durch wirkliches Rauchen bestätigt, so ist der bestätigende Akt keine Wahrnehmung, sondern ein auf Wahrnehmung sich gründender Akt höherer Stufe.“

（11）欲求が充足されることと価値が本来的に与えられることの区別は、『倫理学入門』の快楽主義批判の箇所で明確に述べられている（XXXVII, 64-70）。「『〔目標を〕達成した』という喜びの感情は、目標の価値がそのうちで与えられるところの感情作用ではない」（XXXVII, 70）。同講義の快楽主義批判については、八重樫 2016b を参照。

（12）„Urteilend bewerte ich etwas, ob es einer “Norm” entspricht, messe ich etwas an einem Maß［...］. So bewerte ich Urteile nach ihrer Angemessenheit an die Wahrheit oder nach ihrer Begründbarkeit. Wiederum bewerte ich Gemütsakte nach ihrer Angemessenheit an Gemütsnormen, an die Bedingungen der “Richtigkeit” oder der Erfüllbarkeit.“

（13）„Ich sehe eine schöne Frauengestalt. Einmal bin ich entzückt, das andere Mal lässt sie mich kalt, obwohl ich sie gleich schön finde. Dasselbe gute Essen, je nachdem ich satt oder hungrig bin, entzückt mich oder lässt mich kalt［...］Das Fühlen als Werterfassen ist zu scheiden vom Genießen, von der höheren Gemütsreaktion.“

（14） „Danach habe ich in früheren Jahren verwechselt: 1) schlichte Wertapperzeption, zur Gruppe der schlichten Apperzeptionen überhaupt gehörig, bzw. Werten *als* Vollziehen einer *solchen* Apperzeption; 2) Werten als im höheren Gemütsgebiet Reagieren gegen Wertlichkeiten, also aufgrund *von* Wertapperzeptionen.“

（15） 本節の内容は八重樫 2013 と部分的に重なる。

（16） 価値覚をどのように特徴づけるべきかというフッサール解釈上の問題が、感情と価値の関係をどう考えるべきかという問題につながるという発想はマリガンに依っているが、把握説と反応説という呼称は筆者が独自に導入したものである。マリガンは、フッサールがここでいう把握説をとっていると解釈しているが、先に引用した『意識構造の研究』の論述を考慮に入れるなら、事情はそれほど単純ではない。また、マリガン自身はどちらかといえば反応説の方が有望だと考えているが、筆者自身は、以下で論じるように、把握説の方がより見込みがあると考えている（Mulligan 2004; 2010）。

（17） 誰がどの立場をとっているのかについては、Mulligan 2010, 482-8 および Ferran 2008, ch. 6 を参照。

（18） 感情を知覚と類比的なものとみなす立場の論者はしばしば、概念能力を前提しないという点でも感情が知覚と似ていると主張するが、ここではそうした論点には立ち入らない。Deigh 1994 および Deonna 2006 を参照。

（19） 把握説と反応説のどちらをとるにしても、価値が強い意味で反応依存的な（反応が存在するときにのみ存在する）存在者だと主張する必要はない。むしろ、価値が強い意味で反応依存的だとすると、あらゆる感情が正当だということになってしまう（Teroni 2007, 397 n.）。

（20） シェーラーは、次のような一見説得力のある議論によって、価値を把握する機能が感情とは別の体験に帰属することを論証しようとしている。私たちは同一の痛みを、苦しむ、耐える、享受する等々、さまざまな仕方で経験することができる。これらの異なる経験の仕方を通じて同一の価値的なもの（すなわち痛み）が経験されているとすれば、異なる反応の仕方（これが感情にほかならない）から区別して、痛みを与える同一の働きが存在すると考えなければならない、と（Scheler 1916, 270）。しかし、この議論は説得力を欠いている。というのも、なぜ同一の価値的なものが異なる仕方で経験されていると考えなければならないのだろうか。痛みに苦しむときと、痛みを享受するときでは、置かれている身体状態は同じだったとしても、それに対する評価の仕方は異なるように思われる。だとすれば、異なる価値を把握していると考える方が自然だろう。

(21) テローニはこれに近い立場をとっている（Teroni 2007, 408）。

(22) マリガンがこれと同じ問いを立てている（Mulligan 2010, 485）。

(23) ゴールディーはこの種の理由を、感情の正当化理由と呼んでいる（Goldie 2004）。

(24) 感情の誘因価については、第三章第3節でも触れた。同節の本文および第三章註（10）を参照。

(25) 一九二〇年の『倫理学入門』講義のフッサールは、価値覚と感情的享受をはっきりと同一視している。「〔ある音楽を聴きたいという努力の〕充実においては、私は音楽の知覚と音楽の価値覚をもつ。後者を別の表現でいいかえれば、音楽の実際の享受である」（XXXVII, 75）。このことは、フッサールが遅くともこの時期には、公式に把握説を採用していたことの証拠になるかもしれない。とはいえ、『意識構造の研究』の一部に見られる反応説的な見解を彼がなぜ捨てたのかについて確定的なことを述べるのは難しい。

(26) 感情を、価値を（知覚と類比的な仕方で）把握する作用とみなしたうえで、価値の相対性をどのように考えるかという課題とその解決については、八重樫 2016a、第5節でも論じた。

(27) 物の見え方が概念的分節化の能力によって変わるケースとしては、虹がいくつの色をもって見えるのかが知覚主体のもつ言語によって変わるといった例を挙げることができる。

(28) 以下の議論は、吉川ほか 2017、第六章6‐1で筆者が展開した議論と部分的に重なる。

(29) このことを力説している現代の哲学者の代表は、D・ウィギンズである。Wiggins 1998a; 1998b を参照。

第二部

第五章

(1) 「価値論や善の理論は、それだけでただちに倫理学であるわけではない。これまでに考慮してきた類の問いは、いまだ義務についての問いではない。義務の問いは、『私は何をすべきか』というかたちをとる」（XXXVII, 245）。以下では、本書全体においてそうであるように、「道徳的」と「倫理的」を交換可能な仕方で用いる。序章註（4）を参照。

（2）　ただしフッサールは、意志の直接の対象は行為ではなく、行為によって実現される事態だと考えている。この点については八重樫 2008 を参照。

（3）　ブレンターノと同様に、フッサールは中立的価値を認める。第三章註（12）参照。

（4）　中立的観察者という概念は、よく知られているように、フッサールが現象学的還元について論じるときにも重要な役割を果たしている。八重樫 2007b では、フッサールの還元論における観察者の視点と当事者の視点の関係について論じた。

（5）　一九二〇年代のフッサール倫理学では、倫理的自我との関連で、後悔についても論じられている（XXXVII, 246, 341）。

（6）　ここで筆者がフッサールに帰属させている見解は、マイケル・スミスが規範理由を説明する際の「合理的助言者」の想定（M. Smith 1994, ch. 5）と近い方向性にある。スミスによる説明については八重樫 2011 で論じた。

（7）　この考えに対してフッサールはのちに、自ら疑念を投げかけることになる。彼の自己批判については次章で論じる。

（8）　吉川もフッサールの区別とカントのそれとのあいだに同様の関連性を見てとっている（吉川 2009, 21-2; 2011, 149）。

（9）　フッサールの定言命法をカントと比較しつつ論じたものとして、Trincia 2007; Rinofner-Kreidl 2010 および吉川 2011、第五章を参照。フッサールによる定言命法の別の定式化については、本章第3節で触れる。また、ゲッティンゲン時代の定言命法論に対するフッサールの自己批判については、第六章第3節で論じる。

（10）　この変化は、フッサールの哲学そのものに対するとらえ方の変化に対応していると考えられる。一九二〇年代の彼は、それまでのように学問の基礎づけのために現象学が必要だと説くだけでなく、哲学を生き方の問題としてとらえるようになる。そうした変化が顕著に現れているのが、学問的な正当化と普遍性の要求を、「哲学する主体自身の生と良心の問い」として引き受ける「認識倫理的」転回について語るロンドン講演（一九二二年）である。以下を参照。田口 2005; 2010, 98-100; 八重樫 2007b.

（11） 本節の以下の論述は、部分的に八重樫 2010b にもとづいている。

（12） Beruf というドイツ語は普通「職業」を意味するが、フッサールは目下の文脈では、明らかにそれよりも広い意味で、すなわち特定の価値タイプを追求する生き方、もしくはそこで追求される価値タイプという意味でこの語を用いている。また、この語は berufen（召喚する、使命を授ける）と密接に関連づけられてもいる（VIII, 16; XXVII, 28; XXXVII, 10）。これらの点を考慮して「使命」と訳す。

（13） ここでフッサールは使命の特徴づけに排他性を含めているが、これが複数の使命を同時にもつことの不可能性を含意するかどうかは明らかではない。個々の使命のあいだの両立不可能性については、第六章２－２でも触れる。

（14） 使命を「実現する」とはそもそもどのようなことなのかについては、第六章２－２で論じる。また、使命とアイデンティティの関係については、第六章第４節でふたたび論じる。

（15） 以下も参照。「あらゆる人間の心には一つの使命がある。それは善き者になろうとする芽であり、自発的に自ら育てるべき芽である。あらゆる人間の心には、理想的自我が、『真の』人格的自我が含まれている。この自我は、ただ『善い』行為のうちでのみ実現される。あらゆる目覚めた人間（倫理的に目覚めた人間）は、自らの理想的自我を『無限の課題』として、意志的に自らのうちに定立するのである」（XIV, 174）。

（16） 「生の価値、世界の価値、道徳性（徳）と幸福」と題された草稿の次の箇所も参照。「私の生が理性的であり、私が実践的に理性的であるのは、私が一般に可能なかぎり最善のことを意志し、最善の可能性にしたがって実際に行為するときであり、また私が、自分をなりゆきに任せず、一般に可能なかぎり最善のことを求めて努力し、それをなし、意志しようという意志をもつときである。そのようなとき、私はたんに客観的に、また偶然に理性的とみなされるのではなく、自覚的に理性的なのである。私は理性の性向（Gesinnung）のうちで生きており、私の生そのものが、この性向のゆえに、より高い価値をもつ」（XLII, 305-6）。

（17）　一九一九／一九二〇年冬学期の『哲学入門』講義の次の箇所も参照。「意識的に定言命法にしたがって、法則的な〈善いおこないへの意志（Gut-Tun-Wollen）〉に向けて決意する人格は、〈最善のものに向けて決断してはいるが、法則意志――普遍的に善い意志をもとうとする意志――のたんなる帰結として最善をなすわけではない人格〉よりも、倫理的により高い地位をもつ」（Mat. IX, 135）。

第六章

（1）　同草稿はメレの編集により *Husserl Studies* に掲載され（Husserl 1997）、後に著作集第四二巻にも再録された（XLII, 297-333）。以下での引用・参照指示は著作集による。

（2）　実際、フッサールは意志が願望と違って、目標の実現可能性についての信念に基づけられていると考えている（XXVIII, 104-6）。フッサールの意志の現象学の詳細については、たとえば以下を参照。Bejarano 2006; Melle 1997; Mertens 1998; 八重樫 2008; 植村 2015.

（3）　こうした信仰は、神への信仰、あるいは神の予定調和への信仰としても特徴づけられる（Melle 2007, 14-5）。

（4）　「倫理的な『かのように』」という表現をフッサールが選んだのは、おそらくファイヒンガーの『かのようにの哲学』（Vaihinger 1911）を意識してのことだろう。

（5）　一九二五年四月のカッシーラー宛書簡における以下の文言を参照。「［世界観の歴史的発生の問題に］加えてもちろん他方には、事実性それ自体の問題、あるいは『不合理性』の問題があります。この問題は、私の考えでは、カント的要請（Kant'sche Postulate）の方法を拡張することによってのみあつかうことができるのです。この要請こそおそらく、カントの最も偉大な発見にほかなりません。とはいえもちろんそれは、カントのあらゆる業績と同じく、まずもって究極的な学問的形成と根拠づけと限界づけを必要とする発見にすぎないのですが」（Dok. III/5, 6）。

（6）　吉川は、理性信仰の要請を「不確実性を引き受け、みずからの生を『試す』」ことの要請として解釈し、積極的な意義を見出している（吉川 2011, 203）。「フッサール現象学が到達不可能な理想を実践理性の規定に用いるときには、超越的審級によって現実の生を規則づけることを考えているわけでも、理想という規範への目的論的方向性のなかに生の合理性を見出しているわけでもない。むしろ、不確かなものに対して自己の生を開いておくことが、実践的文脈における理性性格の実質を成すことが指摘されている」(吉川 2011, 204)。これは一つの解釈の方向性としては魅力的だが、筆者の見るところでは、この解釈を支持する十分な根拠を吉川は提示していない。

(7) 人生の目的とその実現については、吉川ほか 2017、第九章9－1で、より一般的な視点から論じた。

(8) フッサール自身、複数の使命を両立させることの事実上の困難さを考慮している。「いざとなれば、芸術家が〔同時に〕学者になったり、政治家が俳優になったり、俳優が教師になったりすることもできる。とはいえ、あくまでいざとなればのことである。一般的にいって、一方と他方を等しく目指す人は、そのどちらにおいても、最良の人にはならないだろう」(Mat. IX, 142)。

(9) ネーゲルの表現を借りている (Nagel 1979, 23)。

(10) この注記がいつごろ書かれたものなのかは不明だが、内容から見て、『改造』論文(一九二三－一九二四年)よりもあとであろうと推測される。

(11) 引用箇所の直前でフッサールが書いているように、彼がこの区別を導入した背景には、一九〇九年(フッサールが「一九〇七年」と記しているのは誤り)にガイガーがおこなったフッサール倫理学批判がある (XXVIII, xlvii, 419-20)。

(12) フッサールのこうした見解は、母子関係の理想化を含んでいるように見える。実際には、すべての母親にとって自分の子供が比較不可能な愛の価値をもつわけではないかもしれない。しかし、ここで問題になっているのがあくまで価値一般にかかわる区別であり、母子関係は一つの例にすぎないことを考えれば、こうした事情はある程度まで無視してもよいだろう。つまり、子供を愛していない母親が存在することは、客観的価値と愛の価値の概念的な区別の反例にはならない。

(13) 感情移入と他者経験について、フッサール解釈を含めて詳細に論じることは、議論の本筋から外れるためここでは避けるが、筆者の基本的な考えは、池田・八重樫 2014 と吉川ほか 2017、第八章8－1で表明した。社会的作用の概念については、八重樫 2007a がアドルフ・ライナッハとの関連も含めて詳しく論じている。

(14) こうしたコースガードの主張は、カントの「自己立法」のアイディアを彼女なりに展開したものである。それゆえ、本章でのフッサール倫理学の解釈は、それをカント倫理学に接近させるものと見ることもできよう。

(15) 何かを愛する人は、いつでも自分が愛するものの価値を確信しているわけではないだろう。第五章で使命にしたがう生について述べたことから明らかなように、愛の価値についての懐疑や幻滅が可能であることは、フッサール倫理学にとって織り込み済みの事実であり、それはむしろ、愛もまた倫理的生を特徴づける正当化の態度に服することの証拠である。

(16) この結論は――そこに達するまでの道筋は異なるものの――サルトルの見解にいくらか似ている。彼もまた、人生の意味が外部から与えられることはないが、人々は自分自身の人生を意味あるものにすることができると述べている。「諸君が生きる前には人生は無なのであって、人生に意味を与えるのは諸君の仕事である。価値とは諸君の選ぶこの意味以外のものではない」(Sartre 1946, 89-90)。ただし、価値が客観的なものであるという見解はサルトルには無縁のものである。

終章

(1) なかでも Korsgaard et al. 1996 に収められているネーゲルとウィリアムズのコメント、および Bristow 2006; W. H. Smith 2012, ch. 1 を参照。

(2) フッサール倫理学とロールズの正義論の関係については、Steele 2010 を参照。ウィリアムズの道徳批判とフッサール倫理学の関連を論じたものとしては、吉川 2013 がある。

(3) 一七世紀から一八世紀の英国道徳哲学における知性主義と感情主義（ヒュームは後者に含まれる）に対するフッサールの評価と批判については、八重樫 2016b で論じた。シャフツベリ、ハチスンからヒュームを経てアダム・スミスに至る道徳感情論の発展については、柘植 2016 が明快に論じている。

(4) 道徳心理学における理性主義と感情主義の論争については、永守 2016 が優れた解説を与えている。

参考文献

1　フッサールの著作

1－1　著作集（*Husserliana: Gesammelte Werke*）

I: *Cartesianische Meditationen und Pariser Vorträge*. Stephan Strasser（ed.）. Martinus Nijhoff, 1950.（浜渦辰二訳『デカルト的省察』岩波書店、二〇〇一年）

II: *Die Idee der Phänomenologie. Fünf Vorlesungen*. Walter Biemel（ed.）. Martinus Nijhoff, 1950.（立松弘孝訳『現象学の理念』みすず書房、一九六五年）

III/1: *Ideen zu einer reinen Phänomenologie und phänomenologischen Philosophie. Erstes Buch: Allgemeine Einführung in die reine Phänomenologie. 1. Halbband: Text der 1.-3. Auflage*. Karl Schuhmann（ed.）. Martinus Nijhoff, 1976.（渡辺二郎訳『イデーンⅠ－1、2』みすず書房、一九七九年、一九八四年）

III/2: *Ideen zu einer reinen Phänomenologie und phänomenologischen Philosophie. Erstes Buch: Allgemeine Einführung in die reine Phänomenologie. 2. Halbband: Ergänzende Texte*（*1912-1929*）. Karl Schuhmann（ed.）. Martinus Nijhoff, 1976.

IV: *Ideen zu einer reinen Phänomenologie und phänomenologischen Philosophie. Zweites Buch: Phänomenologische Untersuchungen zur Konstitution*. Marly Biemel（ed.）. Martinus Nijhoff, 1952.（立松弘孝ほか訳『イデーンⅡ－1、2』みすず書房、二〇〇一年、二〇〇九年）

V: *Ideen zu einer reinen Phänomenologie und phänomenologischen Philosophie. Drittes Buch: Die Phänomenologie und die Fundamente der Wissenschaften*. Marly Biemel（ed.）. Martinus Nijhoff, 1952.（渡辺二郎訳『イデーンⅠ－1』みすず書房、一九七九年。および渡辺二郎ほか訳『イデーンⅢ』みすず書房、二〇一〇年）

VI: *Die Krisis der europäischen Wissenschaften und die transzendentale Phänomenologie: Eine Einleitung in die phänomenologische Philosophie*. Walter Biemel（ed.）. Martinus Nijhoff, 1954.（木田元ほか訳『ヨーロッパ諸学の危機と超越論的現象学』中央公論社、一九九五年）

VII: *Erste Philosophie*（*1923/24*）. *Erster Teil: Kritische Ideengeschichte*. Rudolf Boehm（ed.）. Martinus Nijhoff, 1956.

VIII: *Erste Philosophie*（*1923/24*）. *Zweiter Teil: Theorie der phänomenologischen Reduktion*. Rudolf Boehm（ed.）. Martinus Nijhoff, 1959.

IX: *Phänomenologische Psychologie. Vorlesungen Sommersemester 1925*. Walter Biemel（ed.）. Martinus Nijhoff, 1962.

XIV: *Zur Phänomenologie der Intersubjektivität. Texte aus dem Nachlass. Zweiter Teil: 1921-1928*. Iso Kern（ed.）. Martinus Nijhoff, 1973.（浜渦辰二ほか監訳『間主観性の現象学Ⅰ、Ⅱ、Ⅲ』筑摩書房、二〇一二年、二〇一三年、二〇一五年）

XVI: *Ding und Raum. Vorlesungen 1907*. Ulrich Claesges（ed.）. Martinus Nijhoff, 1973.

XVII: *Formale und transzendentale Logik: Versuch einer Kritik der logischen Vernunft*. Paul Janssen（ed.）. Martinus Nijhoff, 1974.（立松弘孝訳『形式論理学と超越論的論理学』みすず書房、二〇一五年）

XVIII: *Logische Untersuchungen. Erster Band: Prolegomena zur reinen Logik*. Elmar Holenstein（ed.）. Martinus Nijhoff, 1975.（立松弘孝訳『論理学研究1』みすず書房、一九六八年）

XIX/1: *Logische Untersuchungen. Zweiter Band. Erster Teil: Untersuchungen zur Phänomenologie und Theorie der Erkenntnis*. Ursula Panzer（ed.）. Martinus Nijhoff, 1984.（立松弘孝ほか訳『論理学研究2、3』みすず書房、一九七〇年、一九七四年）

XIX/2: *Logische Untersuchungen. Zweiter Band. Zweiter Teil: Untersuchungen zur Phänomenologie und Theorie der Erkenntnis.* Ursula Panzer（ed.). Martinus Nijhoff, 1984.（立松弘孝訳『論理学研究４』みすず書房、一九七六年）

XX/2: *Logische Untersuchungen. Ergänzungsband. Zweiter Teil. Texte für die Neufassung der VI. Untersuchung: Zur Phänomenologie des Ausdrucks und der Erkenntnis*（*1893/94 - 1921*). Ullrich Melle（ed.). Springer, 2005.

XXIV: *Einleitung in die Logik und Erkenntnistheorie: Vorlesungen 1906/07*. Ullrich Melle（ed.). Marnitus Nijhoff, 1984.

XXV: *Aufsätze und Vorträge*（*1911-1921*). Thomas Nenon & Hans Rainer Sepp（eds.). Martinus Nijhoff, 1987.

XXVI: *Vorlesungen über Bedeutungslehre: Sommersemester 1908*. Ursula Panzer（ed.). Martinus Nijhoff, 1987.

XXVII: *Aufsätze und Vorträge*（*1922-1937*). Thomas Nenon & Hans Rainer Sepp（eds.). Kluwer Academic Publishers, 1989.

XXVIII: *Vorlesungen über Ethik und Wertlehre*（*1908-1914*). Ullrich Melle（ed.). Kluwer Academic Publishers, 1988.

XXX: *Logik und allgemeine Wissenschaftstheorie. Vorlesungen Wintersemester 1917/18*. Ursula Panzer（ed.). Kluwer Academic Publishers, 1996.

XXXV: *Einleitung in die Philosophie. Vorlesungen 1922/23*. Berndt Goossens（ed.). Kluwer Academic Publishers, 2002.

XXXVI: *Transzendentaler Idealismus. Texte aus dem Nachlass*（*1908-1921*). Robin D. Rollinger & Rochus Sowa（eds.). Kluwer Academic Publishers, 2003.

XXXVII: *Einleitung in die Ethik. Vorlesungen Sommersemester 1920 und 1924*. Henning Peucker（ed.). Kluwer Academic Publishers, 2004.

XXXIX: *Die Lebenswelt. Auslegungen der vorgegebenen Welt und ihrer Konstitution. Texte aus dem Nachlass*（*1916-1937*). Rochus Sowa（ed.). Springer, 2008.

XLII: *Grenzprobleme der Phänomenologie: Analysen des Unbewusstseins und der Instinkte; Metaphysik; Späte Ethik. Texte aus dem Nachlass*（*1908-1937*). Ullrich Melle（ed.). Springer, 2013.

1－2　著作集・資料篇（*Husserliana Materialienbände*）

Mat. IX: *Einleitung in die Philosophie. Vorlesungen 1916-1920*. Hanne Jacobs（ed.）Springer, 2012.

1－3　著作集・記録篇（*Husserliana Dokumente*）

Dok. I: Schuhmann, Karl. *Husserl-Chronik: Denk- und Lebensweg Edmund Husserls*. Martinus Nijhoff, 1977.

Dok. III: *Briefwechsel*. 10 vols. Karl Schuhmann & Elisabeth Schuhmann（eds.）. Kluwer Academic Publishers, 1994.

1－4　その他

Husserl, Edmund.（1997）"Wert des Lebens. Wert der Welt. Sittlichkeit（Tugend）und Glückseligkeit <Februar 1923>." Ullrich Melle（ed.）. *Husserl Studies* 13: 201-235.

未公刊草稿：A VI 3, A VI 8 I, A VI 12 II, A VI 21, A VI 24, M III 3 II I.

2　その他の著者によるもの

2－1　外国語文献

Anscombe, Elisabeth.（1978）"Will and Emotion," in: Roderick M. Chisholm & Rudolf Haller（eds.）, *Die Philosophie Franz Brentanos*. Rodopi.

Bejarano, Julio C. Vargas.（2006）*Phänomenologie des Willens. Seine Struktur, sein Ursprung und seine Funktion in Husserls Denken*. Peter Lang.

Benoist, Jocelyn.（1997）*Phénoménologie, sémantique, ontologie. Husserl et la tradition logique autrichienne*. Presses Universitaires de France.

——. (2002) "Non-objectifying Acts," in: Dan Zahavi & Frederik Stjernfelt (eds.), *One Hundred Years of Phenomenology*, pp. 41-49. Kluwer Academic Publishers.

——. (2008) "Sur le concept de 'remplissement'," in: Jocelyn Benoist (ed.), *Husserl*, pp. 195-222. Editions du Cerf. (ジョスラン・ブノワ「『充実』概念について」植村玄輝訳、『現代思想』第三七巻第一六号(十二月臨時増刊号)、二〇〇九年)

Biemel, Walter. (1959) "Die entscheidenden Phasen der Enfaltung von Husserls Philosophie," *Zeitschrift für philosophische Forschung*, 13: 187-213.

Brentano, Franz. (1921) *Vom Ursprung sittlicher Erkenntnis*. Oskar Kraus (ed.). Felix Meiner. (ブレンターノ「道徳的認識の源泉について」水地宗明訳、細谷恒夫編『世界の名著 ブレンターノ/フッサール』中央公論社、一九七〇年)

——. (1924) *Psychologie vom empirischen Standpunkt. Erster Band*. Oskar Kraus (ed.). Felix Meiner.

——. (1925) *Von der Klassifikation der psychischen Phänomene* (*Psychologie vom empirischen Standpunkt. Zweiter Band*). Oskar Kraus (ed.). Felix Meiner.

——. (1928) *Vom sinnlichen und noetischen Bewußtsein* (*Psychologie vom empirischen Standpunkt. Dritter Band*). Oskar Kraus (ed.). Felix Meiner.

——. (1930) *Wahrheit und Evidenz*. Oskar Kraus (ed.). Felix Meiner.

——. (1952) *Grundlegung und Aufbau der Ethik*. Franziska Mayer-Hillebrand (ed.). A. Francke.

——. (1966) *Die Abkehr vom Nichtrealen*. Franziska Mayer-Hillebrand (ed.). A. Francke.

——. (1979) *Untersuchungen zur Sinnespsychologie*. Roderick M. Chisholm & Reinhard Fabian (eds.). Felix Meiner.

Bristow, William. (2006) "Self-Consciousness, Normativity, and Abyssal Freedom," *Inquiry*, 49/6: 498-523.

Chisholm, Roderick M. (1986) *Brentano and Intrinsic Value*. Cambridge University Press.

Chrudzimski, Arkadiusz. (2001) *Intentionalitätstheorie beim frühen Brentano*. Kluwer Academic Publishers.

Crisp, Roger. (2000) "Review of Jon Kupperman, *Value ... and What Follows*," *Philosophy*, 75: 458–62.

Danielsson, Sven & Olson, Jonas. (2007) "Brentano and the Buck-Passers," *Mind*, 116: 511-522.

Daubert, Johannes.（1930-31）Daubertiana A I 3, Bayerische Staatsbibliothek München（unpublished）.

Deigh, John.（1994）“Congnitivism in the Theory of Emotion,” *Ethics*, 104: 824-854.

Deonna, Julien A.（2006）“Emotion, Perception and Perspective,” *Dialectica*, 60/1: 29-46.

Donohoe, Janet.（2004）*Husserl on Ethics and Intersubjectivity: From Static to Genetic Phenomenology*. Humanity Books.

von Ehrenfels, Christian.（1897）*System der Werttheorie. Bd. 1: Allgemeine Werttheorie. Psychologie des Begehrens*. O. R. Reishald.（Reprinted in his *Werttheorie*（*Philosophische Schriften, Bd. I*）. Reinhard Fabian（ed.）. Philosophia, 1982.）

Frijda, Nico.（1986）*The Emotions*. Cambridge University Press.

Gadamer, Hans-Georg.（1972）“Die phänomenologische Bewegung,” in his *Kleine Schriften III*, pp. 150-89. J. C. B. Mohr.

Goldie, Peter.（2004）“Emotion, Feeling, and Knowledge of the World,” in: Robert C. Solomon（ed.）, *Thinking about Feeling*, pp. 91-106. Oxford University Press.

Hamilton, William.（1969）*Lectures on Metaphysics and Logic. Vol. II*. F. Fromman.

von Hildebrand, Dietrich.（1916）“Die Idee der sittlichen Handlung,” *Jahrbuch für Philosophie und phänomenologische Forschung*, 3: 126-251.

Ingarden, Roman.（1998）“Über die Motive, die Husserl zum transzendentalen Idealismus geführt haben,” in: Wlodzimierz Galewicz（ed.）, *Roman Ingarden Gesammelte Werke, Band 5: Schriften zur Phänomenologie Edmund Husserls*, pp. 274-351. Max Niemeyer.

Jacobson, Daniel.（2011）“Fitting Attitude Theories of Value”, in: Edward N. Zalta（ed.）, *The Stanford Encyclopedia of Philosophy*（Spring 2011 Edition）, URL = <http://plato.stanford.edu/archives/spr2011/entries/fitting-attitude-theories/>.

Kant, Immanuel.（1911［1785］）*Grundlegung zur Metaphysik der Sitten*, Akademie-Ausgabe, Bd. IV, pp. 385-464. G. Reimer.（カント『道徳形而上学原論』篠田英雄訳、岩波書店、一九六〇年）

——.（1913［1788］）*Kritik der praktischen Vernunft*, Akademie-Ausgabe, Bd. V, pp. 1-164. G. Reimer.（カント『実践理性批判』波多野精一ほか訳、岩波書店、一九七九年）

Korsgaard, Christine et al.（1996）*The Sources of Normativity*. Onora O’Neill（ed.）. Cambridge University Press.（クリスティン・

コースガード『義務とアイデンティティの倫理学』寺田俊郎ほか訳、岩波書店、二〇〇五年）

Kraus, Oskar.（1937）*Die Werttheorien: Geschichte und Kritik*. Rudolf M. Rohrer.

Lee, Nam-In.（1998）"Edmund Husserl's Phenomenology of Mood," in: Natalie Depraz & Dan Zahavi（eds.）, *Alterity and Facticity*, pp. 103-20. Kluwer Academic Publishers.

Loidolt, Sophie.（2010）"Husserl und das Faktum der praktischen Vernunft: Anstoß und Herausforderung einer phänomenologischen Ethik der Person," in: Carlo Ierna et al.（eds.）, *Philosophy, Phenomenology, Sciences*, pp. 483-503. Springer.

Luft, Sebastian.（2007）"From Being to Givenness and Back: Some Remarks on the Meaning of Transcendental Idealism in Kant and Husserl," *International Journal of Philosophical Studies*, 15/3: 367-394.

Mackie, J. L.（1977）*Ethics: Inventing Right and Wrong*. New York: Penguin.（J・L・マッキー『倫理学　道徳を創造する』加藤尚武監訳、哲書房、一九九〇年）

Mayer, Verena & Erhard, Christopher.（2008）"Bedeutung objektivierender Akte（V. Logische Untersuchung, §§22-45）," in: Verena Mayer（ed.）, *Edmund Husserl: Logische Untersuchungen*, pp. 159-87. Akademie Verlag.

McAlister, Linda.（1982）*The Development of Franz Brentano's Ethics*. Rodopi.

Melle, Ullrich.（1990）"Objektivierende und nicht-objektivierende Akte," in: Samuel Ijsseling（ed.）, *Husserl-Ausgabe und Husserl-Forschung*, pp. 35-49. Kluwer Academic Publishers.

——.（1997）"Husserl's Phenomenology of Willing," in: James G. Hart & Lester Embree（eds.）, *Phenomenology of values and valuing*, pp. 169-192. Kluwer Academic Publishers.

——.（2007）"Husserl's Personalist Ethics," *Husserl Studies*, 23/1: 1-15.

——.（2012）"Husserls deskriptive Erforschung der Gefühlserlebnisse," in: Roland Breeur & Ullrich Melle（eds.）, *Life, Subjectivity & Art*, pp. 51-99. Springer.

——.（2015）"'Studien zur Struktur des Bewusstseins': Husserls Beitrag zu einer phänomenologischen Psychologie," in: Marta Ubiali & Maren Wehre（eds）, *Feeling and Value, Willing and Action*, pp. 3-11. Springer.

Mertens, Karl.（1998）“Husserl’s Phenomenology of Will in His Reflection on Ethics,” in: Natalie Depraz & Dan Zahavi（eds.）, *Alterity and Facticity*, pp. 121-138. Kluwer Academic Publishers.

Mulligan, Kevin.（2004）“Husserl on the ‘Logics’ of Valuing, Values and Norms,” in: Beatrice Centi & Gianna Gigliotti（eds.）, *Fenomenologia della Ragion Pratica: L’etica di Edmund Husserl*, pp. 177-225. Bibliopolis.

——.（2010）“Emotions and Values,” in: Peter Goldie（ed.）, *Oxford Handbook of Philosophy of Emotion*, pp. 475-500. Oxford University Press.

Nagel, Thomas.（1979）*Mortal Questions*. Cambridge University Press.（トマス・ネーゲル『コウモリであるとはどのようなことか』永井均訳、勁草書房、一九八九年）

Nenon, Tom.（1990）“Willing and Acting in Husserl’s Lectures on Ethics and Value Theory,” *Man and World*, 24: 301-309.

Pascal, Blaise.（2000［1670］）*Pensées*. Livre de poche.（パスカル『パンセ　上・中・下』塩川徹也訳、岩波書店、二〇一五－二〇一六年）

Peucker, Henning.（2011）“Husserls Ethik zwischen Formalismus und Subjektivismus,” in: Verena Mayer et al.（eds.）, *Die Aktualität Husserls*, pp. 278-98. Karl Alber.

Pietrek, Thorsten.（2011）*Phänomenologische Metaethik*. Createspace.

Rabinowicz, Wlodek & Rønnnow-Ramussen, Toni.（2004）“Strike of the Demon: On Fitting Pro-Attitudes and Value,” *Ethics*, 114: 391–423.

Rinofner-Kreidl, Sonja.（2010）“Husserl’s Categorical Imperative and His Related Critique of Kant,” in: Pol Vandevelde & Sebastian Luft（eds.）, *Epistemology, Archaeology, Ethics*, pp. 188-210. Continuum.

van Roojen, Mark.（2015）“Moral Cognitivism vs. Non-Cognitivism”, in: Edward N. Zalta（ed.）, *The Stanford Encyclopedia of Philosophy*（Fall 2015 Edition）, URL = <http://plato.stanford.edu/archives/fall2015/entries/moral-cognitivism/>.

Roth, Alois（1960）*Edmund Husserls ethische Untersuchungen: dargestellt anhand seiner Vorlesungsmanuskripte*. Martinus Nijhoff.（アーロイス・ロート『エドムント・フッサール倫理学研究――講義草稿に基づく叙述』藤本正久・桑野耕三訳、北樹

出版、一九八二年）
Sartre, Jean-Paul.（1946）*L'existentialisme est un humanisme*. Éditions Nagel.（サルトル『実存主義とは何か』（サルトル全集第一三巻）伊吹武彦訳、人文書院、一九六八年）
Schuhmann, Karl.（1991）"Probleme der Husserlschen Wertlehre," *Philosophisches Jahrbuch*, 98: 106-113.
Schuhmann, Karl & Smith, Barry.（1985）"Against Idealism: Johannes Daubert vs. Husserl's *Ideas I*," *Review of Metaphysics*, 38: 763–793.（Reprinted in: Karl Schuhmann, *Selected Papers on Phenomenology*. Cees Leijenhorst & Piet Steenbakkers（eds.）. Kluwer Academic Publishers, 2004.）
Shafer-Landau, Russ.（2003）*Moral Realism: A Defence*. Oxford University Press.
Siles i Borras, Joachim.（2010）*The Ethics of Husserl's Phenomenology: Responsibility and Ethical Life*. Continuum International Publishing Group.
Smith, David Woodruff.（2007）*Husserl*. Routledge.
Smith, Michael.（1994）*The Moral Problem*. Blackwell.（マイケル・スミス『道徳の中心問題』樫則章監訳、ナカニシヤ出版、二〇〇六年）
Smith, William Hosmer.（2012）*The Phenomenology of Moral Normativity*. Routledge.
Sokolowski, Robert.（1970）*The Formation of Husserl's Concept of Consitution*. Martinus Nijhoff.
de Sousa, Ronald.（2014）"Emotion", in: Edward N. Zalta（ed.）, *The Stanford Encyclopedia of Philosophy*（Spring 2014 Edition）, URL = <http://plato.stanford.edu/archives/spr2014/entries/emotion/>.
Spahn, Christine.（1996）*Phänomenologische Handlungstheorie: Edmund Husserls Untersuchungen zur Ethik*. Koenigshausen & Neumann.
Steele（2010）"Husserl and Rawls: Two Attempts to Free Moral Imperatives from Their Empirical Origin," in: Pol Vandevelde & Sebastian Luft（eds.）, *Epistemology, Archaeology, Ethics*, pp. 211-223. Continuum.
Stumpf, Carl.（1907）"Über Gefühlsempfindungen," *Zeitschrift für Psychologie und Physiologie der Sinnesorgane*, 44: 1-49.

Teroni, Fabrice.（2007）“Emotions and Formal Objects,” *Dialectica*, 61/3: 395-415.

Trincia, Francesco Saverio.（2007）“The Ethical Imperative in Edmund Husserl,” *Husserl Studies*, 23: 169-186.

Vaihinger, Hans.（1911）*Die Philosophie des Als Ob: System der theoretischen, praktischen und religiösen Fiktionen der Menschheit auf Grund eines idealistischen Positivismus*. Reuther & Reichard.

Vongehr, Thomas.（2004）“Husserl über Gemüt und Gefühl in den ‘Studien zur Struktur des Bewusstseins’,” in: Beatrice Centi & Gianna Gigliotti（eds.）, *Fenomenologia della ragion pratica*, pp. 227-253. Bibliopolis.

——.（2011）“Husserls Studien zu Gemüt und Wille,” in: Verena Mayer et al.（eds.）, *Die Aktualität Husserls*, pp. 335-360. Karl Alber.

Wiggins, David.（1998a）“Truth, Invention, and the Meaning of Life,” in: *Needs, Values, Truth*, 3rd edition, pp. 87-137. Oxford University Press.（デイヴィッド・ウィギンズ「真理、発明、人生の意味」古田徹也訳、大庭健・奥田太郎編・監訳『ニーズ・価値・真理　ウィギンズ倫理学論文集』、勁草書房、二〇一四年）

——.（1998b）“A Sensible Subjectivism?” in: *Needs, Values, Truth*, 3rd edition, pp. 185-214. Oxford University Press.（デイヴィッド・ウィギンズ「賢明な主観主義?」萬屋博喜訳、『ニーズ・価値・真理　ウィギンズ倫理学論文集』）

Zahavi, Dan.（1992）*Intentionalität und Konstitution: Eine Einführung in Husserls Logische Untersuchungen*. Museum Tusculanum Press.

——.（2002）“Metaphysical Neutrality in Logical Investigations,” in: Dan Zahavi & Frederik Stjernfelt（eds.）, *One Hundred Years of Phenomenology: Husserl’s Logical Investigations Revisited*, pp. 93-108. Kluwer Academic Publishers.

——.（2004）“Phenomenology and Metaphysics,” in: Dan Zahavi et al.（eds.）, *Metaphysics, Facticity, Interpretation: Phenomenology in the Nordic Countries*, pp. 3-22, Kluwer Academic Publishers.

——.（2008）“Internalism, Externalism, and Transcendental Idealism,” *Synthese*, 160/3: 355-374.

——.（2010）“Husserl and the ‘Absolute’”, Carlo Ierna et al.（eds.）, *Philosophy, Phenomenology, Sciences*, pp. 71-92. Springer.

2-2 日本語文献

池田喬・八重樫徹（2014）「『共感の現象学』序説」、『行為論研究』第三号（平成二五年度科学研究費補助金（基盤研究C）「共同行為と共感についての学際的研究」研究成果報告書（課題番号24520006））、一一－三五頁。

稲垣諭（2007）『衝動の現象学』知泉書館。

植村玄輝（2007）「内世界的な出来事としての作用――ブレンターノ、フッサール、ライナッハ」、『現象学年報』第二三号、一〇九－一一七頁。

――（2015）「行為と行為すること――現象学をフッサールとともに拡張する可能性について」、『情況』（第四期）第四巻第六号（二〇一五年八月号）、一二七－一三九頁。

――（2016）『真理・存在・意識――フッサールの『論理学研究』を読む』知泉書館。

榊原哲也（2009）『フッサール現象学の生成』東京大学出版会。

田口茂（2005）「覚醒する理性――レヴィナスとフッサールにおける認識と『倫理』」、『フランス哲学・思想研究』第一〇号、一七〇－一八二頁。

――（2010）『フッサールにおける〈原自我〉の問題』法政大学出版局。

柘植尚則（2016）『増補版 良心の興亡――近代イギリス道徳哲学研究』山川出版社。

永守伸年（2016）「感情主義と理性主義」、太田紘史編『モラル・サイコロジー――心と行動から探る倫理学』春秋社。

ニーノン、トーマス（2011）「フッサール後期倫理学講義（一九二〇／一九二四年）における理性と感情」八重樫徹訳、『哲学雑誌』、第一二六巻第七九八号、一四七－一七〇頁。

八重樫徹（2007a）「フッサールの言語行為論――『コミュニケーションの現象学』にむけて」、『論集』第二五号、二七一－二八四頁。

――（2007b）「明示化としての反省と現象学者の良心――フッサール『ロンドン講演』を中心に」、『現象学年報』第二三号、一六五－一七三頁。

——（2008）「フッサールにおける意志と行為」、『論集』第二六号、二四六－二五九頁。

——（2010a）「フッサール倫理学における道徳的実在論と懐疑主義批判——フッサールとマッキーを『対決』させつつ」、『論集』第二八号、六四－七七頁。

——（2010b）「フッサールにおける『真の自我』——フライブルク期倫理学の再構成」、『現象学年報』第二六号、一三五－一四二頁。

——（2011）「評価と合理的行為者性」、『倫理学年報』第六〇号、一六一－一七二頁。

——（2012）「吉川孝『フッサールの倫理学——生き方の探究』、知泉書館、二〇一一年」（書評）、『現象学年報』第二八号、一七三－一七七頁。

——（2013）「価値把握と感情——フッサールの『価値覚』概念をめぐって」、『哲学雑誌』第一二八巻第八〇〇号、一七六－一九三頁。

——（2016a）「価値に触れて価値を知る——フッサールと情動の知覚説」、『フッサール研究』第一三号、一〇四－一一七頁。

——（2016b）「道徳における客観性と感情——『倫理学入門』を読む」、『フッサール研究』第一三号、一九〇－二〇五頁。

吉川孝（2009）「何が善いのか——フォン・ヒルデブラントにおける善さの担い手の問題」、『フッサール研究』第七号、一五－二三頁。

——（2011）『フッサールの倫理学——生き方の探究』知泉書館。

——（2013）「使命感と合理性——フッサールにおけるアイデンティティの倫理学」、『現象学年報』第二九号、一六七－一七四頁。

吉川孝・植村玄輝・八重樫徹（編）（2017）『ワードマップ 現代現象学』新曜社（近刊）。

人名索引

アリストテレス　21, 126
インガルデン、ローマン　101
ウィギンズ、デイヴィッド　279
ウィリアムズ、バーナード　284
植村玄輝　273
エーレンフェルス、クリスティアン・フォン　110
オルソン、ヨナス　131-2, 134, 136, 181

ガイガー、モーリッツ　251, 283
カスティル、アルフレート　273
ガダマー、ハンス・ゲオルク　272
カッシーラー、エルンスト　282
カント、イマヌエル　21, 29, 75, 109, 194, 203-6, 212-2, 225, 228, 264-5, 280, 282, 284
クラウス、オスカー　125-6, 273-4
コースガード、クリスティン　248-9, 264-5, 284
ゴールディー、ピーター　279

ザハヴィ、ダン　270-2
サルトル、ジャン＝ポール　284
シェーラー、マックス　162, 261, 278
シャフツベリ（第三代シャフツベリ伯爵アントニー・アシュリー＝クーパー）　284
シュトゥンプ、カール　120, 274
スミス、アダム　200, 265, 284
スミス、マイケル　280

ダウベルト、ヨハネス　101
ダニエルソン、スヴェン　131-2, 134, 136, 181
テローニ、ファブリス　272, 279

ニーノン、トーマス　31
ネーゲル、トーマス　283, 279

ハイデガー、マルティン　32
パスカル、ブレーズ　131
ハチスン、フランシス　284
ハミルトン、サー・ウィリアム　119
ビーメル、ヴァルター　272
ヒルデブラント、ディートリッヒ・フォン　162, 164, 261, 276, 277
ヒレブラント、フランツ　108, 273
ヒューム、デイヴィッド　110, 200, 265, 284
ファイヒンガー、ハンス　282
ブノワ、ジョスラン　270
フルヴィムスキ、アルカディウス　275
ブレンターノ、フランツ　17, 34-5, 106-132, 135-7, 139, 169, 180-3, 197, 202, 261, 273-5, 280
ポイカー、ヘニング　28
ボーダン、エミール　272

マイノング、アレクシウス　110
マイヤー＝ヒレブラント、フランツィスカ　108
マカリスター、リンダ　127, 181
マッキー、ジョン・レスリー　276
マリー、エルンスト　110
マリガン、ケヴィン　278-9
メレ、ウルリッヒ　28, 110, 243-4, 282

吉川孝　32-3, 280, 282-3

ライナッハ、アドルフ　283
ラントグレーベ、ルートヴィヒ　154
ルフト、セバスティアン　225
レヴィナス、エマニュエル　32
ロイドルト、ソフィー　244-6
ロート、アロイス　27
ロールズ、ジョン　265, 284

事項索引

愛　113, 117-118, 122-123, 125-127, 129-130, 132-134, 183, 209, 236-254, 263-265, 268, 274

—と憎しみ　118, 122, 125, 129, 274-275

—の価値　236-247, 249-253, 258, 263, 283-284

隣人愛　209, 268

意志　21-22, 28-29, 46, 115-116, 195-208, 211-214, 221-224, 235, 241-243, 280-282

快　40, 119-121, 155, 261, 274

快楽主義　277

価値覚　35, 140, 151-160, 171, 175, 236, 240, 259, 261, 276, 278-279

価値感得　163-165, 261

感情　35, 109-110, 115-116, 119-123, 137, 140, 152-154, 157-183, 247-248, 250-251, 253, 259-261, 265, 267, 274, 276-279

感情移入　247, 283

観念論　75-76, 87

形而上学的—　87, 94, 102-103

超越論的—　34, 70-71, 73-106, 139, 145, 181, 252, 258, 260, 270-272

願望（欲求）　48-52, 55-56, 67-70, 115, 140, 156, 196,

—の充実（充足）　49-50, 156

気分　121, 274

客観化作用／非客観化作用　34, 41, 46-56, 58, 60-61, 63-65, 67, 70-71, 146-148, 154, 259, 269-270

客観主義　33, 57-58, 61-62, 65, 70, 141, 143-144, 146, 150, 173-

174, 176, 200
259, 270
客観性　24-26, 234, 253, 260-261, 263
価値の―　139, 141-144, 173, 176-180, 183
道徳的判断の―　190-194, 200-203, 215, 275-276
客観的価値　235-240, 245-247, 250-251
享受　152, 154, 156, 278
形而上学（「実在論」「観念論」の項目も参照）　271
―的中立性　80-81
事実学としての―　104-105, 218, 252
行為　22-26, 31, 40, 56-57, 110, 117, 163, 165, 175, 188-208, 211-215, 217, 227-233-236, 245, 249, 262, 265, 267-268, 280-281
構成　19-20, 25-26, 33-35, 65, 74, 77, 88, 90-98, 100, 104-106, 109, 144-152, 183, 259-261, 268-269, 271-273
構成分析　91-95, 97-98, 100, 272-273
価値の―　34-35, 106, 107, 111-112, 139-140, 144-146, 150-151, 171-174, 176, 180-183, 187, 252, 257-258, 260
合理主義　29, 33, 36, 217-218, 226, 240, 242, 252, 254, 262-265

自我　80, 86, 152-153, 238, 267, 272-273, 280
―の自己解明　74, 76-77, 88, 100
真の―　30-31, 207, 210-213, 215, 227, 262, 281
志向性　34, 45, 47, 77, 88, 107, 119, 129, 136, 183
事実性　36, 104-105, 216, 218-219, 226, 234, 252, 254, 263, 282
実在論　73-77, 80, 84, 125, 259
形而上学的―　81, 85, 87, 104, 271, 276
常識的―　81-82, 87, 271
道徳的―　193
使命　209-211, 227, 230-232, 234, 239-240, 242, 244-245, 248-250, 252, 254, 281, 283-284
充実化　47-51, 53-54, 63, 153-158, 269-270, 279
純粋意識 →「絶対的意識」
人生　22, 208, 217, 220-221, 228, 248-249, 252-254, 262, 284
―の無意味さ　222-226, 229, 233-234, 252
―の目的　227, 229-234, 283
心的現象　107-108, 112-115, 118-119, 121, 124-126, 129, 273
真理　28-29, 50-51, 53, 57, 82, 86-87, 111-112, 157, 178, 200, 269, 272-273, 276
正当性　48, 60, 84-85, 87, 91-92, 95, 98, 106, 145, 240, 251, 253, 268
感情（情動）の―　35, 161, 171-173, 176-178, 180, 183, 260-261

評価の—　34, 58-59, 61, 63-65, 71, 139, 146, 149-150, 156-157, 259
世界無化　102-103, 273
絶対的意識（純粋意識）　98-101, 103, 181, 271
相対性　200, 260
価値の—　143-144, 174, 183, 279
世界の意識に対する—　100, 102

知覚（「明証」の項目も参照）　44-46, 52-56, 64, 82-85, 87-91, 93-94, 101, 145, 150-153, 155-156, 161, 163, 166-170, 173-175, 267, 272, 278-279
内的—　115, 273
知識　135, 183, 271
価値にかんする—　160-162, 165
中立的価値　122, 169, 198-199, 274-275, 280
定言命法　206, 212, 235, 242, 280
当為　35, 110, 184, 196-203, 207, 211, 218, 236-254

認識論　80, 82, 127, 136, 270-271
認知主義／非認知主義　57, 109, 270
反省能力　214, 249-250, 254, 257, 262-264
判断　18-19, 42-46, 52-54, 84, 110-111, 113-115, 117, 123-128, 156-157, 271-273, 275
価値—　46, 51, 55, 57-58, 61-62, 65, 70, 143-144, 148-150, 152-153, 179, 262, 270
道徳的—　22-26, 187-198, 201-208, 213-215, 262, 265, 275-276

明証　84, 87, 92, 108, 111-112, 125-128, 136-137, 180-182, 261, 271, 275
基づけ　45-46, 49-50, 64, 66, 148-150, 155-156, 160, 259-260, 269

欲求 →「願望」

理性　15, 18, 59-60, 111-112, 204, 219-220, 225, 243, 254, 264, 281
実践—　59, 212, 219, 282
—の現象学　20, 95-98, 105
—批判　21, 59-63, 70-71, 146
理由　23-24, 130-137, 181-183, 275, 279-280
感情の—　166-168

あとがき

本書は、二〇一三年三月に東京大学に提出し、審査を経て二〇一三年九月に学位を取得した課程博士論文「善さはいかにして構成されるのか――フッサール倫理学の研究」をもとに、加筆・修正をほどこしたものである。

筆者は二〇〇六年三月に早稲田大学に受理された修士論文「多面的理性とその統一――フッサールの倫理学を手がかりに」以来、フッサールの倫理学を主な研究テーマとしてきた。その間にさまざまなところで発表した研究成果が本書に組み込まれている。詳しくは巻末の参考文献一覧を参照されたい。

本書では、よく生きることについてフッサールがどのように考えたのかを論じてきた。フッサールは倫理学にかんする体系的な著作を残さなかった。彼の断片的な倫理学的考察を単純に結び合わせただけでは、フッサール倫理学がどのような倫理学なのかを明らかにするのは難しい。そのため、序章で述べたように、価値や道徳にかんする彼の思想の変化よりはその一貫性に注目し、可能なかぎり体系的な理論を再構成しようと試みた。フッサール倫理学というものの像を明瞭なものにすることに、本書が少しでも寄与していることを願う。

倫理学に関連するフッサールのテキストがほぼ出そろい、本格的なフッサール倫理学研究が可能になってから、まだそれほど年月が経ってはいない。終章で述べた課題以外にも、取り組むべきことはいくらでもある。私たちが立っているのはフッサール倫理学研究の入口にすぎない。これからそこに入ろうとする人が靴を置く踏石のような役割を本書が果たせれば、これにまさる喜びはない。

研究を始めてから、本書をかたちにするまでに、多くの方々のお世話になった。なかでも、東京大学大学院博士課程での指導教員であり、博士論文の主査でもある榊原哲也先生（東京大学）には最大の感謝を捧げたい。博士課程に外部から入った私をさまざまな場面で助け、励ましてくださった。

博士論文の副査の労を割いてくださった浜渦辰二先生（大阪大学）は、私が早稲田大学の学部生だった二〇〇四年と修士課程に在籍していた二〇〇五年に集中講義でお世話になって以来、学会や研究会でお会いするたびに、声をかけてくださった。二〇一一年から二〇一四年には、私を日本学術振興会特別研究員（ＰＤ）として大阪大学に受け入れてくださった。多大なご恩に、本書によって少しでも報いることができればと思う。もう一人の副査である古荘真敬先生（東京大学）も、お会いするたびに、無礼な私の発言にいやな顔一つせず、議論の相手をしてくださっている。最も敬愛する先輩の一人である。

これらの先生方と並んで、さまざまな機会に助言や励ましをいただいている田口茂先生（北海道大学）にも感謝を申し上げる。

学部から修士課程にかけての指導教員である佐藤真理人先生（早稲田大学）からは、哲学書の読み方と、その内容を正確かつ読むに値する日本語の文章で表現する技術を学んだ。それらは本書を書くときにも大いに役立った。感謝を申し上げるとともに、長くご挨拶できていない非礼をお詫び申し上げる。

本書のもとになった博士論文には、二〇〇八年から二〇〇九年にかけてと、二〇一二年の二度にわたるケルン大学フッサール文庫での研究滞在の成果が反映されている。同地での受入研究者だったディーター・ローマー教授以下、フッサール・アルヒーフのスタッフの温かい援助に感謝を申し上げる。フッサール文庫では、『意識構造の研究』や『現象学の限界問題』をはじめとするフッサールの未公刊草稿を主に研究した（『現象学の限界問題』はその後公刊された）。博士論文提出の際、未公刊草稿からの引用を許可してくださったルーヴァン・カトリック大学フッサール文庫のウルリッヒ・メレ教授、引用のチェックをしてくださったトーマス・フォンゲーア博士にも、心より感謝を申し上げる。ケルンで知り合った研究仲間も大きな支えになってくれた。特にキム・テヒ（建国大学校）、李忠伟《リ・ジョンウェイ》（華僑大学）、アンドレア・アルトブランド（北海道大学）の三人はその後も私の大切な友人であり続けてくれている。

研究は仲間がいなければ続けられないとつくづく感じる。私のような怠惰な人間はなおさらである。お世話になった研究仲間の名前を挙げればきりがないが、大学院の先輩である池田喬（明治大学）、佐藤暁（日本学術振興会・首都大学東京）の両氏と、同年代の友人である富山豊（東京大学）、萬屋博喜（広島工業大学）の両氏には、特に名前を挙げて、日頃から研究上の刺激をいただいているお礼を述べたい。吉川孝（高知県立大学）、植村玄輝（岡山大学）、秋葉剛史（千葉大学）、長門裕介（文京学院大学）、松井隆明（東京大学）の各氏には、研究会などでお世話になっているうえに、本書の草稿の全体もしくは一部を読んでいただき、有益なコメントをいただいた。それらに十分に応えられているかどうかは自信がないが、彼らの厳しい目がなければ本書はもっと独りよがりで締まりのない本になっていただろう。とはいえもちろん、本書の不備の責任はすべて私にある。

本書を出版することになったきっかけは、二〇一五年九月に慶応義塾大学でおこなわれた小手川正二郎氏の著書『甦るレヴィナス』の合評会（レヴィナス研究会主催）だった。私はコメンテーターの一人として、フッサール倫理学を研究している立場から、同書で論じられているレヴィナスの「現象学的方法」と、「レヴィナス的倫理学」の構想についてコメントした。その懇親会の席で、同書に編集者としてかかわった水声社の井戸亮氏と知り合った。そのとき、どういう話の流れだったか記憶にないが、感情と価値のかかわりについて考えていたこと（本書第四章に反映されている）をお話ししたら、井戸さんは興味をもたれたようだった。思い切って、博士論文をもとにした本を出してくれる出版社を探していると伝えたところ、前向きなお答えをいただき、その後諸々あって、こうして本書の出版にいたった次第である。井戸さんにはもちろんのこと、きっかけをつくってくださった小手川氏とレヴィナス研究会の皆さんにも深く感謝を申し上げる。

最後になったが、いつも何を考えているのかわからない（そしてたいていは何も考えていない）私と人生をともにしてくれ、あまり重要そうに見えないかもしれない研究に時間を割くことを許してくれている妻には、いくら感謝してもしきれない。

本書はフッサールについての本であると同時に、あえて大それたいい方をすれば、（倫理学の本がすべてそうであるように）人が生きることについての本である。生きることについて最も多くのことを教えてくれるのは、哲学書でも偉人の言行でもなく、最も弱い人々だと思う。私の身近にいるそうした存在は、重度の障害をかかえて私と同じ家で育ち、いまは施設にいる姉と、今年の三月に生まれたばかりの娘である。本書（特に第六章）を書いているあいだ、姉のことは最初から心のどこかにあったし、途中からは娘のことも思いながら書いたつもりだ。二人から教わったことを到底活かしきれてはいないが、今後も活かしていくことを約束しつつ、本書を姉と娘に捧げる。

八重樫徹

二〇一六年一〇月　皿沼にて

本書は、平成二八年度科学研究費助成事業（科学研究費補助金）
研究成果公開促進費「学術図書」（課題番号 16HP5024）の交付を受けて出版するものである。

著者について——

八重樫徹（やえがしとおる）　一九八二年、千葉県生まれ。東京大学大学院人文社会系研究科基礎文化研究専攻博士課程修了。博士（文学）。現在、東京大学大学院総合教育研究センター特任研究員、成城大学ほか非常勤講師。専攻、初期現象学、倫理学。主な著書に、『ワードマップ　現代現象学』（共編著、新曜社、近刊）。主な訳書に、フッサール『間主観性の現象学Ⅲ　その行方』（共訳、筑摩書房、二〇一五年）などがある。

装幀――宗利淳一

フッサールにおける価値と実践——善さはいかにして構成されるのか

二〇一七年一月二〇日第一版第一刷印刷　二〇一七年一月三〇日第一版第一刷発行

著者——八重樫徹

発行者——鈴木宏

発行所——株式会社水声社

東京都文京区小石川二—一〇—一　いろは館内　郵便番号一一二—〇〇〇二

電話〇三—三八一八—六〇四〇　ＦＡＸ〇三—三八一八—二四三七

郵便振替〇〇一八〇—四—六五四一〇〇

URL : http://www.suiseisha.net

印刷・製本——精興社

ISBN978-4-8010-0181-7

乱丁・落丁本はお取り替えいたします。